U0519122

郝鑫 ◉ 著

指导性案例的法源性研究

知识产权出版社
全国百佳图书出版单位
——北京——

图书在版编目（CIP）数据

指导性案例的法源性研究／郝鑫著．—北京：知识产权出版社，2024.8
ISBN 978－7－5130－9179－4

Ⅰ.①指…　Ⅱ.①郝…　Ⅲ.①行政诉讼—审判—案例—中国　Ⅳ.①D925.318.25

中国国家版本馆 CIP 数据核字（2024）第 027904 号

责任编辑：秦金萍　　　　　　　　　责任校对：王　岩
封面设计：杰意飞扬·张悦　　　　　责任印制：孙婷婷

指导性案例的法源性研究
郝　鑫　著

出版发行：**知识产权出版社** 有限责任公司	网　　址：http://www.ipph.cn
社　　址：北京市海淀区气象路 50 号院	邮　　编：100081
责编电话：010－82000860 转 8367	责编邮箱：1195021383@qq.com
发行电话：010－82000860 转 8101/8102	发行传真：010－82000893/82005070/82000270
印　　刷：北京九州迅驰传媒文化有限公司	经　　销：新华书店、各大网上书店及相关专业书店
开　　本：720mm×1000mm　1/16	印　　张：14
版　　次：2024 年 8 月第 1 版	印　　次：2024 年 8 月第 1 次印刷
字　　数：213 千字	定　　价：89.00 元

ISBN 978－7－5130－9179－4

出版权专有　侵权必究

如有印装质量问题，本社负责调换。

前言

PREFACE

案例指导制度是立足于中国特色社会主义的基本国情、宪制架构、司法制度、法律文化和历史实践的重要司法创新与突破，其规范影响力正在司法实践中获得积极乐观的回应。一种新型的司法规则生成机制得以演进发展，法律—司法解释—指导性案例三元并存的规范适用体系逐渐展现出来。但当下围绕指导性案例的援引依然存在诸多亟须改进的问题，基于法源理论和法律方法论，从微观论证和宏大叙事两个层面对指导性案例的法源性问题进行整体性的理论阐述，可以在修正既有传统法源理论的基础上，为案例指导制度提供更强有力的理论支撑，从而进一步丰富和提升具有中国特色的案例指导制度的理论价值。

本书沿着提出问题、分析问题和解决问题的推进思路，分为以下五个部分。

首先，从我国各项发展需要推进依法治国战略的现状出发，基于法源理论和法律方法论，从微观论证和宏大叙事两个层面对指导性案例的法源性问题进行整体性的理论阐述，将理论法学与司法实践有机融贯起来。梳理和把握已有的文献内容，在对既往研究成果借鉴的基础上，提出指导性案例法源化研究这一问题，凸显问题意识。同时，厘清研究思路，列明研究难点，为后续的实质性内容打下良好基础。

其次，立足理论重述架构，针对指导性案例的基本概念、发展演进、历史实践、效力定位以及当下司法实践中的运行情况，分别进行梳理与探讨，列举学界与实务界对指导性案例的拘束力问题的不同看法，综合分析得出指导性案例应该具有法律拘束力的结论。根据真实数据反馈，发现案例指导制度运行存在指导性案例的数量、质量、效力和援引率均有待提高的困境，制度设计、规范操作和配套措施方面亦存在不足，但究其关键，最根本的是要明确指导性案例的拘束力规范问题，明确界定指导性案例的规范效力，如此一来，上述问题也将一一化解。

再次，从法源理论概念着手，对国内外法源理论进行梳理与界定，立足当今主流法理学派的思想，在法哲学层面分析不同学派的法源观。考虑到我国法学理论知识体系的建构与发展在一定程度上是从西方理论法学移植和借鉴来的，以及对于这一领域的研究依然比较薄弱等现实问题，笔者认为有必要对此展开理论探讨与分析检视。围绕指导性案例能否被视为正式法源这一论题，在对传统法源理论进行批判性反思的基础上，转换研究视角，引入一种展现司法中心主义的动态发展的法源观，以此为后续的规范分析与论证做好理论铺垫。

从次，在前文理论阐述与实践总结的基础上，阐述指导性案例作为正式法源，可以推进司法统一、促进社会公平、降低执法成本、提高司法效率，从而凸显制度的合理性。除此之外，作为正式法源，指导性案例不仅契合宪制原则和平等观，具有合法性，还是传统判例历史实践的创造性转化，符合两大法系融合发展的时代趋势，满足司法实践中需要的规则供给，有利于法律职业共同体共识的构建。以上述三个层面为切入点，从合乎理性到合乎规范再到合乎实际，层层推进，从理论建构递进到现实实践，整合性地推进对指导性案例正式法源化正当性的理论证成。

最后，立足当下司法现实，指导性案例正式法源化将面临包括对传统甚至主流观点的直面回应、指导性案例与司法解释的区分、不同法系文化协调、法源的效力与实效的基础理论在内的诸多挑战。基于此，借助法律全球化的分析视野，对域外大陆法系法治发达国家判例制度运作的经验和智慧进行分析借鉴，对指导性案例正式法源化可能面临的不同层面的挑战，尝试从提升法源共识、增强指导案例能动性、构建规模化数据库、立足宪法制度化四个方面着手，提出解决方案。

综合上述研究进路，最终分析得出，在理论发展、实践累积以及现实需求层面，指导性案例作为正式法源，已具备了合理性、合法性和现实性。就案例指导制度的深入推进而言，指导性案例亟须实现从事实上拘束力到法律上拘束力这样一个质的层面上的提升。指导性案例的正式法源化需要应对诸多困境，在实践中要从多方面解决问题，提升法律共同体的法源共识，构建权威性的解释；加强指导性案例自身的完善，为其法源化打好现实基础；借助信息技术，建立指导性案例数据库，高效发挥其示范作用；在指导性案例的颁布主体方面和程序方面做出改革，在尊重宪制架构的基础上实现指导性案例作为正式法源的制度化。

本书的创新点可以概括为两个层面。一是在理论层面上，引入司法中心主义的分析视野，将指导性案例与法源理论勾连起来，并借用三级的动态法源观，将制度解析与规范分析进行结合，从而推进对指导性案例正式法源化的整全性研究。二是在实践层面上，突破传统立法的老路，直面指导性案例正式法源化的制度化问题，主张在尊重宪制架构的基础上，将指导性案例的颁布主体由最高人民法院和最高人民检察院上升为全国人大常委会。

目 录

CONTENTS

第 *1* 章

绪　论

1.1　选题的背景和意义

1.1.1　选题的背景

在全球经济一体化的时代背景下，随着改革开放的深入推进、经济建设的迅猛发展以及中国特色社会主义法律体系的基本确立，我国已经步入了习近平新时代中国特色社会主义现代化建设的重要攻坚阶段。在这一关键发展阶段中，全面推进依法治国，建设新时代中国特色社会主义法治，不仅事关社会主义事业发展的全局，还是我们党推进治国理政的一项重大战略。

回顾我国社会主义法治建设历程，早在 1997 年，党的十五大便提出了"依法治国，建设社会主义法治国家"的宏伟目标。改革开放为具有中国特色的社会主义法治事业提供了政治动力；社会主义市场经济体制的建立，则为全面建设社会主义法治国家提供了经济支撑；而推进国家治理法治化则为构建展现中国本土价值的法治发展模式奠定了实践基石。总体来看，自改革开放以来，我国的社会主义法治事业稳扎稳打，先后走过了从"有法必依、执法必严、违法必究"，到社会主义市场经济法律体系建立，再到中国特色社会主义法律体系建立的历史进程。

全面依法治国是坚持和发展中国特色社会主义的本质要求和重要保障，事关我们党执政兴国，事关人民幸福安康，事关党和国家长治久安。党的十九大报告进一步强调建设社会主义法治国家是实现国家治理体系和治理能力现代化的必然要求，也是全面深化改革的必然要求。由此，中共中央明确要求坚持依法治国、依法执政、依法行政共同推进，坚持法治国家、法治政府、法治社会一体建设，开启了新时代全面依法治国新征程。❶

从宏观背景转向微观层面来说，法治中国和国家治理法治化的最终落实离不开立法、执法、司法、守法以及监督等诸环节的统筹配合。其中，司法作为法治生命得以真实展现的制度基础，担负着守护社会公平正义最后一道防线的重任。

就中国当下的现实发展状况来看，伴随着经济的飞速发展和社会的急剧转型，各种新型矛盾和疑难纠纷层出不穷，是以，维护社会和谐稳定，保障公平正义，便成为当下国家法治的重要论题。当然，作为守护社会公平正义的最后一道防线，司法在国家治理和捍卫正义方面的重要作用也日益凸显出来。

客观地说，伴随着中国经济、社会的飞速发展以及中国特色社会主义法律体系的建立与完善，当下中国法治建设的推进正有条不紊地从立法主导转向司法主导。司法乃是法治中国的一条重要战线，正是基于这样的一种整体战略思考，党的十九大报告重点强调了要"深化司法体制综合配套改革，全面落实司法责任制，努力让人民群众在每一个司法案件中感受到公平正义"。❷

伴随着人类社会发展进程，人们一直没有停止对公平正义的探索与追求。众所周知，公平正义的实现有赖于法治化的公正司法。司法公正是社会主义市场经济有序发展、社会和谐稳定的根本保障。正义意味着法律面前人人平等和类似案件类似处理原则的一致性与确定性，这可以说是司法公正最为基

---

❶ 袁曙宏：《坚持法治国家、法治政府、法治社会一体建设》，载《人民日报》2020 年 4 月 21 日，第 9 版。
❷ 习近平：《在中国共产党第十九次全国代表大会上的报告》，载《中国共产党第十九次全国代表大会文件汇编》，人民出版社 2017 年版。

本和最为朴素的要求。进而言之，对于司法公正来说，司法的统一适用是其不可或缺的基本前提。

《中华人民共和国宪法》（以下简称《宪法》）明确规定："国家维护社会主义法制的统一和尊严。"然而，近些年来的司法实践中，从最高人民法院到地方各级人民法院，一部分疑难案件引起了民间社会和媒体的广泛关注和讨论，甚至引发争议，其中有一个根本性的因素，就是长期以来对同案同判的忽视。不管是学术界还是实务界，由于缺乏对这一司法规律的基本共识，所以最终导致司法层面上存在一些混乱，从而进一步影响了司法的公信力和权威性。就此来说，如果司法的统一适用不能在实践中予以贯彻落实，那么司法正义就很容易沦为一句空话。很明确的是，司法公正乃是司法适用统一的价值目标，而司法的统一适用则是通往司法公正的基本要求。

谈及司法的统一适用，一个最为直观的制度要求就是同案同判。现代法学研究表明，类似案件类似处理乃是司法公平的重要展现。众所周知，中国是一个民族多元、人口众多、幅员辽阔且社会经济发展不均衡的国家，司法环境存在很大的差异，因此对于同案同判的理解并不是强调所有相同案件的结果都是相同的，而是说类似的案件应该得到类似的处理。当下，正是大量同案不同判案件的存在，在很大程度上影响了人民对于司法公正的信仰，乃至削弱了司法的公信力和权威性。"法官作为社会中的法律和秩序之含义的解释者，就必须提供那些被忽略的因素，纠正那些不确定性，并通过自由决定的方法——'科学的自由寻找'——使审判结果与正义相互和谐。"❶ 以广东的许霆案和云南的何鹏案为例，社会民众和媒体舆论之所以表现出强烈的不满，一个根本的原因就在于本来类似的两个案件却出现了差异悬殊的裁判结果。类似的案件还有很多，由是观之，司法如何在日趋复杂的社会现实中实现公正平等并获得公信力，便成为社会主义法治建设所必须面对和解决的首要问题。

---

❶ ［美］本杰明·卡多佐：《司法过程的性质》，苏力译，商务印书馆 2000 年版，第 5—6 页。

正是基于这样的现实背景和战略性考虑，2005 年，最高人民法院在《人民法院第二个五年改革纲要（2004—2008）》（以下简称《二五纲要》）中提出要"建立和完善案例指导制度，重视指导案例在统一法律适用标准、指导下级法院审判工作、丰富和发展法学理论等方面的作用"。其实，自 20 世纪 80 年代起，理论界就开始了对判例与司法先例的讨论和探索。2010 年，最高人民法院和最高人民检察院分别发布了关于案例指导工作的规定，❶ 其中明确指出指导性案例具有"应当参照"的法律效力，具有中国特色的案例指导制度正从规划设计演进为现实实践。2012 年，由国务院新闻办公室起草并发布的《中国的司法改革》白皮书把建立案例指导制度列为规范司法行为的一项重要改革成果。2014 年，《中共中央关于全面推进依法治国若干重大问题的决定》在党的十八届四中全会上获得通过，其中指出要"加强和规范司法解释和案例指导，统一法律适用标准"❷。这些都为以指导性案例为主体的案例指导制度的确立奠定了制度基础。

卡多佐曾强调，心灵和其他生活一样，也有一种类型再生产的倾向；每个判决都有一种生殖力，按照自己的面目再生产，并对未来的同类或类似性质的案件都具有某种指导力量。❸ 指导性案例的参照适用正是体现了这样一种司法哲学。随着指导性案例的陆续发布，案例指导制度正逐步渗透到司法实践之中，可以说指导性案例的推出与适用在一定程度上对于践行法治平等、实现个案公平正义、推进社会主义法治起到了积极的助力作用。但是，从司法实践来看，指导性案例的运用在实践中依然面临着一系列的困难和挑战。

特别是，随着案例指导制度实践的深入推进，实务界和理论界表现出了截然不同的态度，相对于理论界的积极鼓吹与大力推动，司法实务界则表现

---

❶ 参见《最高人民法院印发〈关于案例指导工作的规定〉的通知》（法发〔2010〕51 号）、《最高人民检察院关于印发〈最高人民检察院关于案例指导工作的规定〉的通知》（已失效）。

❷ 转引自刘作翔：《中国案例指导制度的最新进展及其问题》，载《东方法学》2015 年第 3 期，第 39 页。

❸ ［美］本杰明·卡多佐：《司法过程的性质》，苏力译，商务印书馆 2000 年版，第 9 页。

出了相当程度的谨慎与克制。在现实司法实践中，指导性案例的运用情况与制度设计目标存在一定的差距。究其原因，从内到外有着诸多的影响因素，不过其中有一个十分关键的主导性因素，就是指导性案例本身的法律性质和地位问题。

在当下中国法律渊源体系中，指导性案例是被当作一种非正式的法源来定位的。尽管在司法个案裁判中，指导性案例具有一种事实上的拘束力，但从法教义学的视角来看，指导性案例并不是一种正式的法源。一方面，在权威的法律渊源体系中，指导性案例本身不属于正式的法源；另一方面，在具体个案裁判中，法律又规定指导性案例具有一种"应当参照"的拘束力。正是处于这样一种"身份不明"的模糊地位，司法实践中，无论是法官、检察官还是律师，在直接援引指导性案例处理个案时，往往比较谨慎和有所顾虑，这一切在无形中已经影响了案例指导制度的正常运行。如果法官在运用指导性案例时，都无法做到理直气壮，总是束手束脚，那么更遑论其他的法律人了。名不正，则言不顺。由此来看，指导性案例的模糊性质和地位，不仅使法律职业共同体在案例指导制度上难以形成共识，还阻碍了案例指导制度的深入发展和完善。

从制度架构层面来说，指导性案例的法源性问题乃是支撑整个案例指导制度运作的最基本之前提。正如学者泮伟江所指出的那样，尽管指导性案例的推出绝非司法改革最重要的举措，但就其推出后引发的连锁反应来看，其是最为热烈隆重的。❶ 作为司法改革的重要举措，案例指导制度的出台是因应司法实践，乃至建立在对既往司法裁判深刻反思的基础之上的，其根本目的在于兴利除弊，规范司法运作，提升司法公信力。但是，如果指导性案例的法源地位不能解决且不能对其予以准确定位的话，势必会影响整个案例指导制度的发展。

如果赋予指导性案例正式法源地位，那么这一举措势必涉及对传统法源

❶ 泮伟江：《论指导性案例的效力》，载《清华法学》2016 年第 1 期，第 21 页。

观的挑战。因此，就必须转换视角对传统主流法源观进行梳理与检视。除此之外，我们还需要对如下三个中心议题作出理论上的回应：一是如何审视当下的指导性案例；二是如何立足司法立场来诠释法源；三是如何从理论上证成指导性案例的正式法源性。对于上述问题的回答，亟须我们立足于中国特色社会主义法治的国情和司法实践，从理论层面给出整全性的系统阐述，而这一切贯穿本书始终。

1.1.2 研究意义

1.1.2.1 理论层面的意义

自案例指导制度推出以来，理论界、实务界虽然观点不一，但目光大多聚焦在案例指导制度的具体运作、时代特色和功能分析等层面上。对于实务界来说，其关注的重点主要集中在指导性案例的运作机制和具体适用逻辑等方面，而对于案例指导制度能否作为一种法律适用机制，在维护法律确定性、实现司法统一、规范法治秩序等方面发挥应有的制度作用，他们却始终持有一定的审慎性态度。对于理论界来说，虽然其反对的声音一直存在，但总体来看，理论界对推进和完善案例指导制度还是持有相当程度的积极态度的。理论界主要对指导性案例的法治价值、沟通司法与社会、彰显法律的公平性以及提升司法公信力等方面展开了探索性研究。尽管理论界和实务界都对案例指导制度的推进做出了不懈努力，但应该清醒地认识到，就当下案例指导制度的运作情况来看，中国法律职业共同体并没有在指导性案例的法源性问题上达成共识。就指导性案例的法源地位而言，因为其涉及对传统主流法律渊源理论的冲击，现实中要么以事实上的拘束力对其进行解释，要么选择回避这一议题并干脆回归实证分析，所以我国在这一理论问题的研究上始终是比较薄弱的。有关指导性案例法源地位的共识缺失，导致现实中案例指导制度在理论表达和具体实践之间出现了一种矛盾性的背离；很显然，这样一种理论共识的缺乏，不仅在微观层面上不利于案例指导制度的深入发展，而且在宏观层面上亦不利于当下法治中国建设的有序推进。

没有理论指导的实践很容易走向盲目，没有实践支撑的理论则很容易变得空洞。是以，立足于法源理论和法律方法论，从微观论证和宏大叙事两个层面对指导性案例的法源性问题进行整体性的理论阐述，不仅可以进一步融贯法律实务界与理论界之间的理论共识，增进对司法实践理性的认知，而且可以在修正既有传统法源理论的基础上，为案例指导制度提供更加强有力的理论支撑，从而进一步丰富和提升具有中国特色的案例指导制度的理论价值，这一切便构成了本书研究的理论意义。

1.1.2.2 实践层面的意义

从司法实践的视角来看，同案同判、司法公平和司法公信力之提升乃是当下我国司法改革攻坚所亟须解决的重点问题。卡多佐曾强调道："人们不能在这一对诉讼人之间以这种方式决定案件，而在另一个类似案件的另一对诉讼人之间又以相反的方式作出决定……如果两个案件都一样，每个人就都会感受到这种情感的力量。因此，如果要想让诉讼人确信法院司法活动是公平的，那么坚持先例必须是一个规则而不是一个例外。"❶ 是以，同案同判、统一司法乃是司法应有之义。不过，司法实践中，同案同判的落实需要借助于指导性案例的有效运用，而指导性案例在个案裁断中的决定性功能的发挥又必须借力于其正式法源地位的界定。由此，结合对司法实践的实证考察，围绕当下案例指导制度运转及其所面临的问题与挑战，秉持一种实用的论题思维，将理论构建和制度改进有机结合起来，立足规范法学、司法哲学乃至法社会学的分析维度，对指导性案例的法源性问题予以检视反思，从而将理论法学与司法实践有机融贯起来，以期为当下案例指导制度的发展完善提供一些可操作性的智识借鉴，便构成了本书的现实意义。

当然，必须予以说明的是，尽管本书所推进的乃是一种立足于法理分析的批判性反思，但本书的研究并非一种拘泥于形而上学或就事论事式的工具主义的封闭型制度论证，相反，本书所努力推进的乃是一种积极关注现实、

---

❶ ［美］本杰明·卡多佐：《司法过程的性质》，苏力译，商务印书馆 2000 年版，第 18 页。

回应实践的开放型的理论研究。也只有秉持这样的一种问题意识，本书的研究才谈得上具有实践价值。

1.2 研究综述

1.2.1 国内相关研究

当前，在我国司法实践中，法律制定和适用之间存在客观性的落差，即法律的表达与实践有所背离。为了解决这一难题，早在案例指导制度推出之前，以沈宗灵、刘作翔、张琪、汪世荣、周佑勇、胡云腾、于同志、蒋惠岭等为代表的学者、法官群体已经在总结检讨既往司法经验的基础上，以英美法系和大陆法系中的判例制度为对比参照，围绕案例指导制度展开了探索性的研究。

1.2.1.1 理论界研究

作为最早的探索者之一，沈宗灵教授在《当代中国的判例——一个比较法研究》一文中，提出中国不应采用西方的判例法制度，其主要的理由是判例法制度不适合中国现行政治制度，中国不具有如同普通法国家存在的判例法传统，中国法官缺乏判例法的方法论经验，判例法自身的缺点也是中国不能采用该制度的原因等。❶ 尽管否定了判例法制度，但是沈宗灵和王晨光认为中国应当加强判例的作用。他们认为判例法能体现所有人在同样情况下获得同样对待的原则，在中国的法律制度尚不完善且法律规定比较抽象从而给具体实施带来困难的状况下，中国更应当加强判例作用，以此补充制定法。❷ 刘作翔教授等分别从"立法层面：法律局限的弥补和克服"、"司法层面：司法水平的综合提高"以及"世界两大法系逐渐融合的发展趋势"三个维度进

---

❶ 沈宗灵：《当代中国的判例——一个比例法研究》，载《中国法学》1992 年第 3 期，第 32 –
36 页。

❷ 沈宗灵、王晨光编：《比较法学的新动向——国际比较法学会议论文集》，北京大学出版社 1993
年版，第 231 –238 页。

行了理论分析，提出了借鉴判例法的做法，以"制定法为主、案例指导为辅，在不影响制定法作为主要法源的前提下"，"实行案例指导制度"的构想设计。❶ 为澄清争议、增进共识，胡云腾、于同志则立足中国司法现实，针对案例指导制度有关的疑难争议问题，分别对案例指导制度的价值作用、与西方判例法的区别、指导案例与制定法立法和司法解释的关系、指导案例的地位效力、指导案例的发布主体、程序标准以及编纂废止等重大问题进行了深入研究。❷

2010年，案例指导制度正式推出，有关案例指导制度的建立、发展及完善等问题便成为一个持续性的研究热点话题。就目前国内的相关研究来看，相关成果主要体现为对案例指导制度的理论定位、价值作用、传统文化基础以及实施的必要性、可行性等的规范性宏观论述与分析，当然也有部分学者立足民、刑等部门法对具体部门法领域的指导性案例及其运作展开了微观层面的分析论证。

针对指导性案例的定位，刘作翔教授主张应兼采判例法的特点并对制定法形成折中补充，对此须"严格地限定在法律适用的范围之内，不能越界"，"指导性案例对后案所起的作用是裁判理由的说明，而且应该可以被后案作为裁判理由援引，但不能是后案判决的直接依据"。❸ 陈兴良教授针对指导性案例在具体司法实践中存在的问题，对案例指导制度进行定位，指出"案例指导制度是具有我国特色的判例制度，它的建立使我国形成了法律—司法解释—案例指导规则这样一种多元的法律规则体系"。❹ 王利明教授则对案例指导制度的制度意义进行了诠释，认为指导性案例在司法实践中将与司法解释制度相辅相成，共同发挥解释法律、统一裁判尺度、保障法律的准确适用的

❶ 刘作翔、徐景和：《案例指导制度的理论基础》，载《法学研究》2006年第3期，第16-29页。
❷ 胡云腾、于同志：《案例指导制度若干重大疑难争议问题研究》，载《法学研究》2008年第6期，第3-24页。
❸ 刘作翔：《案例指导制度的定位及相关问题》，载《苏州大学学报（哲学社会科学版）》2011年第4期，第55页。
❹ 陈兴良：《案例指导制度的法理考察》，载《法制与社会发展》2012年第3期，第78页。

功能。❶ 张志铭教授基于同案同判和法官自由裁量权的问题，对指导性案例的价值目标设定和认识进行了回顾和反思，指出"中国的法院案例指导制度具有鲜明的特色，具体表现在指导性案例的价值功能、作用机制和裁判效力三个重要方面上，体现了一种新颖的制度定位。指导性案例是适用法律的成例，并在此基础上具有生成裁判规则的'法律续造'意义"。❷

张骐教授指出，现有案例指导制度已经不能适应实践的需要，借助于对判例制度的性质、基本价值、功能与作用的讨论分析，其主张应该从案例指导制度转向建立一种具有中国特色的司法判例制度。❸ 孙海波教授从法哲学的视角出发，对指导案例中类似案件类似裁判的类推法律思维在道义论层面上进行了辩护，指出"先例就应遵守的制度性事实、类似情况类似处理的形式正义原则以及司法裁判的融贯性，要求裁判者不得随意放弃参照既往先例案件进行裁判的义务。正确认识类似案件类似审判这一司法要求的地位和性质，对于推进我国案例指导制度的健康发展具有无可替代的重要意义"。❹

李仕春则从司法能动主义与宪制的视角对案例指导制度的运作进行了审慎性的反思和风险分析，主张通过在全国人大常委会立法监督的前提下，将案例指导的适用范围明确限定在一个比较小的法定范围内，但应该赋予规范拘束力。❺

1.2.1.2　实务界研究

相对来说，实务界的研究更多的是从实务和部门法出发，聚焦于指导性案例的制度架构、具体运行等方面，对指导性案例的讨论大多体现了一种法律工具主义的视野。蒋惠岭从司法改革的大局出发，围绕着案例指导

❶ 王利明：《我国案例指导制度若干问题研究》，载《法学》2012 年第 1 期，第 71 – 79 页。
❷ 张志铭：《中国法院案例指导制度价值功能之认知》，载《学习与探索》2012 年第 3 期，第 65 – 70 页。
❸ 张骐：《论中国案例指导制度向司法判例制度转型的必要性与正当性》，载《比较法研究》2017 年第 5 期，第 131 – 145 页。
❹ 孙海波：《类似案件应类似审判吗？》，载《法制与社会发展》2019 年第 3 期，第 140 – 155 页。
❺ 李仕春：《案例指导制度的另一条思路——司法能动主义在中国的有限适用》，载《法学》2009 年第 6 期，第 59 – 77 页。

制度的建立健全进行了论证，并指出以指导性案例为主导的案例指导制度乃是"中国式的'判例制度'"。❶ 于同志则从宏观视野深入分析了案例指导的历史渊源、价值内涵、法律属性、理论依据和运作机理，并在此基础上提出指导性案例为非正式法源。❷ 江勇、马良骥、夏祖银立足浙江省法院系统指导性案例的运用情况，指出指导性案例应属于非正式法源。❸ 陈树森则立足实践，对指导性案例的理论、运行操作、运行状况、面临问题以及与审级制度和最高人民法院的关联等进行了较为系统的研究，对于指导性案例的法源性，倾向于持非正式法源说。❹ 河南省安阳市人民检察院课题组从中西方法律文化传统、我国检察制度的运行现状以及建立案例指导制度的现实意义三个方面，对我国检察系统指导性案例的法律地位及其在实践中的可行性进行了探讨。❺ 十堰市人民检察院课题组针对现行指导性案例的法律定位不明、缺乏强制力、选编及适用等配套制度不够健全等问题，提出了针对性的完善方案。❻ 不过，对于指导性案例的法源性问题，他们基本上都是倾向于非正式法源地位说。可见，非正式法源说在实务界具有很大的影响力。

1.2.2 域外相关研究

随着中国案例指导制度的逐步推进，指导性案例在法学教育及法律实践方面，已经引起了国外学者的关注。

1.2.2.1 美国相关研究

美国学者格雷坚持从司法的视角对法律的概念予以界定，正所谓"不判

---

❶ 蒋惠岭：《建立案例指导制度的几个具体问题》，载《法律适用》2004 年第 5 期，第 8－11 页。

❷ 于同志：《案例指导研究：理论与应用》，法律出版社 2018 年版，第 110－120 页。

❸ 江勇、马良骥、夏祖银：《案例指导制度的理论与实践探索》，中国法制出版社 2013 年版，第 100－130 页。

❹ 陈树森：《我国案例指导制度研究》，上海人民出版社 2017 年版，第 23－37 页。

❺ 安阳市人民检察院课题组：《我国检察机关建立案例指导制度的思考》，载《河南社会科学》2011 年第 6 期，第 83－85 页。

❻ 白章龙、余书金、晏改会等：《检察机关案例指导制度若干问题探析》，载《中南大学学报（社会科学版）》2012 年第 5 期，第 64－69 页。

决，无法律"。● 遵循这样的一种逻辑，格雷将司法先例界定为除制定法之外的第二种法源，换言之，司法先例乃是一种"作为法律渊源的先例"。● 为了论证自己的观点，格雷跳出自己所处的英美法系，专门针对先例的法源性，从罗马法到德国法进行了一个比较法学层面的考察与分析，他发现在德国的各个时期与地方，制定法都对这个问题作出了规定，某些制定法规定法院应该遵循本院自己的先例，此外最高法院的判例应该被下级法院所遵循。● 那么，对于司法先例是否应该被视为正式的法源这个问题，为什么很多人都处于困惑或犹豫之中呢？格雷指出，如果提出这个问题的目的在于确定事实，那么对此几乎没有疑问。法官在判决案件时一定会从先例中获取规则，究竟为何会产生上述疑问呢？这是因为，法官们并不愿意被视为造法者，因为他们喜欢称自己只是在适用法律，而非创造法律。●

美国斯坦福大学法学院熊美英博士专门成立了中国指导性案例项目（CGCP），借助比较分析的视角，结合美国判例法的运作，系统性地对我国的案例指导制度及指导性案例进行了检视与透析，认为指导性案例是一种具有中国特色的判例。美国学者 Mark Jia 立足比较法的视野，从大陆法系和英美法系的传统法文化特点出发，认为指导性案例加强了对法律解释明确性和裁判一致性的维护，提升了司法适用的统一性。尽管中国当下的案例指导制度仍面临着来自司法现实的一系列挑战，但是不能不承认案例指导制度的建立已经为中国社会所关注且已经取得了较为乐观的成果，从某种程度上来讲，指导性案例可以称为一种具有中国特色的判例法的建立。●

● ［美］约翰·奇普曼·格雷：《法律的性质与渊源》，马驰译，中国政法大学出版社 2012 年版，第 83 页。

● ［美］约翰·奇普曼·格雷：《法律的性质与渊源》，马驰译，中国政法大学出版社 2012 年版，第 173 页。

● ［美］约翰·奇普曼·格雷：《法律的性质与渊源》，马驰译，中国政法大学出版社 2012 年版，第 181 页。

● ［美］约翰·奇普曼·格雷：《法律的性质与渊源》，马驰译，中国政法大学出版社 2012 年版，第 189 页。

● Mark Jia, *Chinese Common Law? Guding Cases and Judicial Reform*, Harvard Law Review, Vol. 129: 8, pp. 2213 – 2234 (2018).

1.2.2.2 德国相关研究

德国学者魏德士认为，法律渊源是那些能够为法律适用者所识别的"客观法"。❶ 在大部分情况下，当我们提及法源时，更多的是指向一种狭义的法律渊源说，即"只有那些对于法律适用者具有约束力的法规范才是法律渊源"。❷ 正是基于这样一种理解，在魏德士看来，先例的本质就是一种法官法。是以，在该法源理论的主导下，魏德士指出，就德国最高法院的先例判决来说，最高法院的裁决具有一种事实上的约束效力，"最高法院判决对一切同类案件并进而对社会和国家具有类似于成文法的效力是毋庸置疑的"。❸ 由此，魏德士提出了一种与既往传统法源理论不同的见解，"通说认为法官法不是法律渊源，但该观点对法律生活的实践而言并不正确。通说的观点是矛盾的"。❹

1.2.2.3 法国相关研究

对于司法判例是否属于一种法源这个问题，法国学界依然存在诸多争议与分歧。在一些学者眼中，判例可以被看作法律的青春源泉，正是借助于判例的运用，法律的稳定性和灵活性才有机结合起来。然而，在另一部分学者看来，判例作为法源乃是一种对立法职能的蚕食，有可能危及以三权分立为架构的民主制度，因此他们更多的是持一种保守的态度。在法国民法学者盖斯旦等看来，判例对于社会成员来说是强制性的。当一个判例在一个既定问题上是固定不变的，当事人就必须服从它。❺ 作为一种法的渊源，判例是有效的且具有强制力的规范性陈述，因此从该层面来说，判例就是一种"实质意义上的法的渊源"。❻ 不过，他们主张判例作为法源，其作用应该受到一定的限制，尽管判例对法律的解释是创造性的，但其相对于制定法而言，依然处于次要地位，是一种不完全的从属性的创造。❼ 尽管判例作为法源，具有

---

❶ ［德］魏德士：《法理学》，丁晓春、吴越译，法律出版社2005年版，第98页。
❷ ［德］魏德士：《法理学》，丁晓春、吴越译，法律出版社2005年版，第99页。
❸ ［德］魏德士：《法理学》，丁晓春、吴越译，法律出版社2005年版，第107页。
❹ ［德］魏德士：《法理学》，丁晓春、吴越译，法律出版社2005年版，第113页。
❺ ［法］雅克·盖斯旦等：《法国民法总论》，谢汉琪等译，法律出版社2004年版，第443页。
❻ ［法］雅克·盖斯旦等：《法国民法总论》，谢汉琪等译，法律出版社2004年版，第447页。
❼ ［法］雅克·盖斯旦等：《法国民法总论》，谢汉琪等译，法律出版社2004年版，第468页。

一定的局限性，但在盖斯旦等看来，它依然是明确和完善的法律体系，甚至是协调实体法发展的一种颇为有效的手段。

1.3 研究思路、难点及创新

1.3.1 研究思路

围绕指导性案例的法源性这一问题，笔者以法源理论为切入点，以法律方法论为手段，立足理论与实践的结合，通过对案例指导制度、传统主流法源理论的梳理与检视，将分析立场从立法中心转向司法中心，并在引入一种具有开放性、动态性和证成性的法源观的基础上，从法律适用和司法的语境出发，围绕指导性案例的法源性问题，分别对指导性案例正式法源化的正当性、合法性和现实性予以理论分析和规范证成。研究的内容主要分为四个部分，研究的具体推进基本上是按照提出问题、分析问题和解决问题这样的一种凸显问题意识的研究思路，具体如图 1-1 所示。

1.3.2 研究难点

有关案例指导制度的理论研究可谓百家争鸣、聚讼不已，在案例指导制度已经初步建立起来的现实情况下，如何选取支撑理论，恰当地推进规范性研究，并力争避免事实与价值判断的混淆，是我们在研究中所面临的一个富有挑战性的问题。

我国有关指导性案例的理论研究很多都是基于对西方判例制度的借鉴与学习，因此在该项研究的推进过程中，如何回归本土价值、体现法治中国的特色，是研究中所要面临的另一项挑战。

本书建立在对传统主流法源理论的批判性分析基础之上，通过研究视角的转换，重新思考和认识法源，并形成一种具有开放性的法源观，就笔者目前的研究能力来说，这不能不说是一种智识上的挑战。

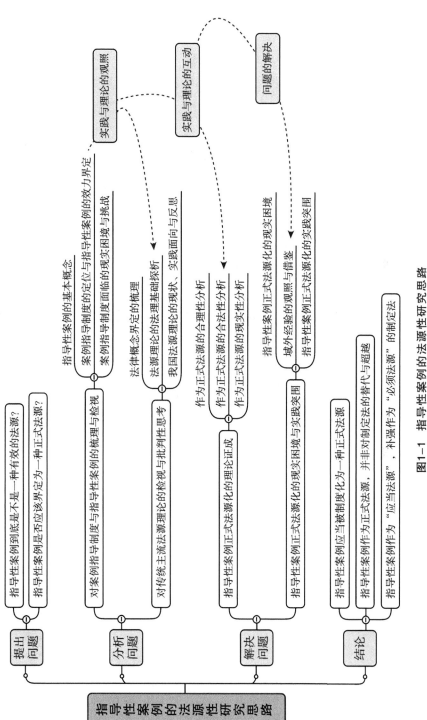

图1-1 指导性案例的法源性研究思路

1.3.3　研究创新

在研究观点方面，本书拟综合宏观和微观两个层面，通过沟通理论学界与实务界的互动观照，在融贯法律职业共同体共识的基础上，推进对指导性案例的正式法源化问题的整全性阐述。同时，在观点见解上，主张赋予指导性案例正式的法源地位，特别是明确提出建设性的解决方案，即在指导性案例遴选确定后，由最高人民法院和最高人民检察院提交全国人大常委会予以发布，以此在尊重宪制架构的基础上，实现指导性案例的正式法源化。

在研究方法方面，本书力求摆脱将案例指导制度作为单一的司法制度予以分析的限制，而是立足司法哲学的视野，将指导性案例与法源理论勾连起来，将制度解析与规范分析进行结合，在展现案例指导制度的中国特色的基础上，推进一种本土意识的探索性研究。

在研究视角方面，本书力图将研究视野从既往的部门法研究转向整全性的法理研究，以凸显和提升其理论的现实意义。

第 *2* 章
指导性案例的基础理论框架

随着经济全球化的推进和人类社会交往范围的不断扩大，大陆法系和英美法系之间的融合趋势越来越明显。同时，从世界法制发展层面来看，成文法典的辉煌正在逐步褪色。正所谓法有穷而事无尽，面对社会生产生活和经济文化的多元变迁，制定法因其固有的滞后性和僵化性，在服务于法治建设方面，显得越来越疲于应对。相比之下，判例因其特有的灵活性、经济性越来越得到司法实践的认可。

就中国的法治发展历程来看，早在 20 世纪 90 年代，来自民间的法务力量就在呼吁建立一种属于中国自己的案例制度，对此最高人民法院也因应时代发展特点，集成传统历史实践的力量，大力推进案例制度的发展。2005 年 10 月，最高人民法院在《二五纲要》中，提出了规范和完善案例指导制度的计划与构想，但缺乏有关案例指导制度的具体配套与实施措施。❶ 随着司法实践的不断完善，2010 年 11 月，最高人民法院出台了《最高人民法院关于案例指导工作的规定》（以下简称《案例指导规定》），这一举措意味着我国案例指

---

❶ 于同志：《刑法案例指导：理论·制度·实践》，中国人民公安大学出版社2011 年版，第 38 页。

导制度正式建立，由此作为司法改革的制度创新，案例指导制度从宏观的理论构建层面迈入微观的实践阶段。在此基础之上，2015 年最高人民法院又颁布了《〈最高人民法院关于案例指导工作的规定〉实施细则》（以下简称《案例指导规定实施细则》）。由此可见，继具有中国特色的社会主义法律体系建立之后，立足中国特色国情的案例指导制度的制度性框架已经基本构建起来，这意味着我国法律规范体系有了进一步发展与完善。

2.1 指导性案例的基本概念

案例指导制度的深化与推进主要根植于具有普遍指导意义的司法案例，即所谓的指导性案例。可以说，指导性案例是人民司法的实践成果，在一定程度上，追求司法统一和公平的指导性案例"是法治的基本单位，是法治的最小单元"，"是看得见的法典，是摸得着的规则"。[1] 由此可见，指导性案例作为法治的基本元素，支撑着案例指导制度的运转。

2.1.1 指导性案例的概念

客观来讲，对于什么是指导性案例，目前并没有统一的标准性概念。从实践情况来看，在绝大部分情况下，对指导性案例的诠释往往与案例指导制度的界定混杂在一起。尽管一些学者对通过下定义来获致对概念的共识性理解表示了质疑，[2] 但不得不承认的是，在学术研究与探讨之中，概念依然是一个非常重要的理论因素。美国学者博登海默强调概念乃是解决法律问题必不可少的工具，没有限定严格的概念，我们便不能清楚地和理性地思考法律问题。[3] 从这个意义上来讲，明确指导性案例的概念有助于增进对其具体运

---

[1] 白建军：《案例是法治的细胞》，载《法治论丛》2002 年第 5 期，第 25 页。

[2] 学者顾彬立足诠释学，认为"所有的概念需要解释。在解释这些概念时，我们试着通过其他的词或其他的概念来下定义。结果在原来只有一个词的地方，出现了许多其他的词，这些词也需要有更确切的解释。这就是说，用我们下的定义无法得到最后一种谁都承认的结果"。顾彬：《我看德国当代哲学》，载《读书》2011 年第 2 期，第 61 页。

[3] ［美］E. 博登海默：《法理学：法律哲学与法律方法》，邓正来译，中国政法大学出版社 2004 年版，第 504 页。

作的理解。虽然缺乏一个统一性的界定，但是学者围绕指导性案例的概念依然形成了不同的理解。就既往相关研究成果来看，对于指导性案例概念的界定，大致可以划分为狭义与广义两种进路。

一种是立基于创制主体的狭义界定观，认为只有最高人民法院和最高人民检察院所确定和发布的用以指导各级法院司法审判工作的案例才是指导性案例。例如，陈灿平便主张指导性案例是由最高人民法院依审判管理职能确立的、经适当程序确立并经适当形式公开发布的、具有典型监督和指导意义的、已经发生法律效力的裁判案例。❶

另一种是侧重于功能与效用的广义界定观，主张除了狭义层面的指导案例，实践中各高级人民法院、中级人民法院围绕司法审判所确定和发布的具有指导和示范意义的典型案例也属于指导性案例。例如，李灵英认为，指导性案例是指司法机关经过相关程序确认的，且可以作为先例在审判工作中予以借鉴参考的已生效的司法判例。❷ 郎贵梅则认为，指导性案例是指较高级别的人民法院按照规定程序确认并公开发布的、具有普遍指导意义的、已经发生法律效力的裁判。❸ 于同志则在此基础上，又做了进一步的修正，提出指导案例是融合法律与实践的司法经验与智慧的结晶，是已经生效且具有一定拘束力的司法裁判。而郜永昌和刘克毅两位学者则认为，指导性案例是指法官在成文制定法缺失的情况下，依据并通过法律原则、一般条款，引入道德、交易惯例、社会习俗等社会规范解决纠纷所形成的案件；同时，根据相同情形相同处理、不同情形区别处理的正义原则，案例被推广应用于其他类似案件的处理。❹

通过对上述观点的对比与梳理，可以看出，广义层面的指导性案例是指能够在司法实践中影响审判活动的案例；狭义层面的指导性案例则是指由较

---

❶ 陈灿平：《案例指导制度中操作性难点问题探讨》，载《法学杂志》2006 年第 3 期，第 101 页。
❷ 李灵英：《指导性案例在裁判中的适用研究》，载《中国特色案例指导制度研究》，人民法院出版社 2009 年版，第 334 页。
❸ 郎贵梅：《论指导性案例的编写》，载《人民法院报》2009 年 1 月 6 日，第 5 版。
❹ 郜永昌、刘克毅：《论案例指导制度的法律定位》，载《法律科学（西北政法大学学报）》2008 年第 4 期，第 135 – 141 页。

高级别的人民法院遵循法定程序选定并予以发布的用以指导审判工作的具体案例。

综合上述观点，笔者所采用的是一种狭义的界定观，即所谓指导性案例，就是指由最高人民法院和最高人民检察院以统一法律适用、补充制定法疏漏和规范自由裁量为目的，在特定范围内为审理同类案件提供有效指导，❶ 按照严格的程序与标准，选取并予以发布的已经生效的裁判案例。❷

2.1.2 指导性案例与判例、先例的辨析

法律根植于文化之中。在我国近代法制的发展历史之中，判例、先例、判例法、判决先例、判决范例等概念都曾作为正式的专业术语出现过。在实践中，人们往往将指导性案例与判例、先例等概念联系在一起，甚至产生认识上的混乱，因此，作为一种新兴专业词汇，指导性案例的概念需进行明确界定。

由于法观念和各国法律制度的不同，判例在法律规范体系中的地位与功能也展现出不同的情况。随着当今世界两大法系的互相借鉴与融合，尽管围绕判例的定位依然存在很多争议，但是对于判例在部门法和司法实践中日益凸显的重要作用，人们不应忽视。

一般来说，当提及判例时，人们往往会首先联想英美法系的判例制度，可以说，判例制度在一定程度上就是英美法系法文化的同义词。而且英美法系与大陆法系最大的不同之处在于，其司法运作有一个极其关键的原则就是遵循先例。而所谓先例，也被称为先前之判例或司法判例，是指在后来的案件中作为法律渊源的先前的司法判决。❸ 换言之，先例是指"一个已经判决的案件和法院的判决，被认为是为后来发生的相同或相似的案件或类似的法

---

❶ 江勇、马良骥、夏祖银：《案例指导制度的理论与实践探索》，中国法制出版社 2013 年版，第 215 页。

❷ 《案例指导规定》第 2 条规定了指导性案例的遴选特色：社会广泛关注的；法律规定比较原则的；具有典型性的；疑难复杂或者新类型的；其他具有指导作用的案例。

❸ ［英］戴维·M. 沃克：《牛津法律大辞典》，北京社会与科技发展研究所组织翻译，光明日报出版社 1988 年版，第 140 页。

律问题提供了范例或权威性的法律依据，法院试图按照先前的案例中确定的原则进行审判"。❶ 进而言之，法院在先前案例中所确立的规则，对于之后法院的裁判而言，是具有法律拘束力的。正如斯卡利亚大法官所总结的那样，"创制普通法的一个必不可少的先决条件是遵循先例原则，即一个案件的判决将成为下一个案件所遵循的原则"。❷

先例与判例法制度密切联系，相辅相成，在判例法的整个运作过程之中，先例的核心作用并不是为后来的法官审判案件提供指导，而是为后来的类似案件提供一个确定的规范或原则，这些规范或原则必须被予以遵循和适用。❸ 由此，先例与判例法有机结合并一起成长起来，从这个意义上来讲，判例法就是立足于先例的司法经验，通过法院系统自下而上地逐步演化积淀而成。

对于大陆法系国家来说，法源的确定是依托制定法典并采取自上而下的方式予以统一建构的。虽然判例并非其正式的法律渊源，但是这并不代表判例不重要，恰恰相反，判例制度因其灵活应对社会变迁的能力而在大陆法系国家日益得到重视并逐渐成熟。就德国的司法情况来看，根据具体使用情境的不同，判例大致可以归纳为三种含义，即先例、法官法和持续性判决。

判例的第一种含义，与英美法系之判例具有很大的相似性，即对于法官后来的判决具有某种特殊影响力的指导性裁判。❹ 不过，在德国，除了联邦宪法法院的判决，其他判决作为判例通常并不被归类为正式的法源，其效力主要体现为一种事实性的规制力。详而言之，判例就是指那些有可能与当前待决案件有关联的先前的判决，虽然预设了某种约束力，但又没有暗示有关这种约束力的性质和强度，它意味着与未来的判决有所关联，法院也没有必

---

❶ 邓矜婷：《指导案例的比较与实证》，中国人民大学出版社 2015 年版，第 2 页。

❷ ［美］安东尼·斯卡利亚：《联邦法院如何解释法律》，蒋惠岭、黄斌译，中国法制出版社 2017 年版，第 8 页。

❸ 薛波、潘汉典：《元照英美法词典》，北京社会与科技发展研究所组织翻译，法律出版社 2003 年版，第 197 页。

❹ 高尚：《德国判例使用方法研究》，法律出版社 2019 年版，第 20 页。

要明示其吸收或者形成了一个能够指引未来决定的判决并使其作为判例被讨论。❶

判例的第二种含义是指法官通过解释、补充等造法活动形成的，且未被包含在现行制定法规范内的针对个案的一种裁判规范。❷ 其是与法官造法实践活动相关的，故称为法官法或法官造法。

判例的第三种含义是指一种持续性判决，是比较中性的，也是最常见于德国的司法审判实践的一种表达，例如一贯之见解、向来之判决见解等。❸

在法国，判例与法官的职能通常紧密相连，广义上的判例是指法院所作出的判决，其在教育方面具有特殊意义；狭义上的判例往往是指那些具有一定确定性或恒定性的重复性或权威性的既有判决。❹

众所周知，日本虽然是一个典型的大陆法系国家，但其司法实践却在很大程度上糅合了两大法系的特点，正因为如此，判例的含义在日本曾经有很长时间难以达成理解共识，人们在提及判例时，往往存有不同的指向。20 世纪中后期，学者川岛武宜专门对判例的含义进行了精确化梳理。川岛武宜认为，只有那种具有先例拘束性的裁判例规范才有资格称为判例。❺ 具体而言，判例即"审判例"，是指审判的判决，且又是构成先例的。❻ 正如西原春夫教授所指出的那样，"从实质来看，判例如同法源一般地约束着法院的判决"。❼ 如果个案判决被反复运用到类似的案件裁判实践之中，那么在此意义上，它就成了一个判例法。

于同志认为，从属性界定因素来说，指导性案例本来就与英美法系的判例法存在一定的差异，因此完全没有必要对先例和判例这些词汇过于敏感。

---

❶ ［德］罗伯特·阿列克西、拉尔夫·德莱尔：《德国法中的判例》，高尚译，载《中国应用法学》2018 年第 2 期，第 136 页。

❷ 高尚：《德国判例使用方法研究》，法律出版社 2019 年版，第 20 – 21 页。

❸ 高尚：《德国判例使用方法研究》，法律出版社 2019 年版，第 21 – 22 页。

❹ ［法］雅克·盖斯旦等：《法国民法总论》，谢汉琪等译，法律出版社 2004 年版，第 369 页。

❺ 转引自解亘：《日本的判例制度》，载《华东政法大学学报》2009 年第 1 期，第 94 页。

❻ ［日］后藤武秀：《判例在日本法律近代化中的作用》，载《比较法研究》1997 年第 1 期，第 75 页。

❼ ［日］西原春夫主编：《日本刑事法的形成与特色：日本法学家伦日本刑事法》，李海东等译，中国法律出版社、日本国成文堂出版社 1997 年版，第 10 页。

对此，陈兴良教授也持有类似看法，他认为，从某种意义上来说，所谓指导性案例其实就是判例，我们也可以把案例指导制度称为具有中国特色的判例制度。❶

虽然从法律适用的过程来看，我国指导性案例与英美法系和大陆法系的判例、先例一样，都是立足于审判实践的法律适用之产物，但无论是在规范层面还是在机制层面上，我国的指导性案例都与其有着很大的差异。

首先，英美法系的判例作为正式的法源，乃是一种法官造法的渐进累积经验之结果，而大陆法系的判例作为非正式法源，乃是对制定法的一种有效补充。就两者的生成和运作机制来说，这就是一种哈耶克所谓的"自生自发秩序"❷。相比较而言，我国的指导性案例必须经一定程序由最高司法机关确认并正式发布，就形成来讲，其体现了统一集中管理的特征，具有明显的行政控制色彩，其生成机制更多地类似于立法，❸体现了强烈的建构主义。

其次，对于英美法系的判例运作来说，判例自生成之时，依据其对先例的遵循原则，判例便获得了一种法律上的拘束力，而对于大陆法系的判例来说，判例虽然不是正式法源，但具有一种特定的规范化形式，判例在生成之后便拥有一种事实上的拘束力。与上述两种情况存有差异，对于我国指导性案例的参照适用，司法实践中仅仅是应当参照，而非必须参照。❹也就是说，指导性案例的效力作用的重心在于其指导性，指导意味着指示、引导、指点，❺其主要功用在于统一法律适用标准、指导下级法院审判工作、丰富和发展法学理论。❻更进一步来讲，指导性案例并不具有与制定法相同的效力，

---

❶ 陈兴良主编：《中国案例指导制度研究》，北京大学出版社 2014 年版，第 3 页。

❷ ［英］弗里德利希·冯·哈耶克：《法律、立法与自由》（第一卷），邓正来等译，中国大百科全书出版社 2000 年版，第 55 页。

❸ 陈兴良主编：《中国案例指导制度研究》，北京大学出版社 2014 年版，代序第 9 页。

❹ 《案例指导规定》第 7 条规定："最高人民法院发布的指导性案例，各级人民法院审判类似案件时应当参照。"

❺ 张骐等：《中国司法先例与案例指导制度研究》，北京大学出版社 2016 年版，第 140 页。

❻ 陈永辉：《最高人民法院有关负责人就二五改革纲要答本报记者》，载《人民法院报》2005 年 10月 27 日，第 1 版。

指导性案例不能被引用为裁判依据。❶ 另外，只有最高人民法院发布的指导性案例才具有约束力，而不是判决作出时即具有约束力。从这一点来看，指导性案例在具体效力层面上，与普通法系和大陆法系的判例有着根本性的区别。

最后，生成主体不同。对于普通法系和大陆法系的判例来说，除初审法院外，较高层次的各级法院都有创制先例的权力。对于我国的指导性判例来说，其发布主体是特定的，司法实践中，目前能够遴选和发布指导性案例的主体只有最高人民法院和最高人民检察院。

总之，我国的指导性案例绝非对两大法系判例制度的直接复制与移植，而是在吸取法治发达国家的历史经验的基础上，扎根中国本土司法审判实践，因应世界法治发展趋势，体现中国特色国情的一种制度改革与创新的结果。正如刘作翔教授等所总结的那样，这是一个"折中的制度选择"，它既表达了我们所欲实行的是一种"案例"指导制度，而不是完全的"判例"指导制度，同时也表明我们同过去有所不同，要将"案例"上升到能够"指导"以后法院审判工作的地位，而不是像过去那样仅仅起到"参考"的作用。❷

2.1.3 指导性案例的传统资源与历史发展脉络

具有中国特色的案例指导制度是中国特色社会主义法治建设的一项重要制度创新，虽然《案例指导规定》正式颁布于 2010 年，但案例指导制度的推出是奠基于中国传统法律文化和中国法治实践的探索经验基础之上的。特别是新中国成立以后，案例制度的建立，在某种程度上意味着案例指导制度就是对我国既有案例制度的新发展和新突破。

古代中国的法律规范构成，在法实证主义的基础上展现出一种律、令、例等多元化组合的格局。武树臣教授认为，作为中华法系的代表，传统中国的法源呈现一种成文法与判例法相结合的"混合法"格局。❸ 其中，例是最

---

❶ 胡云腾等：《〈关于案例指导工作的规定〉理解与适用》，载《人民司法》2011 年第 3 期，第 36 - 37 页。

❷ 刘作翔、徐景和：《案例指导制度的理论基础》，载《法学研究》2006 年第 3 期，第 29 页。

❸ 武树臣：《中国的"混合法"——兼及中国法系在世界的地位》，载《政治与法律》1993 年第 2 期，第 43 页。

富有争议的一种法律形式，清朝时期例的作用大大加强，甚至有超越律的趋势，当然由此也遭到了强烈的抵制与批评。

在武树臣教授看来，例就是通常所谓的判例，标志着判例法一脉相传、经久不衰的独特地位，例与律相辅相成，并最终为成文法典所吸收。❶ 当然，对于这一见解，杨一凡教授提出了自己的看法。在肯定例的重要作用的基础上，他指出对于例的理解存在着片面简化的倾向，而且并非所有的例都是判例，只有一部分像汉朝决事比这样的例才能算得上是判例。❷

有关例到底是判例还是成文法规的问题依然存有持续争议，但这并不能否认那些作为判例的例在司法实践中的历史作用。众所周知，古代中国是典型的成文法国家，虽然没有判例法制度，但这并不意味着中国古代社会没有判例实践。不仅如此，在漫长的历史过程中，判例作为一种重要的法律形式，因应社会变迁，却起到了弥补法典不足、补充法律漏洞的重要作用，并由此得以制度化地发展。

在周道鸾教授看来，案例制度与判例制度可谓密切关联，甚至可以说案例制度就是中国传统的判例制度，中国案例（判例）制度源远流长。❸ 不可否认，从商周的御事、春秋的成事、战国的比和类、秦朝的廷行事和行事比、汉朝的决事比和春秋决狱、唐朝的法例、宋朝的断例、元朝的条格、明朝的律例并行一直到清朝的成案比附，判例始终与历朝的法典编纂相辅相成，并展现出强大的生命活力。

对此，汪世荣教授专门对中国古代判例进行了考察与分析，他认为，判例在中国法制史上所扮演的角色不可忽视。回顾中国传统法制的发展历史，自春秋战国时期，判例就是一种重要的法律形式，并对成文法的制定起到了积极作用。秦汉时期，以廷行事和决事比为代表的判例，在司法实践中弥补了成文法的不足，提升了司法水平。魏晋南北朝时期的判例，在理论层面上

---

❶ 武树臣：《中国的"混合法"——兼及中国法系在世界的地位》，载《政治与法律》1993 年第 2 期，第 44 页。

❷ 高袁、陈锐：《汉代的法律方法论》，载《法律方法》2012 年总第 12 卷，第 301 – 305 页。

❸ 周道鸾：《中国案例制度的历史发展》，载《法律适用》2004 年第 5 期，第 2 页。

推进了制定法的完善。隋唐时期，法典渐进成熟，推行制定法的实施为判例的主要使命，●对司法个案的恰当处理，使得判例不仅摆正了位置，而且获得了规范性的发展。宋元时期，判例的地位有所提升，超越制定法并成为法律渊源，但由于缺乏严格的适用规范，最终过犹不及，对制定法造成严重冲击。●明清时期，判例的地位不仅获得了进一步的提升，而且确立了"因案生例"制度，使得判例获得制度化的发展。

虽然刘笃才教授认为上述看法可能夸大了判例的角色和作用，主张判例在中国古代并不能够和成文法平分秋色，但他依然在很大程度上肯定了判例的存在，并进一步将制定法与判例的关系变化总结为：战国至秦汉时期的"放任"关系、魏晋至唐宋的"拒斥"关系和明清的"吸纳"关系。●

张晋藩教授指出，早在先秦时期，司法审判实践中便有了对判例的运用，后来经过历朝历代之发展，至明清两朝，律例并存，判例在质量、数量方面均得到了一定的发展，并开始有意地对判例进行编纂。由此，明清时期也成为传统判例法发展最快的时期。●

清末修律到民国时期，一方面伴随着西方法律制度和司法理念的大量移植引入，另一方面由于社会急剧动荡，制定法在作用发挥方面力有未逮，而判例的作用却日益凸显。尽管民国初年时局动荡，社会混乱，但大理院作为全国最高法院，通过对司法权的掌控，借助判例还是较好地统一了法律解释，并在审判实践基础之上发布了一系列的判例。●据粗略统计，仅在北洋政府统治时期，大理院的判例就已经达到 6000 多个。正是基于这样的一种历史实践，在部分学者看来，中国的判例制度其实最早始于大理院运用判例续造法

---

❶　汪世荣：《中国古代判例研究》，中国政法大学出版社 1997 年版，第 81 页。

❷　汪世荣：《中国古代判例研究》，中国政法大学出版社 1997 年版，第 114 页。

❸　刘笃才：《中国古代判例考论》，载《中国社会科学》2007 年第 4 期，第 151 页。

❹　张晋藩：《中国法律的传统与近代转型》，法律出版社 1997 年版，第 228 – 241 页。

❺　民国时期，对于判例的汇编编纂，不仅有来自官方的，还有来自民间法律人士和职业团体等的。相关的比较有影响的成果有大理院编辑的《大理院判例要旨汇览》和《大理院判例要旨汇览续集》、郭卫编辑的《大理院判决例全书》、朱鸿达主编的《大理院判决例全集》、郭衡编辑的《大理院判决例全书检查表》、大理院书记厅编辑的《大理院判决录》等。

律的实践。

南京国民政府成立后，启动一系列司法改革，将大理院改为最高法院。1947 年后，南京国民政府又将统一解释法律的权力从最高法院转授大法官会议，尽管制定了体系化的六法全书，但为应对制定法之滞后与不足、补强司法实践，大理院判例编纂的传统仍保留下来。其中，根据《法院组织法》，南京国民政府专门成立判例编纂委员会，在总结司法实践经验的基础上，选择具有典范性和新颖性的案例作为示范代表并加以汇编，通过其背后隐含的抽象规范，以期为日后的司法裁判提供规则支撑。这一时期，判例的具体运用越来越成文化和系统化。

新中国成立后，六法全书和相关判例均被废除，社会主义法制建设尚处于探索初期，人民法院在进行司法审判时，主要以党的政策为依据。由于制定法极其不完善，所以为便利司法，在 1956 年的全国司法审判工作会议上，最高人民法院提出法院应当注重编纂典型案例，以发给各级法院比照援用。1957 年，最高人民法院将《最高人民法院 1955 年以来奸淫幼女案件检查总结》以内部文件的形式印发传达给各级人民法院，以此统一量刑标准，推进刑事审判工作，"开启了用案例来总结审判经验、指导审判工作的实践"❶。

党的十一届三中全会以后，社会主义法制建设迎来全面发展，随着刑法、刑事诉讼法和民事诉讼法等基本法律的相继颁布，我国的案例指导实践也获得了长足的进展。1984 年，最高人民法院两次以文件印发《刑事犯罪案例选编》，发布 34 个案例，对定罪量刑问题提出具体指导意见。

1985 年，《中华人民共和国最高人民法院公报》（以下简称《公报》）正式诞生，自此以后，最高人民法院以《公报》为载体，定期发布案例，以此来指导司法审判工作。一方面，最高人民法院以内部文件形式印发案例，指导各级人民法院的审判工作；另一方面，通过《公报》开诚布公地向社会发布案例，进行法律宣传教育。《公报》所发布的案例通常具有典型性、真实性、公正性和权威性等特点，对于指导各级人民法院审理案件具有重要的参

---

❶　陈兴良主编：《中国案例指导制度研究》，北京大学出版社 2014 年版，第 50 页。

考和借鉴作用。❶ 与之相辅相成，最高人民法院还灵活运用司法解释和新闻媒介等多元化形式，及时发布典型案例，特别是在这一时期，案例选编活动获得了重视。❷

1988 年，最高人民法院发布工作报告，显示 1983—1988 年正式发布了293 个案例，主要是对一些重大的复杂的刑事案件统一量刑标准，对一些新出现的刑事案件的定罪量刑问题提供范例，以及对审理一些在改革开放中新出现的民事、经济案件提供范例。❸

1999 年，最高人民法院响应党的十五大的号召，积极推进司法改革工作，审议并编制了《人民法院五年改革纲要（1999—2003）》，其中指出要遴选出能够助益于法律适用方面的典型案例，以便为各级人民法院在司法实践中处理类似案件提供参考。2005 年，最高人民法院为贯彻落实党的十六大的主旨精神，编订了《二五纲要》并正式提出"建立和完善案例指导制度，重视指导性案例在统一法律适用标准、指导下级法院审判工作、丰富和发展法学理论等方面的作用"。是以，指导性案例在官方权威文件中首次得以正式表达。

2010 年，以最高人民法院《案例指导规定》的颁布为标志，具有中国特色的案例指导制度由此确立起来，并形成了以指导性案例为统领、其他案例为基础的案例指导体系，案例指导工作呈现出规范化、制度化发展的新局面。❹ 2011 年，第一批指导性案例正式发布，意味着我国案例指导制度也正式启动运作，案例指导工作由此掀开新的一页。为进一步统一法律适用，2020 年 7 月出台了《最高人民法院关于统一法律适用加强类案检索的指导意见（试行）》，要求实施类案及关联案件强制检索制度，借力典型案例范式作

❶ 周道鸾：《中国案例制度的历史发展》，载《法律适用》2004 年第 5 期，第 5 页。
❷ 自 1992 年起，最高人民法院中国应用法学研究所编辑了《人民法院案例选》，国家法官学院和中国人民大学法学院联合编辑了《中国审判案例要览》；自 1999 年起，最高人民法院各审判庭又相继编辑了以案例研究为主要内容的审判参考和指导丛书。
❸ 郑天翔：《最高人民法院工作报告（第七届全国人民代表大会第一次会议）》，载《中华人民共和国最高人民法院公报》1988 年第 2 期，第 38 页。
❹ 陈兴良主编：《中国案例指导制度研究》，北京大学出版社 2014 年版，第 55 页。

用，促进我国案例制度进一步完善。这一系列举措为指导性案例的微观运作夯实了制度基础。

案例指导制度是 21 世纪以来展现中国特色的制度创新点，但是这种创新并非一种突兀的建制，而是确立于中国传统判例历史实践、借鉴发达国家法治经验以及对中国本土案例制度的现实探索基础之上的。换言之，案例指导制度的建立经历了一段渐进式的历史实践积累，而绝非一项孤立的司法改革技术性操作，亦即，指导性案例的推出是在两大法系逐渐融合的时代潮流下，立足实践理性，因应法律思维变迁，综合中国传统法律文化、当下司法改革实践和社会主义法治建设大局的一项理性制度选择。总而言之，案例指导制度是以最高人民法院、最高人民检察院为首的司法机关，立足现实国情，在总结既往案例指导经验的基础上，承前启后，针对实践中同案不同判这一突出问题，所构建的一种富有创见性的方案。就此来说，我国的案例指导制度，既承继了中国传统法律文化的判例因素，又借鉴了西方国家特别是大陆法系国家判例制度的一些先进做法，乃是立足于我国特色国情的一项具有划时代意义的法律适用机制。

2.2 案例指导制度的定位与指导性案例的效力界定

自 2010 年案例指导制度正式确立以来，伴随着指导性案例在司法实践中的深入拓展，有关是否应该建立和推进案例指导制度的问题，目前基本已经达成共识，并集聚了相当可观的研究成果。但是，依然有一些问题尚待解决，特别是在有关指导性案例的属性、定位和法律效力的问题上，目前无论是理论界还是实务界，都存在着争讼。可以说，指导性案例在一定程度上乃是案例指导制度的"细胞"，其定位与效力问题乃是整个案例指导制度的基础性和前提性问题，案例指导制度欲获得有效拓展，就必须对这一问题做出解答。

2.2.1 案例指导制度的定位

2005 年，最高人民法院在《二五纲要》中作出了明确阐述，即"建立和完善案例指导制度，重视指导性案例在统一法律适用标准、指导下级法院审判工作、丰富和发展法学理论等方面的作用"。2010 年，最高人民法院又在《案例指导规定》中明确提出，最高人民法院发布的指导性案例，各级人民法院审判类似案件时应当参照。不过，客观来讲，对于指导性案例的本质与地位，最高人民法院并没有给出详细和准确的界定，其给出的仅仅是上述笼统性概述。

实践中，关于案例指导制度的定位，依然存有一定的争议。就既有相关研究来看，大致可以从理论界和实务界两个层面予以把握。总体来看，相关研究大致可以梳理为以下几种观点。

（1）法律适用机制说。

这种观点在国内理论界与司法实务界均有着很大的影响力。立足于中国的政治架构、立法制度和司法现实，基于对《案例指导规定》的解读，胡云腾等认为，"案例指导制度就是指导下级法院的审判工作、统一司法裁判尺度的一种工作机制"。❶ 换言之，指导性案例并不是判例法体系中的法官造法，而是在既有法律框架之下，以服从法律和司法解释为前提的一种法律适用活动和制度，其作用在于正确地解释和适用法律。❷

另外，理论界也有很大一部分学者持有这种观点。张志铭教授认为，我国的案例指导制度与英美法系的遵循先例制度是存在差别的，指导性案例制度最基本的功能属性或价值定位应该是适用法律，而非创制法律。❸ 刘作翔教授认为，案例指导在本质上仍是一种法律适用活动和制度，该制度的确立乃是一个折中的制度选择。一方面，其表达了所欲实行的是一种"案例"指导制度，而非完全的"判例"指导制度；另一方面，其又表明要将"案例"上升到能够"指导"以后法院审判工作的地位，而非仅仅起到"参考"的作

---

❶ 胡云腾等：《〈关于案例指导工作的规定〉的理解与适用》，载《人民司法》2011 年第 3 期，第 36 页。

❷ 胡云腾、于同志：《案例指导制度若干重大疑难争议问题研究》，载《法学研究》2008 年第 6 期，第 8 页。

❸ 张志铭：《我国法院案例指导制度的全新定位》，载《光明日报》2011 年 6 月 29 日，第 14 版。

用。❶ 可以说，我国的案例指导制度既吸收借鉴了判例法的一些做法，又不照搬判例法，是故，在刘作翔教授看来，我国的案例指导制度应该被限定在法律适用的范围之内，而不能轻易对其属性进行扩张。❷

（2）司法解释说。

自改革开放以来，面对社会的急速发展和变迁，最高人民法院积极利用司法解释来回应审判实践的规范需求，先后颁布了大量的司法解释，也引致了对其造法的质疑。有鉴于此，一些学者和法官希望通过案例指导制度对此予以改进，即将指导性案例作为最高人民法院进行司法解释的一种新形式。例如，为推进法律适用之统一，鉴于"以判例为司法解释的形式不仅技术上可行，而且有立法依据"，❸ 董皞教授等建议将指导性案例与司法解释对接，即将其定位为通过最高人民法院发布有拘束力的判例来行使司法解释权。❹ 与此同时，学者刘克毅也持有类似见解，在他看来，案例指导制度作为规范司法权行使的制度，其法律定位应该既是法律解释机制，也是司法造法机制。❺ 杨力教授则认为，指导性案例的拘束力体现为从案例中归纳出的指导规则和决定性判决理由相结合的一种双重结构，有鉴于此，案例指导制度其实是一种司法解释。❻

（3）司法管理与规范说。

夏锦文教授等认为，案例指导制度既非所谓的法律解释，也不是法官创造的判例法，而是司法运行过程中的一种规范机制。具体来说，它是上级人民法院以规范法律适用为目的，基于审级监督权，对下级人民法院审理相关

---

❶ 刘作翔：《我国为什么要实行案例指导制度》，载《法律适用》2006 年第 8 期，第 8 页。

❷ 刘作翔：《案例指导制度的定位及相关问题》，载《苏州大学学报（哲学社会科学版）》2011 年第 4 期，第 54 - 55 页。

❸ 董皞：《论判例与法律统一适用》，载《岭南学刊》2007 年第 2 期，第 80 页。

❹ 董皞、贺晓翊：《指导性案例在统一法律适用中的技术探讨》，载《法学》2008 年第 11 期，第 144 页。

❺ 刘克毅：《法律解释抑或司法造法？——论案例指导制度的法律定位》，载《法律科学（西北政法大学学报）》2016 年第 5 期，第 200 页。

❻ 杨力：《中国案例指导运作研究》，载《法律科学（西北政法大学学报）》2008 年第 6 期，第 41 页。

案件进行审级监督，从而实现司法公正与效率的一项司法制度。❶ 秦宗文教授认为，与两大法系的判例的自发成长不同，中国的案例指导制度更多地体现了一种自上而下的制度安排，其目的在于实现对自由裁量权的司法管理和规制，甚至可以说司法管理职能乃是其最核心的特征。从这一点来看，案例指导制度可以说是一种以约束司法裁量权、统一司法为目标的强化司法业务管理的新手段。❷

相比较而言，司法管理与规范说在司法实务界有着相当大的影响。刘辰认为，我国的案例指导制度设定了类案的裁判尺度和司法方向，对自由裁量权的运用进行了一定约束，从而有利于避免司法思维的盲目性，确保思维结果的统一性，保证司法裁判相对确定、统一。❸ 孙谦从案例指导制度的目的出发，认为我国的案例指导制度是以成文法为主，结合司法解释，以案例指导为辅，在不影响成文法作为正式法律渊源的前提下，借鉴判例法的一些具体做法，发挥典型案例的指导作用，对法律规则的准确理解和适用进行指导。❹ 同时，他认为建立案例指导制度的目的是发挥指导性案例灵活、简便、快捷地指导司法的作用，这种指导在本质上是一种事实上的指导，而非规范意义上的指导。❺

（4）判例制度说。

这种观点主要集中于理论学界，其中以陈兴良教授、张骐教授和刘作翔教授的观点最具代表性。陈兴良教授认为，尽管案例指导制度处于起步发展阶段，但指导性案例在一定程度上就是判例，是以，案例指导制度其实就是具有中国特色的判例制度。❻ 张骐教授基本认同陈兴良教授的见解，但认为案例指导制度要成为判例制度尚需进一步的完善发展。他认为，

❶ 夏锦文、莫良元：《社会转型中案例指导制度的性质定位与价值维度》，载《法学》2009 年第 11 期，第 136 页。

❷ 秦宗文：《案例指导制度的特色、难题与前景》，载《法制与社会发展》2012 年第 1 期，第 101 页。

❸ 刘辰：《案例指导制度的价值定位与时代使命》，载《人民检察》2019 年第 15 期，第 39 页。

❹ 孙谦：《建立刑事司法案例指导制度的探讨》，载《中国法学》2010 年第 5 期，第 82 页。

❺ 孙谦：《建立刑事司法案例指导制度的探讨》，载《中国法学》2010 年第 5 期，第 81 页。

❻ 陈兴良：《案例指导制度的规范考察》，载《法学评论》2012 年第 3 期，第 117 页。

判例制度对于实现司法公平公正具有相当重要的意义，同时在既有相关历史实践和经验积累的基础上发展判例制度，也契合当下国家治理现代化建设之需要。因此，破除案例指导的瓶颈、充分发挥案例作用的必由之路，就是要深化司法改革，建设中国的判例制度，实现由案例指导制度向判例制度的转型。❶ 对此，在刘作翔教授等看来，案例指导制度可以说是一种准判例制度，是以制定法为主、案例指导为辅，在不影响制定法作为主要法律渊源的前提下，借鉴判例法的一些具体做法。❷

上述观点分别立足理论和实践两个层面，各抒己见，对案例指导制度的定位进行了探讨和争鸣。不过，笔者对此更倾向于第一种见解，即法律适用机制说。

首先，案例指导制度是在最高人民法院的主导之下推出的。作为最高一级的审判机关，最高人民法院除了裁断具体纷争，还承担着确保法律正确适用的职能，而案例指导制度的推出就是基于这一职能完善与强化的体现，有利于保障法治之统一。也正因如此，最高人民法院在《案例指导规定》中明确阐释了案例指导工作的宗旨在于总结审判经验、统一法律适用。

其次，不管是司法解释说、司法管理与规范说，还是判例制度说，这些观点的构建在根本上都是为法律适用所涵摄的。从微观层面来讲，利用指导性案例诠释补充成文法，通过援引参照指导性案例来规范司法审判之统一，将指导性案例形塑为判例并予以普遍运用，这些特色都可以归于法律适用的范畴。总之，它们都是以指导性案例为工具或方法来推进法律适用目标的，其最终的落脚点都是法律适用之统一。

再次，与法律适用机制说相比，一方面，其他学说观点无法完全涵盖案例指导制度的相关内容；另一方面，从微观实证层面来看，最高人民法院以"案例"与"指导"为点睛之词来界定案例指导制度，也暗示了该制度的定

---

❶ 张骐：《论中国案例指导制度向司法判例制度转型的必要性与正当性》，载《比较法研究》2017年第 5 期，第 137 页。

❷ 刘作翔、徐景和：《案例指导制度的理论基础》，载《法学研究》2006 年第 3 期，第 29 页。

位乃是法律之适用，最终目的是统一司法裁判、正确适用法律。

最后，在现实层面上，来自当下实践中的一些调查数据也在一定程度上印证了法律适用机制说。例如，由四川省高级人民法院和四川大学主持的针对法官、检察官、公安、律师、人民陪审员以及其他司法工作人员的一项调查研究显示，接近 43.65% 的调查对象倾向于将案例指导制度定位为法律适用机制（见表 2-1）。❶

表 2-1　指导性案例应当如何定位分析

调查对象	作为正式的法律渊源	属于一种法律适用机制	作为立法补充	属于司法解释	未作答
法官	15.36%	46.67%	25.53%	9.44%	3%
人民陪审员	17.11%	46.31%	27.43%	6.49%	2.65%
法院其他工作人员	14.63%	42.47%	32.53%	9.09%	1.28%
检察、公安、司法行政人员	11.48%	37.46%	35.34%	6.89%	8.83%
律师	15.57%	42.21%	22.75%	12.7%	6.76%
小计	14.78%	43.65%	28.35%	9.12%	4.1%

上述受调查者可谓是广义上的专业司法工作人员，相对于普通人员来说，他们在法律意识和思维方面更具有代表性和权威性。就上述统计数据显示的情况来看，与司法解释说、立法补充说相比，大部分受调查者倾向于将案例指导制度定位为法律适用机制。其中，又以法院系统和律师界较为突出。

基于此次调查的情况梳理，四川大学与四川省高级人民法院在联合课题研究中认为，把案例指导制度定位为具有中国特色的判例制度，是一种值得商榷的观点，而且此种观点与当下的宪制框架不相符。而就司法解释说来看，

---

❶ 左卫民、陈明国主编：《中国特色案例指导制度研究》，北京大学出版社 2015 年版，第 82 页。

虽然在法律适用层面，两者之间具有很大的"家族相似性"，但是从表现形式、法律依据以及拘束力来看，案例指导制度与司法解释明显是两个本质上不同的事物。相比较而言，将案例指导制度定位为法律适用机制，更接近于当下中国的司法实践。对此，笔者也持有该种观点。综上所述，立足中国当下司法之实践，案例指导制度其实是一种法律适用之机制。

2.2.2 指导性案例的效力界定

与案例指导制度定位密切关联的一个问题，就是指导性案例的规范效力问题。从整全性的视野来看，指导性案例的拘束力问题，可以说是案例指导制度最为基本的一个问题，更进一步来讲，当案例指导制度被定位为业务指导意义下的法律适用机制时，如何看待指导性案例的效力便上升为一个顺次需要解决的问题。其实，自最高人民法院推行案例指导制度以来，对于如何界定指导性案例的拘束力，始终没有形成一个标准性共识。虽然大家对指导性案例具有一定的拘束力已基本达成共识，但是对于其指导效力具体为何，却始终存在着争议。目前，围绕指导性案例的效力定位与界定，大致主要集中于以下两种不同的观点。

（1）否定观：事实上的拘束力说。

众所周知，对于指导性案例的效力界定问题，官方最为正式的表述是最高人民法院出台的《案例指导规定》中所作出的阐述，即"最高人民法院发布的指导性案例，各级人民法院审判类似案件时应当参照"。可以说，这一表述是案例指导制度推出以来，关于指导性案例法律效力问题，官方层面所作出的最为正式的规范性表达。

但是，回归具体实践，何谓"应当参照"？如何理解和把握"应当参照"？"应当参照"的具体约束力和规范力又是如何？客观来讲，对于这些关键问题，最高人民法院并没有直接给出精确的界定，而且为了避免引致对法官造法的质疑批评，最高人民法院也并没有进一步作出详细规范。换言之，最高人民法院以一种概括式的笼统表达变相回避了指导性案例的拘束力的精确界定问题。也正因如此，实践中围绕这个问题的不同观点有所交锋，理论界和实务界对这个问题也没有达成最终共识，由此导致了一种界定上的模糊性，并进一步影响案例指导制度的深化与制度拓展。

针对上述问题，张骐教授认为，最高人民法院之所以没有对指导性案例的效力予以明晰的解释，主要是基于学理与法文化方面的考量。在学理上，一些学者误认为大陆法系国家的制定法体系与判例制度水火不相容；在法文化层面，长期以来，部分学者误认为中国在历史上是一个制定法国家，排斥判例制度的存在。❶ 如此一来，恰恰因为未能对案例指导制度进行精准定位，反而使得人们更倾向于认为，最高人民法院在指导性案例效力问题上的模糊态度是在为法官造法进行遮掩，从而进一步引发人们在这个问题上的顾虑。

当然，在指导性案例的效力问题上，尽管最高人民法院作为主体机关并没有给出权威性的官方界定，但是时任最高人民法院大法官胡云腾对此曾有过专门的阐述。在他看来，"应当参照"的规定是案例指导制度的一个重大亮点，也是撬动整个案例指导制度的活力点，"所谓参照，就是参考、遵照的意思。所谓应当参照，就是必须参照的意思"。❷ 虽然这一见解不能代表最高人民法院的最终观点，但是从中隐约可以洞窥最高人民法院对指导性案例在事实上所具有的拘束力之肯定。❸

于同志则立足于理论架构与实践探索的结合，针对指导性案例的效力问题展开了探讨。他认为，在立法架构层面上，当下指导性案例并不是正式的法律渊源，缺乏相应的宪制规则支持，但在司法裁判的实践层面上，如果不能对指导性案例的拘束力作出明确的规范，势必影响案例指导制度的深入落实。而从最高人民法院的相关历史实践以及当下具体实践的反馈情况来看，将指导性案例的效力定位为具有事实上的拘束力，不仅能够展现其制度活力，

---

❶ 张骐等：《中国司法先例与案例指导制度研究》，北京大学出版社 2016 年版，第 142 页。

❷ 胡云腾：《案例指导制度的构建意义深远》，载《法制资讯》2013 年第 10 期，第 53 页。

❸ 不过，这一解释遭到了一些学者的质疑，认为"应当参照"存在逻辑上的问题，"应当"与"参照"是两个拘束力程度不同的概念。具体来说，"应当"的拘束力的强度类似法律法规，而"参照"又侧重效导性、指导性，两者在拘束力强度上并不处于同一水平线。参见陈树森：《我国案例指导制度研究》，上海人民出版社 2017 年版，第 13 页。

与我国的立法制度和司法现状充分契合，而且从制度完善视角来看，其也具有足够的发展空间。❶

另外，关于事实上拘束力的观点，还有一个力证，即如果司法实践中，法官忽略或背离指导性案例并造成司法不公，将面临司法管理和案件质量评查方面的负面评价的危险，案件将依照法定程序被撤销、改判或者被再审改判等。❷ 根据这一理解，可以看出，最高人民法院通过对司法审判的管理，实际上在一定程度上提示了法官具有充分注意指导性案例的审慎性义务，在此基础上，指导性案例的效力展现出了一种事实上的拘束力，而非规范意义上的指导。换言之，虽然在立法方面，并没有明确界定指导性案例的规范效力，但在具体的司法实践中，指导性案例的拘束力事实上是存在的。不过，对于如何准确地理解"事实上"一词，学者泮伟江提出了不同的看法，他认为对于指导性案例事实上的拘束力的理解，其实有积极和消极两种层面的含义。其中，在消极层面上，事实上的拘束力并非指导性案例从事实之中获取效力，而是说其拘束力并非来自立法权威的授予，而是另有来源和根据。❸

左卫民教授认为"应当参照"的表达暗示了指导性案例与法律规范和司法裁决不同，其具有一种独特的效力。对法官群体来说，这种拘束力意味着法官有注意和说理义务；对审判监督体制来说，指导性案例为审级监督提供了正当理由；对当事人和社会公众来说，指导性案例有助于其正确理解法律适用。❹ 同时，从四川省高级人民法院与四川大学合作进行的调查情况反馈来看，在日常司法实践中，约 43.16% 的受访者认同指导性案例具有事实上的拘束力。

（2）肯定观：法律规范上的拘束力或准法律拘束力。

对于事实上的拘束力一说，学者李学成认为，这是对我国作为成文法国

---

❶ 于同志：《刑法案例指导：理论·制度·实践》，中国人民公安大学出版社 2011 年版，第 350 页。
❷ 胡云腾、于同志：《案例指导制度若干重大疑难争议问题研究》，载《法学研究》2008 年第 6 期，第 10 页。
❸ 泮伟江：《论指导性案例的效力》，载《清华法学》2016 年第 1 期，第 28 页。
❹ 左卫民、陈明国主编：《中国特色案例指导制度研究》，北京大学出版社 2015 年版，第 143 页。

家司法资源配置的一种机械性的理解。一方面，从法哲学的视野来看，法律不等于法；另一方面，结合我国的司法实践情况来看，成文法条并不是司法裁判的唯一法源，坚持成文法的唯一法源地位，既不符合历史，也是行不通的，我们必须正视在成文法律之外还存在着作为裁判依据的法规则。❶ 对此，他主张，应该重新审视指导性案例的法源性，从制度的长远发展眼光来看，指导性案例应该具有一定的法律拘束力，其中私法类指导性案例中所发现并确认的法规则，具有被法官针对类似案件援引并作为裁判依据的资格。❷

陈兴良教授认为，当下的案例指导制度虽然还不尽如人意，正处于一种不断完善的状态之中，但究其实质，其依然是一种判例制度，只不过这种具有较强行政性特征的判例制度，具有"似法而又非法的特征"。尽管最高人民法院和最高人民检察院只是强调在审判时对于指导性案例应当参照，但其法律特征还是十分明显的，只不过判例的独特性可能会被遮蔽罢了。❸

在案例指导制度尚处于探索阶段之时，董皞教授便提出了构建适合中国国情的判例制度的设想，特别是鉴于最高人民法院的司法解释遭受非议由来已久这一问题，有必要从抽象的司法解释向判例式的司法解释转化。结合我国台湾地区和澳门地区的实践情况，他进而主张判例应该成为一种具有"司法拘束力"的法源或准法源，由此凡被选定的判例或指导性案例，经统一编号并发布或公布，即对全国法院或一定司法辖区的判决具有拘束力。❹ 很明显，在董皞教授看来，由最高人民法院和最高人民检察院所发布的指导性案例应该具有法律拘束力。

对于指导性案例的效力问题，雷磊教授选择了法源双层结构论作为切入点，并分别从法源的质和量两个层面，针对指导性案例的法源性进行了剖析。

---

❶ 李学成：《指导性案例的法源意义与确认路径——以最高人民法院公布的私法性指导性案例为研究对象》，载《北方法学》2014 年第 6 期，第 25 页。

❷ 李学成：《指导性案例的法源意义与确认路径——以最高人民法院公布的私法性指导性案例为研究对象》，载《北方法学》2014 年第 6 期，第 28 页。

❸ 陈兴良主编：《中国案例指导制度研究》，北京大学出版社 2014 年版，第 29 页。

❹ 董皞：《迈出案例通向判例的困惑之门——我国实现法律统一适用合法有效之路径》，载《法律适用》2007 年第 1 期，第 43 页。

他认为，我国的案例指导制度既不是英美法系的判例制度，也非大陆法系中的判例，而是兼顾两者的特点，选择了一条中间道路。具体来说，"应当"的提法其实已经意味着指导性案例已经获得基于（附属的）制度性权威的规范拘束力，因而不同于至多仅具有价值拘束力的其他案例；而"参照"的提法则意味着指导性案例的规范拘束力相对较弱，与法条和司法解释相比，其分量要低于制定法及司法解释，也可能因实质理由而被偏离。基于此，雷磊教授主张应该将指导性案例的效力定位为"准法源"。❶

（3）介于中间的观点：行政性拘束力。

指导性案例的效力界定问题，除了上述两种见解，还有学者从案例指导制度的主体及运作机制出发，立足于指导性案例的发展演进及其拘束力的嬗变过程，提出了一种比较新的看法，即认为指导性案例具有一定的行政性拘束力。例如，孙国祥教授认为，如果指导性案例不能被赋予拘束力的话，由最高人民法院和最高人民检察院所推动的案例指导制度很容易在实践中沦为虚设。不过，在其看来，这种拘束力乃是一种根植于上下级关系的行政拘束力，在具有较强行政性色彩的中国司法系统中，无论是对检察系统上下级的领导关系还是司法系统上下级的指导关系来说，都充分展现了"行政性拘束力的制度基础是以国家权力作为支撑的司法机关内部上下级的监督关系和行政指导关系"。❷

目前为止，围绕指导性案例的拘束力问题，学界与实务界均存有不同的声音。对于指导性案例的规范效力，虽然没有一个最终权威的界定，但从不同观点的碰撞交流来看，在指导性案例应该具有一定的拘束力这一问题上，学界和实务界还是基本达成了共识，但在其拘束力的精准界定上尚需进一步的沟通。至于这种拘束力具体应该给予什么属性的界定，在笔者看来，对于这一问题的回答，不直接给出权威或标准化的答案，未尝不是一种谨慎和适

---

❶　雷磊：《指导性案例的法源地位再反思》，载《中国法学》2015 年第 1 期，第 289 页。
❷　孙国祥：《从柔性参考到刚性参照的嬗变——以"两高"指导性案例拘束的规定为视角》，载《南京大学学报（哲学·人文科学·社会科学版）》2012 年第 3 期，第 137 页。

宜的做法。

一方面，从案例指导制度的创制主体来看，最高人民法院和最高人民检察院均对此问题采取了一种笼统性的表达。笔者认为，这样的一种表述，也许是两者立足制度架构和长远规划所作出的一种实用主义的慎重策略，那就是摸着石头过河，边探索边总结，而非仓促地予以界定。另一方面，从案例指导制度本身来看，作为一个新生事物，尽管其推出经历了一段较长时间的积淀，但作为一种融合现实国情且具有中国特色的创新性司法制度，其发展和完善依然需要较长时间的磨炼。对于指导性案例的法律效力的最终界定，更多的是需要综合实践和经验来予以定论，而非依靠一种建构理性予以设计。套用哈耶克的观点，这应该是一种"行为的结果"，而非"设计的结果"。将该问题放在司法改革的时代背景之下，这种经验主义进路，似乎更为可取。随着案例指导制度的深入推进和发展，以及后续相关的继续探讨，对于指导性案例的最终效力界定一定会呈现出一个循序渐进的结果。

当然，就当下的相关讨论来看，在上述观点中，笔者更倾向于法律拘束力一说。虽然最高人民法院针对指导性案例的效力界定给出的是"应当参照"的概括性表达，但实际上在这种饱受争议的具有模糊性和中和性的表述中，其应当意味着一种强制性的拘束力。而之所以采用"参照"一词，在很大程度上是源于对司法造法一说的避嫌，毕竟就中国当下的宪制和立法体系而言，法律主要是源自立法行为。其实，这样的做法并不是一种创新，而是一种已经为实践所接受的惯常行为。例如，司法解释一直以来就没有摆脱造法的嫌疑，但司法解释的法律拘束力问题很少被质疑。

反过来看，假如指导性案例仅是一种行政性的司法管理手段或仅具有一种事实上的拘束力，那么实践中就会出现一种悖论或尴尬的局面。具体来讲，鉴于法院司法独立之运作，下级法院在裁判案件时如果对指导性案例秉持"应当参照"的原则，那么就会出现违背法院司法独立之局面。也就是说，违背了以事实为根据、以法律为准绳的社会主义司法准则，由此对指导性案例的参照，恰恰就是在用不具有法律拘束力的规则来裁判案件，这是相当矛盾的，也违背最高人民法院推出案例指导制度的初衷。

笔者认为，指导性案例应该具有法律拘束力，更多的是基于一种理论层面的取向。在当下现实中，尽管在学界和实务界有很大一部人更认同指导性案例所具有的乃是一种事实上的拘束力，但这并不代表指导性案例本质上就应该具有一种事实上的拘束力。毕竟案例指导制度作为一种新型制度始终处于一种发展和探索状态之中，表达与实践的背离也是很正常的一种现象，但不能以此来否定其效力的规范属性。

2.3　指导性案例及案例指导制度的运行情况与实践反思

千里之行，始于足下，实践是检验真理的最好办法。对于案例指导制度的推进与完善，不管在理论上有多少成果，或是存在多大的争议，其生命力最终还是要展现在司法实践过程之中。其中，最为关键的环节就是在具体司法实践中对指导性案例予以充分正确地参照与适用，就这一点来讲，指导性案例的参照适用问题乃是整个案例指导制度的核心。有鉴于此，我们需要立足司法实践，对其予以实证性的考察评析。

2.3.1　案例指导制度运行的实证分析

2.3.1.1　基于四川省高级人民法院与四川大学联手主持课题的调查反馈

2011 年，四川省高级人民法院与四川大学以院校合作的方式联合申报并成功承担了最高人民法院的重大理论课题——中国特色案例指导制度的发展与完善。其间，该课题组在围绕课题制定了详细的调研计划后，便以问卷调查和实地访谈的方式，结合四川省高级人民法院调查总结的案例指导适用情况，以具有中国特色国情的案例指导制度的架构为中心，以法官、人民陪审员、法院其他工作人员、检察、公安、司法行政、律师以及社会公众为调查对象，进行了将近一年的前瞻性的调研。

根据对问卷调查和走访访谈的数据统计反馈的情况来看，在对案例指导制度的基本认知情况调查中，法官、检察官、公安人员、律师及社会公众等主体，通过法院内部部署、办案或日常工作，以及学习培训、广泛报道等渠道，

对案例指导制度形成一定了解的比例高达 87.05%。❶

对于指导性案例的效力问题，43.16% 的受访对象认为指导性案例应具有事实上的拘束力，24.91% 的受访对象认为应当具有法律上的拘束力，15.72% 的受访对象认为指导性案例仅具有优势证据的效力，还有 13.4% 的受访对象认为指导性案例没有拘束力。❷ 更进一步而言，专门针对法官群体的调查数据显示，40.45% 的法官倾向于指导性案例应该具有事实上的拘束力，26.26% 的法官认为指导性案例应当具有法律上的约束力，16.24% 的法官认为具有优势证据的作用。❸

在针对指导性案例能否作为再审、提审、发回重审或改判理由的预期意向态度调查中，数据显示 36.73% 的调查对象表示赞成，持反对观点的则占 46.52%，其中法官群体占被调查法官的 55.82%，而在实证的座谈调查之中，大部分的一线法官也对此表示了反对性意见。❹ 随着最高人民法院第一批指导性案例的发布，课题组又专门进行了后续补充调查，对于全国性指导性案例能否作为上诉或申请再审的理由这一问题，数据统计显示，31.53% 的司法工作人员表示赞同，31.94% 的司法工作人员表示反对，持摇摆态度的则占 31.99%。❺ 对于上级法院能否依据全国性指导案例改判、发回重审和再审这一问题的态度调查，31.15% 的司法工作人员表示赞同，31.29% 的司法工作人员持否定态度，持摇摆态度的则占 33.75%。

通过分析上述调查数据，可以发现，建立案例指导制度在一定程度上已成为社会主流观点，❻ 但对此仍需要保持谨慎的态度。其理由在于，调查数据也显示，一方面在关于指导性案例效力问题的理解和认识上，的确存在差异，甚至在应然和实然层面上存在明显矛盾的看法；另一方面，由于指导性案例的效力定位模糊，导致法官群体在对其具体运用上存在模糊性和分歧。

---

❶ 左卫民、陈明国主编：《中国特色案例指导制度研究》，北京大学出版社 2015 年版，第 75 页。
❷ 左卫民、陈明国主编：《中国特色案例指导制度研究》，北京大学出版社 2015 年版，第 82 页。
❸ 左卫民、陈明国主编：《中国特色案例指导制度研究》，北京大学出版社 2015 年版，第 83 页。
❹ 左卫民、陈明国主编：《中国特色案例指导制度研究》，北京大学出版社 2015 年版，第 83 页。
❺ 左卫民、陈明国主编：《中国特色案例指导制度研究》，北京大学出版社 2015 年版，第 84 页。
❻ 左卫民、陈明国主编：《中国特色案例指导制度研究》，北京大学出版社 2015 年版，第 76 页。

2.3.1.2　基于当下检察院、法院系统实践情况调查的反馈

为进一步摸清和掌握指导性案例在司法实践中的具体运用情况，2017 年最高人民检察院联合广西壮族自治区人民检察院成立课题组，对云南省三级检察院、广西壮族自治区人民检察院、南宁市等部分市级人民检察院有关指导性案例的运用情况进行了实地访谈与问卷调研。

此次调查，该课题组分别向南宁市 383 名员额检察官和云南三级检察院 87 名员额检察官发放了调查问卷，并抽样选取部分具有工作经验的检察官进行访谈。与此同时，该课题组又结合北大法宝上显示的最高人民法院和最高人民检察院发布的指导性案例司法应用年度报告，提出了自己的看法。该调查指出，与最高人民法院发布的指导性案例援引情况相比，最高人民检察院发布的指导性案例的运用情况尚有进一步提升的空间，统计数据显示"检察指导案例实践效力偏低，作用发挥不够充分，实践应用效果不够理想"。❶

针对检察指导性案例运用不理想的情况，该课题组通过调查问卷发现，关于对指导性案例的参照，大多数受访者对指导性案例效力选择了"没有强制要求，可参可不参，干脆不参照"和"没有人要求参照指导性案例"两个选项。❷ 另外，在对南宁市人民检察院的 383 名员额检察官的相关情况调查中，绝大多数检察官都表示没有参照指导性案例的习惯与做法。换言之，在接受调查的绝大多数检察官看来，指导性案例的强制性效力不足，由此，指导性案例在具体实践中更多地体现为一种劝导性的效力。也正因如此，该课题组总结指出，要改进这一情况，必须对指导性案例的效力予以扩大性定位，即以准司法解释的效力地位和造法的功能予以定位。❸

2.3.1.3　基于最高人民法院指导性案例年度司法应用报告的反馈

指导性案例的具体运用是一个充满实践理性的过程。在现实司法实践之

---

❶ 张杰、苏金基：《检察指导案例的实践应用效果》，载《国家检察官学院学报》2018 年第 4 期，第 69 页。

❷ 张杰、苏金基：《检察指导案例的实践应用效果》，载《国家检察官学院学报》2018 年第 4 期，第 70 页。

❸ 张杰、苏金基：《检察指导案例的实践应用效果》，载《国家检察官学院学报》2018 年第 4 期，第 71 页。

中，是否运用指导性案例、怎样参照指导性案例以及在哪些案件中运用指导性案例，这一切均需要技术、理性与艺术的有机融合。法律的生命在于实践，因此要想对指导性案例的运用情况进行检视与评价，就必须坚持点和面的结合，立足各级人民法院的司法实践情况，而由北大法律信息网研究人员所坚持推进的一系列最高人民法院指导性案例司法应用年度报告则直接为本书提供了一个实证观察的机遇。最高人民法院指导性案例司法应用年度报告，主要是以自 2011 年起最高人民法院所发布的指导性案例为研究对象，以北大法宝司法裁判文书为基础数据，借助大数据分析的方法，对所发布指导性案例的年度司法应用情况，特别是对指导性案例的确定性引用情况，所推进的一系列调查研究与梳理分析。❶

就 2016 年最高人民法院指导性案例年度司法应用报告来看，截至 2016 年 12 月，最高人民法院总共发布了 77 个指导性案例。相关统计数据显示，在这 77 个指导性案例中，已被应用的指导性案例有 37 例，未被应用的指导性案例有 40 例，各自所占的比例分别为 48% 和 52%。❷ 在具体的援引方式上，主要有明示援引、隐性援引及法官评析援引三种。其中，明示援引共涉及 190 例，约占 35%，包括法官主动援引的 141 例和法官被动援引的 49 例；❸ 隐性援引共涉及 351 例，约占 64%，而法官评析援引共涉及 8 例，仅占 1%。❹ 从上述数据可以看出，具体司法实践中对于如何参照指导性案例，大多数的法官更倾向于选择隐性援引的方式来处理运用。从援引的法院构成来看，普通法院比专门法院更重视对指导性案例的应用，在 549 个样本案例中，专门法院仅占有 2 例，而在对普通法院的细化中，基层人民法院和中级

---

❶ 确定性引用是指在裁判文书中直接明确地指出对某个指导性案例进行了引用。其实，在司法实践中，还有很大一部分的裁判文书对指导性案例采取了一种不确定的司法引用。之所以专门选择对确定性引用进行分析，在研究者看来，这主要是为了确保研究的准确性。

❷ 郭叶、孙妹：《指导性案例应用大数据分析——最高人民法院指导性案例司法应用年度报告（2016）》，载《中国应用法学》2017 年第 4 期，第 48 页。

❸ 郭叶、孙妹：《指导性案例应用大数据分析——最高人民法院指导性案例司法应用年度报告（2016）》，载《中国应用法学》2017 年第 4 期，第 49 页。

❹ 郭叶、孙妹：《指导性案例应用大数据分析——最高人民法院指导性案例司法应用年度报告（2016）》，载《中国应用法学》2017 年第 4 期，第 50 页。

人民法院应用指导性案例的频率较高，应用率分别为 34% 和 57%，相比之下，高级人民法院的应用较少，仅有 8% 的应用率，而最高人民法院的应用率为 1%，专门人民法院的应用率则不到 1%。❶

从地理空间分布层面来看，指导性案例的司法适用已经获得了较为显著的拓展，而且在一定程度上已经突破了地域限制，尽管指导性案例的来源地域以东部或经济发达地区为主，但应用案例的地域事实上并不仅仅局限于此。❷ 另外，从应用的主体分布情况来看，应用指导性案例的主体非常广泛，包括法官、公诉人、被告、辩护人等，其中上诉人和法官的应用比例最高，约各占 28%；其次为原告，所占比例为 16%，❸ 特别是在法官主导援引指导性案例的审判实践中，法官基本上也是参照其作出了类似的判决。

与 2016 年的年度报告相比，在最高人民法院指导性案例司法应用情况 2017 年度报告中，截至 2017 年 12 月，最高人民法院总共发布 99 个指导性案例，司法实践中，援引指导性案例的应用案例达到 1571 例，比 2016 年有了明显的增长，可见指导性案例的影响力正在逐步扩展发散。在指导性案例的来源方面，东部地区依然占据主要组成部分，但是开始出现来自西部地区的案例，例如甘肃、贵州、重庆等地均仅涉及 1 例。整体来看，在指导性案例的司法运用方面，近 2/3 的指导性案例已被应用，其中明示援引共涉及 580 例，隐性援引共涉及 980 例，法官评析援引共涉及 11 例。❹ 不过，与 2016 年相同的是，在指导性案例的援引方式上，法官更倾向于隐性援引，其中明示援引共涉及 580 例，总占比为 37%，而隐性援引共涉及 980 例，总占比为 62%。❺

---

❶ 郭叶、孙妹：《指导性案例应用大数据分析——最高人民法院指导性案例司法应用年度报告（2016）》，载《中国应用法学》2017 年第 4 期，第 51 页。

❷ 郭叶、孙妹：《指导性案例应用大数据分析——最高人民法院指导性案例司法应用年度报告（2016）》，载《中国应用法学》2017 年第 4 期，第 51 页。

❸ 郭叶、孙妹：《指导性案例应用大数据分析——最高人民法院指导性案例司法应用年度报告（2016）》，载《中国应用法学》2017 年第 4 期，第 54 页。

❹ 郭叶、孙妹：《最高人民法院指导性案例司法应用情况 2017 年度报告》，载《中国应用法学》2018 年第 3 期，第 116 页。

❺ 郭叶、孙妹：《最高人民法院指导性案例司法应用情况 2017 年度报告》，载《中国应用法学》2018 年第 3 期，第 118 页。

在指导性案例司法应用的地理分布上，不仅西部省份越来越重视指导性案例的应用，● 而且其应用地域首次覆盖全国（港澳台地区除外）的 31 个省、市、自治区。● 其中，西藏自治区在 2017 年 6 月 9 日首次应用了指导性案例，实现了零的突破，同时专门法院系统对指导性案例的应用也得到了相对提升，并已扩展到铁路运输法院、海事法院和知识产权法院。● 相较而言，最高人民法院对指导性案例的参照与应用依然不多。而在应用的主体方面，当事人越来越重视对指导性案例的具体援引。在数量方面，伴随着指导性案例数据库规模的扩大，应用案例数量达到 1571 例，实现应用案例数量历史上的突破。● 不仅有近 7 成的指导性案例已被应用，且应用案例数量新增 1022 例，达到 6 年来应用案例总和的近 2 倍。● 不过，在指导性案例的司法援引方面，法官明示援引的数量有限，大部分法官更倾向于通过隐性援引的方式援引指导性案例。●

与 2017 年指导性案例的司法应用情况相比，2018 年累计应用案例数量达到 3098 例，较 2017 年增加 1527 例，与 2017 年同期累计应用案例（1571例）相比，基本持平，● 其中超过 70% 的指导性案例已被应用，国家赔偿类案例首次实现应用。● 变化比较大的是，专门法院的应用案例数量较 2017 年

● 郭叶、孙妹：《最高人民法院指导性案例司法应用情况 2017 年度报告》，载《中国应用法学》2018 年第 3 期，第 120 页。

● 郭叶、孙妹：《最高人民法院指导性案例司法应用情况 2017 年度报告》，载《中国应用法学》2018 年第 3 期，第 132 页。

● 郭叶、孙妹：《最高人民法院指导性案例司法应用情况 2017 年度报告》，载《中国应用法学》2018 年第 3 期，第 121 页。

● 郭叶、孙妹：《最高人民法院指导性案例司法应用情况 2017 年度报告》，载《中国应用法学》2018 年第 3 期，第 131 页。

● 郭叶、孙妹：《最高人民法院指导性案例司法应用情况 2017 年度报告》，载《中国应用法学》2018 年第 3 期，第 133 页。

● 郭叶、孙妹：《最高人民法院指导性案例司法应用情况 2017 年度报告》，载《中国应用法学》2018 年第 3 期，第 132 页。

● 郭叶、孙妹：《最高人民法院指导性案例 2018 年度司法应用报告》，载《中国应用法学》2019 年第 3 期，第 171 页。

● 郭叶、孙妹：《最高人民法院指导性案例 2018 年度司法应用报告》，载《中国应用法学》2019 年第 3 期，第 155 页。

增幅显著。❶ 不过，与以往年度情况类似的是，法官依然倾向于对指导性案例采取隐性援引的应用方式，具体来看，法官隐性援引共涉及 1736 例，总占比约为 56%。❷ 总体来说，指导性案例不仅在应用数量上实现突破，还在应用案由类型、应用地域、应用法院、应用结果等方面都有不同程度的改变和提高。❸

根据指导性案例 2019 年度司法应用报告可知，截至 2019 年 12 月，最高人民法院共发布了 139 个指导性案例，其中有 91 例指导性案例应用于司法实践中的 5104 例案件，❹ 与 2018 年相比有了较大的增长。在这种逐渐增长的态势下，2019 年指导性案例的发布和应用案例的数量均达到历史最高值，同时指导性案例发布专题化趋势越发明显，越能体现出指导性案例与国家政策、立法及审判实践的密切结合。❺ 尽管从数量规模层面来看，这些增长依然无法满足当下司法实践的现实需求，但能够实证地展现出案例指导的制度活力。

与 2018 年度的情况相比，一个很大的突破是，指导性案例在 2019 年首次实现在互联网法院及金融法院的应用，其中北京互联网法院有 3 例，上海金融法院有 1 例。司法实践中，在指导性案例的具体援引方面，2019 年指导性案例明示援引的应用案例有 1948 例，其中主动援引案例有 1205 例，均比 2018 年提升 3%。❻ 法官隐性援引共涉及 2886 例，较 2018 年（1736 例）增加 1150 例，占比约为 57%。❼

---

❶　郭叶、孙妹：《最高人民法院指导性案例 2018 年度司法应用报告》，载《中国应用法学》2019 年第 3 期，第 161 页。

❷　郭叶、孙妹：《最高人民法院指导性案例 2018 年度司法应用报告》，载《中国应用法学》2019 年第 3 期，第 157 页。

❸　郭叶、孙妹：《最高人民法院指导性案例 2018 年度司法应用报告》，载《中国应用法学》2019 年第 3 期，第 174 页。

❹　郭叶、孙妹：《最高人民法院指导性案例 2019 年度司法应用报告》，载《中国应用法学》2020 年第 3 期，第 117 页。

❺　郭叶、孙妹：《最高人民法院指导性案例 2019 年度司法应用报告》，载《中国应用法学》2020 年第 3 期，第 113 页。

❻　郭叶、孙妹：《最高人民法院指导性案例 2019 年度司法应用报告》，载《中国应用法学》2020 年第 3 期，第 115 页。

❼　郭叶、孙妹：《最高人民法院指导性案例 2019 年度司法应用报告》，载《中国应用法学》2020 年第 3 期，第 106 页。

不过，依然需要引起重视的是，与以往相比，虽然在法官的主动援引和明示援引方面有了一定的增长，但是法官依然更多地倾向于采取隐性的援引方式，"指导性案例的隐性援引比例一直没有明显改善"，"近六成应用案例为法官隐性援引"❶。就这一比例数据来说，2019 年与 2018 年基本上是持平的。

2.3.2　指导性案例的实践反思

客观来讲，自 2011 年第一批指导性案例发布以来，在最高人民法院的主导和推动之下，夹杂在理论争鸣和实践探索的互动之间，指导性案例的司法应用逐渐扩展开来，并已经从理论构建层面切入司法实践层面，开启了基本的运作。不过，作为一种制度创新的新生事物，案例指导制度也一直处于不断发展和完善的过程之中。伴随着指导性案例在司法实践应用中的深入推进，其影响力逐渐扩大，但来自现实的反馈也在提示着指导性案例的发展陷入了困境，一系列的问题逐步显露出来，制度的表达与实践方面存在着一定的差距。就当下所汇总的实证调查研究报告和其他研究资料的情况来看，我国指导性案例的应用主要存在以下几个问题。

2.3.2.1　指导性案例的供给数量规模有待提升

由北大法律信息网科研人员坚持推进的指导性案例司法应用情况的调研数据显示，截至 2019 年 12 月，最高人民法院发布了 24 批总计 139 个指导性案例。虽然与以往相比，发布数量和应用数量都创造了一个历史性的增长，且其影响力和渗透力也在逐步拓展，但还是应该清醒地认识到，这些指导性案例相对于司法实践中的千万级别的案件总量来说，❷ 其所占比例依然是微不足道的，甚至可以说存在明显的供给不足。❸ 由此，指导性案例发布数量

---

❶ 郭叶、孙妹：《最高人民法院指导性案例 2019 年度司法应用报告》，载《中国应用法学》2020 年第 3 期，第 115 页。

❷ 根据 2017 年和 2018 年最高人民法院工作报告的统计数据显示，截至 2016 年，全国法院系统共审结案件 1979.2 万件，截至 2017 年，共审结案件 2200 万件。整体来看，全国每年审结的案件数量在 2000 万件左右。

❸ 左卫民、陈明国主编：《中国特色案例指导制度研究》，北京大学出版社 2015 年版，第 120 页。

的不足，必然会最终影响其在司法实践中的应用与参照率，从实用主义的视角来看，如此规模的指导性案例肯定无法满足当下同案同判的司法实践需求，正如研究报告所显示的，"无论是从指导性案例的整体应用情况，还是从个案的具体应用来看，其应用数量和频率都十分有限"❶。

同时，指导性案例审慎的遴选机制也在一定程度上限制了其发布和供给的总量，通过层级把关、民主征询再到最终由最高人民法院审判委员审议通过的做法，"使得指导性案例的发布数量有限，发布间隔不固定，只能覆盖少数案由，在指导性方面的作用很难突显，也直接影响应用案例的数量"❷。这正如马燕法官所指出的，实践中"筛选方式的严格与审慎，导致指导性案例的'时效性缺失'"，这种严格的一元但缺乏多层级的遴选过程，"在确保指导性案例发布质量的同时，却也限制了案例的广泛适用"。❸

对此，已经有学者专门开启了实证性的调查与研究。以刑事法领域为例，有学者发现在案例指导制度运行的初期，刑事指导性案例并非在每一批都存在，一般为 1～2 例，而在第 13 批指导性案例中则占有 3 例。❹ 2018 年发布了 7 例刑事指导性案例，但在 2019 年发布的 33 个案例中，没有一个属于刑事方面的指导性案例。其实，指导性案例数量规模不足的情况也存在于其他部门法之中。例如，根据 2011—2018 年的指导性案例司法运用情况的分析可知，民事类指导性案例的数量从 2011 年 1 例上升至 2016 年 10 例，2017 年未发布，2018 年 4 例；行政类指导性案例在 6 个年份有分布，2014 年和 2016 年各有 5 例，在 2012 年、2013 年、2017 年及 2018 年每年均有 2～3 例。❺ 在

---

❶　郭叶、孙妹：《最高人民法院指导性案例司法应用年度比较分析报告——以 2011～2016 年应用案例为研究对象》，载《中国案例法评论》2017 年第 1 期，第 146 页。

❷　郭叶、孙妹：《最高人民法院指导性案例司法应用情况 2017 年度报告》，载《中国应用法学》2018 年第 3 期，第 113 页。

❸　马燕：《论我国一元多层级案例指导制度的构建——基于指导性案例司法应用困境的反思》，载《法学》2019 年第 1 期，第 187 页。

❹　孙万怀、闻志强：《刑事指导性案例审视与评价——从最高人民法院发布的 14 批指导性案例切入》，载《中国案例法评论》2016 年第 2 期，第 4 页。

❺　郭叶、孙妹：《最高人民法院指导性案例司法应用年度比较分析报告——以 2011～2018 年应用案例为研究对象》，载《上海政法学院学报（法治论丛）》2019 年第 6 期，第 76 页。

最高人民检察院发布的指导性案例中，也存在明显的供给不足问题。截至 2020 年 4 月，最高人民检察院一共发布了 69 个指导性案例，其中刑事类案例共计 52 例，民事、行政、公益诉讼类案例共计 17 例，这与检察工作实践中的需求相比，相差甚远。❶

虽然上述分析仅仅是个案式的分析研究，但展现了一个问题，即当下的司法实践中，指导性案例的供给严重不足且显著失衡。❷ 指导性案例供给不足将严重影响案例指导制度的效用发挥，要继续推进夯实案例指导制度，数量和规模就成了一个最基础的问题，因为只有量化的规模才可能制度性地发挥影响，而数量决定了其影响的广度和深度。❸ 这正如有的学者所指出的那样，指导性案例数量未规模化，会直接制约影响的广度和深度。❹

2.3.2.2 指导性案例的供给质量有待进一步完善

在供给质量上，指导性案例也存在着一些问题。自指导性案例发布以来，关于指导性案例的质量问题，人们争论不断，聚讼不已。在很多专家学者看来，指导性案例的司法应用情况之所以不是十分乐观，其中一个极其重要的因素就是指导性案例的质量存在问题。例如，周光权教授认为，指导性案例本身所存在的质量问题在很大程度上影响了其制度功能的发挥，即"指导功能明显不足"，而究其原因，主要是大量原本不宜作为指导性案例的情形最终被遴选为指导性案例，❺ 亦即指导案例的生成机制不太成熟。

根据一些学者的分析，指导性案例的生成在很大程度上沿袭了一种自上而下的建构进路，而非自下而上的在经验基础上的自然生成之路，其集中管理的行政特色非常明显，由此很容易导致供给和需求之间的不一致以及现实

---

❶ 刘占勇：《检察案例指导制度：实践现状与发展完善》，载《中国检察官》2020 年第 11 期，第 74 页。

❷ 向力：《从鲜见参照到常规参照——基于指导性案例参照情况的实证分析》，载《法商研究》2016 年第 5 期，第 100 页。

❸ 林维：《刑事案例指导制度：价值、困境与完善》，载《中外法学》2013 年第 3 期，第 505 页。

❹ 赵瑞罡、耿协阳：《指导性案例"适用难"的实证性研究——以 261 份裁判文书为分析样本》，载《法学杂志》2016 年第 3 期，第 120 页。

❺ 周光权：《判决充分说理与刑事指导案例制度》，载《法律适用》2014 年第 6 期，第 2 页。

与理论之间的割裂。例如，有学者认为，这种行政化的生成模式存在一定的制度短板：①真正典型的案例难被发现；②最终选出的案例质量难以保证；③指导性案例的权威先天性不足。❶ 就当下司法实践的反馈情况来说，指导性案例在案例材料的选择、编辑、论证说理以及是否具有针对性和典型性等方面都存有亟须改进的问题，并在一定程度上已经成为一种制度"硬伤"。正因为如此，有学者建议在指导性案例的生成方面，需要摆脱旧有的行政计划思路，转而坚持市场导向。

2.3.2.3　指导性案例的效力和援引率均有待提高

在一定程度上，指导性案例的效力问题是整个案例指导制度的核心所在。尽管最高人民法院对"应当参照"的效力进行了权威阐述，但这种界定仅仅是一种含糊不清的笼统概括，缺乏准确的定位。围绕这个问题，理论界与实务界中，有的赞成"事实上的拘束力"说，有的提出了"法律上的拘束力"说，还有的选择了兼顾两者的折中观点，即介于两者之间的"折中拘束力"说。特别是理论界与实务界在这一点上缺乏共识，已经对案例指导制度的深入推进产生了一定的消极影响，当然这些理论的争议焦点主要还是体现在指导性案例的效力应该属于事实层面还是法律层面。就目前的司法实践来看，很明显占据主流的观点是"事实上的拘束力"一说。

不过，具体到实践层面，根据相关调查反馈，指导性案例的援引参照情况之所以不甚理想，在很大程度上是与其事实上的拘束力相关联的，比如裁判要点的效力定位过低、权威性不足，难以使法官产生足够的动力去援引。❷ 可以说，指导性案例的效力界定问题在很大程度上影响了指导性案例在司法审判中的具体援引与参照。当然，这也在一定程度上反映了现阶段的案例指

---

❶ 陈树森、龙淼：《案例指导制度运行的问题、原因解析与机制重构》，载《上海政法学院学报（法治论丛）》2014 年第 6 期，第 12 页。

❷ 孙光宁：《反思指导性案例的援引方式——以〈《关于案例指导工作的规定》实施细则〉为分析对象》，载《法制与社会发展》2016 年第 4 期，第 98 页。

导制度侧重发布、忽视适用的倾向。

在 2011—2016 年的年度比较分析报告中，根据对北大法宝数据库的相关分析（见图 2-1）可知，❶ 虽然在宏观层面上指导性案例的援引呈现逐步增长的趋势，但在微观层面上，指导性案例的参照援引呈现一种非均衡的分布态势，无论是从指导性案例的整体应用情况，还是从个案的具体应用来看，其应用数量和频率都十分有限。❷

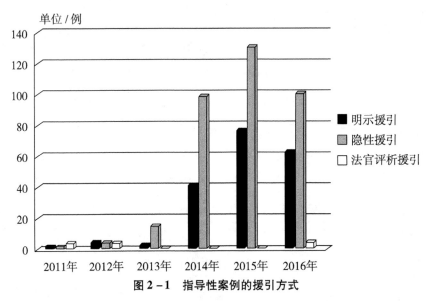

图 2-1　指导性案例的援引方式

不仅如此，针对获得应用的 549 例指导性案例的分析中，法官明示援引的案例有 190 例，其中法官被动援引涉及 49 例，法官主动援引涉及 141 例，而隐性援引共涉及 351 例。❸ 从统计数据展示的情况来看，法官明示援引的比例是相对较低的，大部分采用的是隐性援引方式。而在指导性案例 2018 年度司法应用报告中，又出现了类似的情形，即"法官明示援引的数量

❶ 郭叶、孙妹：《最高人民法院指导性案例司法应用年度比较分析报告——以 2011～2016 年应用案例为研究对象》，载《中国案例法评论》2017 年第 1 期，第 138 页。
❷ 郭叶、孙妹：《最高人民法院指导性案例司法应用年度比较分析报告——以 2011～2016 年应用案例为研究对象》，载《中国案例法评论》2017 年第 1 期，第 146 页。
❸ 郭叶、孙妹：《最高人民法院指导性案例司法应用年度比较分析报告——以 2011～2016 年应用案例为研究对象》，载《中国案例法评论》2017 年第 1 期，第 147 页。

有限，更倾向通过隐性援引的方式援引指导性案例"。❶ 在指导性案例 2019
年度司法应用报告中，指出明示援引的应用案例为 1948 例，但指导性案例的
隐性援引比例一直没有明显改善。另外，该应用报告也显示，139 例指导性
案例中，有 75 例涉及法官隐性援引，而在 5104 例应用案例中，涉及法官隐
性援引的案例有 2886 例，占比约为 57%，与 2018 年基本持平。❷

　　从上述历年有关指导性案例援引情况的司法报告中可以看出，一个显著
的趋势已经有所展现，即由于指导性案例存在的规范效力界定模糊的问题，
使得实践中很大一部分法官在援引指导性案例裁判时倾向于选择隐性援引，
以至于这样的参照方式已经成为司法实践中的一种惯常性做法。但是，这样
的援引参照方式和参照率显然是与案例指导制度的设计初衷相背离的。同时，
在一些学者看来，法官隐性援引不利于社会监督，且不利于保证法律的确
定性。❸

　　在孙光宁教授看来，正是指导性案例的效力规定并不明确，才影响了其
整体定位和对司法实践的影响力。❹ 而在陈树森看来，之所以会出现这样的
情况，跟最高人民法院未给予指导性案例足够支撑有着很大的关联。❺ 正是
基于这样的思路，基于对指导性案例规范效力问题的忧虑，左卫民教授主张，
为了案例指导制度的长远发展，案例运用方式应以显性化为原则、隐性化为
例外，❻ 以此夯实和彰显案例指导制度的生命力和活力，否则将直接挑战案
例指导制度的社会认同度。

2.3.3　案例指导制度实践困境的现实反思

　　通过上述梳理可以发现，从最高人民法院出台《案例指导规定》《关于

---

❶　郭叶、孙妹:《最高人民法院指导性案例 2018 年度司法应用报告》，载《中国应用法学》2019 年
　　第 3 期，第 173 页。
❷　郭叶、孙妹:《最高人民法院指导性案例 2019 年度司法应用报告》，载《中国应用法学》2020 年
　　第 3 期，第 115 页。
❸　赵晓海、郭叶:《最高人民法院民商事指导性案例的司法应用研究》，载《法律适用》2017 年第 1
　　期，第 63 页。
❹　孙光宁:《指导性案例的技术性缺陷及其改进》，载《法治研究》2014 年第 7 期，第 127 页。
❺　陈树森:《我国案例指导制度研究》，上海人民出版社 2017 年版，第 145 页。
❻　左卫民、陈明国主编:《中国特色案例指导制度研究》，北京大学出版社 2015 年版，第 164 页。

编写报送指导性案例体例的意见》再到类案强制检索制度的建立都在印证着这一点。但是，我们也应该客观清醒地认识到，就目前司法实践的情况来说，指导性案例显然未能彰显既定制度设计的参考效力，案例指导制度的深入推进还面临着一系列的现实困难和挑战。

从外在层面来看，案例指导制度作为一种新生事物，其发展必然要经历对社会环境的适应与契合，会难免遇到一些挑战和困难。例如，作为具有中国特色的司法改革措施，其社会认可度和接受度都有一个缓慢积累的过程。从内在层面来看，案例指导制度作为一种制度创新，其遴选机制、生成机制、效力机制、适用机制、检索机制和监督机制等，都需要经历一个改进和完善的过程。更进一步来讲，当下案例指导制度之所以没能彰显既定的制度设计效果，一个重要的原因就是在这些机制之中，还存在着很多亟须解决的问题。

有的学者认为，最大的问题就是指导性案例的生成机制。根据其理解，指导性案例从遴选到最终发布，主要立足于最高人民法院的行政化管理，甚至可以说，这就是最高人民法院自上而下的行政性构建的结果，"应当参照"的效力在很大程度上就是依靠最高人民法院的行政权力来推动实现的。❶ 同时，这又在一定程度上限制了案例指导制度的发展，由此出现了该选的没能入选、选上的不够用、选上的不能用和无法用的尴尬局面。因此，建立更加科学合理的指导性案例生成机制，有利于加强指导性案例的说理、推理和论证能力，提高指导性案例援引参照的权威性，满足司法实务领域的发展需求。

不过，在笔者看来，问题的关键并非在此，对于案例指导制度所面临的现实困境与挑战来说，制度设计、规范操作和配套措施方面的不足无疑是存在的，但指导性案例拘束力的规范与界定问题，才是最具有决定性意义的因素。

随着案例指导制度的逐步推进，指导性案例的数量、质量和适用都可以在实践中通过不断纠错和总结经验来获得进一步的发展与完善。在此必须说明的是，案例指导制度的完善本来就是依靠实践积淀的，指导性案例的遴选只能建立在已经发生效力的判决之中，不可能去主动创造，而只能通过经验

---

❶ 林维：《刑事案例指导制度：价值、困境与完善》，载《中外法学》2013 年第 3 期，第 506 页。

性的梳理、甄选来获取，这一生成过程决定了指导性案例的供给是一个漫长的过程。对此，笔者认为，实践中，我们要有一定的耐心。但是，如果对指导性案例的效力不给予准确界定与提升，那么在司法实践中，法官隐性地参照援引指导性案例就将成为一种"潜规则"，以此避免造成不必要的麻烦。

实践中，赋予指导性案例以事实上的拘束力并不能有效激发法官主动适用指导性案例的积极性，换言之，在法官的潜意识之中，对于指导性案例的援引与参照并非一种强制性的法律义务，或者说其对法官的拘束力是薄弱的。也正因为如此，法官可以比较随意地回避对指导性案例的参照，尽管这些入选的指导性案例都是从庞大的案例规模中遴选出来的质量很高的佼佼者。在缺乏对指导性案例效力的准确界定与提升的情况下，法官频频采用隐性援引的方式来运用指导性案例，就是对指导性效力问题的一个真实的反映。基于此，指导性案例的效力界定已经成为一个必须解决的紧迫性问题。如果在制度设计层面要通过案例指导制度来改变中国法治格局，❶ 那么提升指导性案例的效力就是一个不可回避和亟待解决的现实问题。

面对指导性案例在实践中所出现的问题以及发展的瓶颈，有学者提出要从制度层面对既有的案例指导制度进行深化突破，特别是考虑使其向司法判例转型。例如，张骐教授指出，除了指导性案例数量过少和自身生成机制等问题，还有一个更为重要的问题就是"指导性案例法律效力的尴尬局面有待破解"。现实中，赋予其事实上的拘束力，反而会在很大程度上导致其"事实上的无效力"的情形出现。既往对这些问题的解决，大多是从生成机制上进行质量把关，并通过最高人民法院的规定进行制度约束，但实践证明这种具有强烈行政色彩的管理手段并没有展现出预期的效果。有鉴于此，我们有必要改变观念，进行机制上的改革，而改革的方向就是向判例制度转型。❷

---

❶　陈兴良主编：《中国案例指导制度研究》，北京大学出版社 2014 年版，第 1 页。

❷　张骐：《论中国案例指导制度向司法判例制度转型的必要性与正当性》，载《比较法研究》2017 年第 5 期，第 137 页。

　　针对这一问题,笔者认为,的确有必要从观念和机制上对指导性案例予以改进,只有从源头上解决指导性案例的规范效力问题,与指导性案例相关的问题才有可能得以理顺。其实,张骐教授的判例制度转型思路背后隐藏的也是这样的一种理论进路。不过,在具体的操作层面,笔者并不认同将其转化为判例制度这一进路,其原因主要包括以下两个方面。一方面,考虑到具体功效,我国案例指导制度与判例制度在实质上并没有太大的区别。两者的差异更多地体现为一种概念上的区分,在具体运行的过程中,两者显然呈现出很多共性。也正是基于这样的一种认识,陈兴良教授指出,指导性案例其实就是判例,案例指导制度其实就是一种具有中国特色的判例制度。❶ 因此,从这个意义上来讲,将案例指导制度向判例制度转型无疑是一种同义的重复。另一方面,就我国的宪法秩序、政治架构以及法律制度体系来看,向判例制度转型的突破进路需要面临很多现实层面的压力与挑战。其中,不仅在观念和意识形态方面存在阻力,还需要在制度构建层面承担十分高昂的运作成本。与制度创新相比,笔者更赞同一种立足于传统与现实之间的改良型进路。

　　面对案例指导制度在实践中出现的一系列问题,笔者认为最根本的还是要解决指导性案例的规范效力界定问题。从宏观的制度架构层面来看,指导性案例规范性效力的模糊界定在很大程度上影响了案例指导制度的正当性问题。由于最高人民法院和最高人民检察院对其定位的笼统化,导致不管是在理论界还是在实务界,对其的共识均比较匮乏,即使在当下,理论上有关这一问题的认识依然莫衷一是。同时,由于不能在正当性的基础层面上界定指导性案例的拘束力,所以必然会进一步影响指导性案例的实践功效,并最终波及指导性案例的援引与参照。

　　从微观的实践运作层面来看,就笔者所收集到的相关实证调研材料来说,指导性案例的法源定位不清及其所引致的规范效力模糊问题,已经较为严重地影响了案例指导制度的功能发挥与制度运作。特别是大部分法官刻意回避对指导性案例的直接援引,更进一步凸显了事实上的拘束力理论显然不足以

---

❶　陈兴良主编:《中国案例指导制度研究》,北京大学出版社 2014 年版,第 1 页。

支撑案例指导制度的整体性运作的事实。另外，在论及先例的拘束力时，瑞典法学家佩岑尼克（也有译为佩策尼克）就曾批评过事实拘束力理论。在他看来，事实上的拘束力一说自身就存在着问题，其理解是浅薄的。这样的一种对先例效力的诠释显然无法令人满意，甚至在很多时候，在人们看来，先例之所以具有拘束力，更多的是基于一种法官对惯常的习惯性遵循。❶

不仅如此，在佩岑尼克看来，"事实性拘束力"还是一种自相矛盾的表达。这种诠释表达其实是将事实与规范直接勾连起来，从事实命题直接推出规范命题，而这无疑就是"休谟问题"的翻版。❷ 由此可见，不论是在理论上，还是在实践中，对于指导性案例的规范效力界定均已经成为一个亟待突破的现实问题。从制度设计的视野来看，只有解决了指导性案例的规范效力界定问题，即指导性案例的法源性问题，才可以为案例指导制度的运行提供一个整全和坚实的理论支撑。换言之，如果能够从根本出发，立足法源理论，赋予指导性案例以法源性，即确立其法律渊源的地位，明确提升其规范效力，使得对指导性案例的参照成为一种法定义务，那么以此为突破口，很多问题将得到逐一化解。

---

❶ ［瑞典］亚历山大·佩岑尼克：《法律科学：作为法律知识和法律渊源的法律学说》，桂晓伟译，武汉大学出版社 2009 年版，第 43 页。

❷ "休谟问题"是哲学家休谟在其代表作《人性论》一书中所提出的问题。所谓从"是"能否推出"应该"，即"事实"命题能否推导出"价值"命题，在休谟看来，这完全是两个不同的层面，一个是客观层面，另一个是主观层面，它们之间无法进行直接的推导。至今，"休谟问题"依然是哲学史上一个没有得到解决的著名难题。

第 *3* 章

法源理论的梳理检视与反思

通过前文对案例指导和指导性案例的概念界定、制度发展、效力与实效以及面临的难题等的梳理，可以发现当前指导性案例的规范效力或者拘束力问题已经成为深化和推进案例指导制度的一个重要方面。换言之，在司法审判过程中，法官该不该像适用成文法一样有义务参照适用指导性案例。

法治社会的形式正义要求类似案件类似处理，而司法判例很好地践行了这一原则，这已经成为一种基本共识。英国学者劳埃德认为，判例制度从来都是法律制度的命脉所在，当然它在普通法中尤为重要，在现代民法体系中也毫不逊色。❶

不过，在中国的司法实践中，由于司法判例一直没有得到制度性的认可，所以其作用并没有得到充分的发挥。亦即，虽然已经确立了具有中国特色的案例指导制度，但由于指导性案例的效力定位模糊，使得该制度对这一原则的贯彻依然没有达到既定的乐观效果。无论是我国的理论界还是实务界，对法系文化的僵化理解，以及在非包容性法律实证主义主导

---

❶ ［英］丹尼斯·劳埃德：《法理学》，许章润译，法律出版社 2007 年版，第507 页。

下，对制定法的过度尊崇，都使得司法判例一直处于被边缘化的境地。

这一切正如何家弘教授所言，在中国，制定法是基本的法律渊源，判例的地位和作用一直没有得到法学界和司法界主流观点的认可。❶ 之所以会出现这种态势，一个最为基本和密切关联的因素就是如何理解和界定法源。进而言之，对于法源的不同认识与界定，在很大程度上会影响和决定法官在司法审判实践中如何推进法律发现。

由此，在司法裁判过程中，从哪里寻找法律规范以及如何确定裁判规范，便演化为对于法源观的具体定位与实践运用。正是基于这种思考，我们有必要对法源理论进行系统性的知识系谱的审视，以此增进对指导性案例的拘束力问题的理解。

3.1　法源理论的梳理与检视

法源有时也被表述为法律渊源，其作为法学理论领域最为基础的一个概念，看似简单，却一直是一个充满争议的概念。鉴于法学是社会科学，法源就可以看作法学这门社会科学中最为基本的构成元素之一。不过，实践中，法源这个看似普通寻常的概念却显得较为复杂，有关法源含义的理解和界定可谓众说纷纭。是故，就法源理论的重要性来说，对法源理论进行系统性的梳理，以对法源理论形成整体性的脉络把握，具有积极的意义。

3.1.1　法源概念的语义学梳理

众所周知，人类的思想表达在于语言的理解、传递与运用。符号是传递信息的，每一个符号都是形和义的结合体。❷ 正是在这样的一种思想进路下，逐渐发展出语义学这门学科。其中，就历史语义学来说，词汇的含义往往与其符号表达以及变化发展相联系。是以，借用语义学的视角，对于法源的认

---

❶ 何家弘：《完善司法判例制度是法治国家建设的需要》，载《法制与社会发展》2015 年第 1 期，第 25 页。

❷ 黄华新、陈宗明主编：《符号学导论》，东方出版中心 2016 年版，第 99 页。

识，不妨先从其语义的源流方面进行了解。在大陆法系国家，例如德国、法国和意大利通常将法源表达为 "Rechtsquellen" "sources du droit" "fonti del diritto"，而英美法系国家将法源表达为 "source of law"，总体来看，其含义通常意味着法的"出现"、法的"涌出"或法的"起源"。●

不过，根据法国民法学者盖斯旦的考证，法源最初源自西塞罗对 "fons juris" 一词的使用，用来意指"法的渊源"，即确定何者可以被定性为法。● 虽然西塞罗并没有对法的渊源进行明确界定，但从其表达可以看出，西塞罗对"法的渊源"持有这样一种看法，即其意味着对法律的寻找，即法律发现。

西塞罗之所以会这样认为，在很大程度上得益于古罗马法自身独特的精密性与实用性。必须指出的是，古罗马人压根就没有构建法典的执念，古典罗马法并非现代大陆法系所注重的法条和制定法；相反，确切地说，罗马法更接近于一种有机成长起来的判例集合体。在古罗马法学家看来，罗马法其实是一种就事论事的论题解决方案，其与理论无关，而仅仅与解决实践纠纷相关。

在对罗马法有了上述铺垫性的背景了解后，笔者再来分解和诠释罗马法文化中 "fons juris" 一词。根据《牛津拉丁文字典》的记载，在拉丁语中，"fons" 一词通常表示四种意义，即水流、泉水、源头和渊源、起源。● 而 "juris" 通常具有两种含义，一是主观权利，二是客观的法。如果将两者组合起来，并放置在罗马法文化的语境之中，可以看出其含义为法律的渊源或法的渊源。目前，就笔者所收集的资料显示，罗马法并没有对 "fons juris" 一词给出标准性的释义，即使在古罗马时期，法学家也都没有作出过具体的界定，对其理解更多的是放置在不同的语境下进行解读的。也正因为如此，"fons juris" 一词在一开始便具有多层含义。

● 彭中礼：《法律渊源论》，山东大学 2012 年博士学位论文，第 29 页。

● ［法］雅克·盖斯旦：《法国民法总论》，谢汉琪等译，法律出版社 2004 年版，第 187 页。

● Oxford Latin Dictionary, Oxford University Press, 1968, p. 720.

不过，意大利著名的罗马法专家朱塞佩·格罗索认为，在罗马法的历史上，"fons juris"的确切含义应是指实在法的渊源。一方面，格罗索对法与法律的含义进行了区分，他认为法更多的是一种集成自然法和理想法的综合体，而法律指向的是实在法。另一方面，在此区分的基础上，格罗索认为在罗马法的语境中，"fons juris"一词主要是指那些实践中具体用来解决问题或裁判问题的实在规范的来源，即实在法的渊源，它们具体表现为制定法、元老院决议、皇帝法令、长官告示、法学家的解释以及习惯等，而非抽象意义上集成自然法的一般法的渊源。

在国内学界，根据彭中礼教授的考证，"fons juris"一词在古罗马中意味着两种含义。其中，第一个层面的意思是，法律渊源概括了古罗马法官在司法裁判过程中，可以将哪些规范作为其裁判规范和裁判理由的来源；第二个层面的意思是，法律渊源既是对国家制定法的法律效力的肯定，也是对制定法以外但又能成为法官纠纷解决依据的规范具有司法适用价值的认可。❶

尽管上述观点存在理解上的差异，但是其中有一点共性，那就是"fons juris"即法律渊源，其本身意味着为裁判提供依据或支撑理由。换言之，"fons juris"作为法律渊源，通常意味着在司法裁判语境中对法律规范的寻找与发现。

3.1.2 域外法源理论的梳理与界定

基于使用的语境和场域有所不同，法源概念往往呈现多样性。要对法源的概念有一个准确的把握，就必须将其放置在具体的语境中予以认识。

当古罗马人将《十二铜表法》作为罗马私法和公法的法源时，他们通常将法源界定为法的起点或者源泉。据此就不难理解，盖尤斯在《法学阶梯》的开篇就对罗马法的法源进行了列举。在他看来，罗马法的法源主要由罗马的法律、平民会决议、元老院决议、君主谕令、权威者发布的告示以及法学家的解答构成。❷ 详言之，罗马市民制定了法律，平民通过了平民会决定，

---

❶ 彭中礼：《法律渊源论》，山东大学 2012 年博士学位论文，第 30 页。
❷ ［古罗马］盖尤斯：《法学阶梯》，黄风译，中国政法大学出版社 1996 年版，第 2 页。

元老院为捍卫共和而制定了元老院决议，皇帝通过裁决、告示等发布君主谕令，拥有裁决权的罗马执法官制定了告示，而法学家的解答则被承认为法律，所有上述均具有法律效力。❶

在日本学者高柳贤三看来，早在 1765 年，英国的布莱克斯通在其巨著《英国法释义》中便有了类似欧洲大陆的法源论的陈述。不仅如此，法理学家奥斯丁将法源界定为法的拘束力之渊源，当然他是在向主权者追寻法源，而学者波洛克则将法的渊源与法的形式明确区别开来。❷ 由此，法源理论开始得到重视并在英美法系国家传播开来。

英国法学家克拉克率先正式而明确地提出法的渊源和法的形式区分。在克拉克看来，既往法的渊源的内容不恰当地将法的形式也包含在内，法的渊源是对一系列问题的回答。例如，有争议的特定规则的内容是由什么决定的？是什么使得立法机构或法律宣告机构像事实上做的那样能够表述这些规则？如果说国家赋予法律规则以权威，那么是什么东西赋予法律规则以内容？❸

而对于大法官格雷来说，在如何界定法律渊源这个问题上，很显然是站在司法场域，将法律与法律渊源进行本体辨析，由此得出法律渊源与法律是两种不同的东西。其中，法律渊源乃是国家或其他社群指引法官在作出裁判时寻找法律的根据，没有判决就没有所谓的法律，正是在法律渊源的指引下，法律才得以被发现。❹ 不过，博登海默并不同意格雷对法律与法律渊源的区分，他认为法源是由正式渊源和非正式渊源组成的，就法律和法源的关联来说，法律是指运用于法律过程中的法律渊源的集合体，其中还包括这些法律渊源间的相互关系和联系。❺

在美国法学家庞德看来，由于法源在不同意义上被使用着，所以对于法

---

❶ [古罗马] 盖尤斯：《法学阶梯》，黄风译，中国政法大学出版社 1996 年版，第 2–4 页。

❷ [日] 高柳贤三：《英美法理论》，杨磊、黎晓译，西南政法学院出版社 1983 年版，第 1 页。

❸ 转引自周旺生：《法的渊源与法的形式界分》，载《法制与社会发展》2005 年第 4 期，第 122 页。

❹ [美] 约翰·奇普曼·格雷：《法律的性质与渊源》，马驰译，中国政法大学出版社 2012 年版，第 105 页。

❺ [美] E. 博登海默：《法理学：法律哲学与法律方法》，邓正来译，中国政法大学出版社 2004 年版，第 414 页。

源的界定，应该予以区别。根据研究，至少有五种不同意义的法源观：第一种是以奥斯丁为代表的分析实证法学派所秉持的观点，认为法源是被称为法律源泉的东西，也就是法律规范之权威的现实来源；第二种是大陆法系中比较典型的观点，即法源意味着权威的文献；第三种是源自美国现实主义法学代表人物格雷的观点，其认为法源是一种包括成文和习惯两种形式的原始材料，法官从中发展出判决案件的依据；第四种观点认为法源是一种制定规范的机构，从这个机构里形成的规则、原则或者概念，并通过立法机关或者司法判决赋予它们权威性；第五种观点将法源界定为相关著作，在这些著作里，可以发现法律规则以及表达这种法律规则的形式。❶ 英国法理学家劳埃德在对法源进行界定时，采取的是哈特的承认规则进路，他认为法律渊源是司法过程中尚未加工的材料，其对法律体系的重要性不言而喻。

　　在大陆法系国家中，对于法源的界定，以奥地利学者凯尔森为典型代表，其往往倾向于将法源理解为法的形式，即那些不同种类的法借其表现出来的法律规则的形式。❷ 不仅如此，凯尔森还抱怨，法的渊源乃是一个令人感到混乱和苦恼的概念。德国法学家魏德士则立足宪法和司法的视野，对其进行了全面的诠释。他认为，尽管法律渊源具有多重含义，但是从元理论的视角来看，法律渊源理论应该归属于宪法问题，其是指客观法的形式和表现方式，法官必须知道到哪里且如何发现现行的法，而法律渊源学说则有助于法官发现法律渊源。❸ 魏德士更进一步认为，法律渊源具有广义与狭义之分。在广义上，法律渊源是指能够对客观法产生决定性影响的所有因素，有利于帮助法官正确认知现行的法；在狭义上，它则是指对于法律适用者具有约束力的法规范。❹ 瑞典学者佩岑尼克认为，法源是一种发展的东西，而不是固定不变的。具体来说，在广义上，所有的法律理由都是法源，而在狭义上，所有必须、应当或可能被法律人在工作中采纳为权威理由而提出的文本以及实践

❶ ［美］罗斯科·庞德：《法理学》（第三卷），廖德宇译，法律出版社 2007 年版，第 285 页。
❷ 转引自周旺生：《法的渊源与法的形式界分》，载《法制与社会发展》2005 年第 4 期，第 124 页。
❸ ［德］魏德士：《法理学》，吴越、丁晓春译，法律出版社 2005 年版，第 98 页。
❹ ［德］魏德士：《法理学》，吴越、丁晓春译，法律出版社 2005 年版，第 98－99 页。

等都是法源。❶ 不仅如此,法律渊源还在不同意义的层面上予以使用:其一,法律渊源是导致法律规范具有某种特定内容这一事实的原因;其二,法律渊源是关于法律规范内容的知识渊源;其三,法律渊源是法律规范的"有效性渊源"。❷

加拿大法学家塞勒对法源的界定是建立在对凯尔森、哈特和罗斯等学者的法源观梳理的基础之上的。在他看来,凯尔森的法源概念界定是一种将法律渊源与法律效力相联系的观点,由此自然会得出"法的渊源只能是法律"这样的结论。❸ 对于哈特的法源观,塞勒认为它是建立在一种内部视角和承认规则基础上的诠释,法源就是对具有拘束力的法律的承认和认可;但与凯尔森不同,哈特认为法源的范围是具有弹性的。❹ 对于罗斯来说,法的渊源应理解为所有影响法官据以形成判决意见的规则的因素。❺ 也正是在此理解基础上,罗斯将法源划分为三种,即完全客观的渊源、部分客观的渊源和非客观的渊源。❻

在对既往研究成果梳理的基础上,塞勒总结提出,大陆法系传统的法源概念具有一种很强的模糊性,其对传统法源的界定,主要立足于四种法源适用语境:①确认法的拘束力性质的基础;②阐述什么是有效法的承认标准;③明确规范归属于法律体系的条件;④为变更法律体系、规范法律体系的变更以及解决规范间冲突提供形式及实质的标准。❼ 塞勒对大陆法系传统的法源理论有所批评,他认为,总体来看,大陆法系传统上对法源的界定,只是明确了法是什么,但对法源是什么缺乏明确的界定。

---

❶ [瑞典] 亚历山大·佩策尼克:《论法律与理性》,陈曦等译,中国政法大学出版社2015年版,第297页。

❷ [瑞典] 亚历山大·佩策尼克:《论法律与理性》,陈曦等译,中国政法大学出版社2015年版,第297页。

❸ [加拿大] 罗杰·塞勒:《法律制度与法律渊源》,项焱译,武汉大学出版社2010年版,第189页。

❹ [加拿大] 罗杰·塞勒:《法律制度与法律渊源》,项焱译,武汉大学出版社2010年版,第190页。

❺ [加拿大] 罗杰·塞勒:《法律制度与法律渊源》,项焱译,武汉大学出版社2010年版,第192 - 193页。

❻ [加拿大] 罗杰·塞勒:《法律制度与法律渊源》,项焱译,武汉大学出版社2010年版,第193页。

❼ [加拿大] 罗杰·塞勒:《法律制度与法律渊源》,项焱译,武汉大学出版社2010年版,第185页。

3.1.3　我国法源理论的梳理与界定

民国时期，有学者就已经对法源理论进行了研究。梁启超先生在论及中国传统成文法时，提出中国传统的法律渊源主要有习惯、君主诏令、先例和学说等形式。可以推测，梁启超先生对法源的理解更多的是从法律的表现形式来理解的。[❶] 朱采真先生认为，法律渊源所研究的是法律从何而来。其中，实质的渊源是指法律的内容从何而来，形式的渊源是指将其制成具有权威性的法律的工具从何而来。[❷] 胡度育先生认为，法源是指法的内容的构成，例如习惯、道德、学说、宗教、前朝法典及外国法典等。[❸] 吴学义先生主张，法源可以从多个方面来理解，或称为形成法规的材料，或称为形成法规的原动力，或称为形成法规的机关，抑或称为形成法规的形式。[❹] 上述这些有关法源的界定观点，基本上可以总括为法的形式观。鉴于当时的法制建设正好处于学习借鉴日本法的历史背景之下，可以说上述观点在很大程度上受到了日本学界的影响，特别是日本学者织田万的观点。织田万认为，法的渊源有两种含义，或指法出自何种权力，例如出自上帝或君主；或指构成法律规则的材料，例如法典或判例等。[❺]

新中国成立之初，我国法理学教科书中的法源概念，受到了苏联的影响，体现出较强的政治意识色彩。苏联法学往往是从实质和形式两个层面去把握法源，侧重于从法律规范的形成方面来界定。例如，比较具有代表性的是苏联法学家雅维茨的观点。在其看来，法的渊源可区分为两种类型：第一种类型为真实的法的渊源，即社会生活的物质条件和占统治地位的生产关系类型；第二种类型为法律意义上的法的渊源，即包含法律规范在内的通过国家活动产生的国家文件。[❻] 受其影响，我国学者王勇飞运用辩证唯物主义的观点，

---

❶　梁启超：《饮冰室合集》（第 2 册），中华书局 1989 年版，第 45 – 48 页。
❷　朱采真编著：《现代法学通论》，世界书局 1931 年版，第 34 页。
❸　胡度育：《法学通论》，上海太平洋书店 1932 年版，第 50 页。
❹　吴学义：《法学纲要》，中华书局 1935 年版，第 30 页。
❺　［日］织田万：《法学通论》（第 1 卷），刘崇佑译，商务印书馆 1913 年版，第 43 页。
❻　［苏联］Л·С. 雅维茨：《法的一般理论——哲学和社会问题》，朱景文译，辽宁人民出版社 1986 年版，第 95 页。

对法源进行了解析。在他看来,法源的概念包含了三个层次的含义,即法源表明着法的属性,"法的内容""国家权力"和"法的形成"三者有机统一、缺一不可,共同构成了法律渊源的概念。❶

20世纪80年代以后,理论学界在反思苏联的学术理论的基础上,又将西方大陆法系和英美法系的法源理论引介到国内,并在中国的法理学界形成了一种争鸣的局面。其中,有的学者已经开始对法律渊源与法的形式进行区分和辨析。例如,在沈宗灵教授看来,法律渊源侧重指效力渊源,就我国来说,主要指向的是制定法。徐显明教授认为,法律渊源指的是法的具体表现形式,即包括法律、法令、法规、决议、条例等在内的国家制定或认可的法律规范文件形式。❷ 孙笑侠教授认为,法律渊源乃是指由不同国家机关制定或认可的、具有不同法律效力且对法院审判产生不同拘束力的法律的各种类别。❸ 朱景文等学者则认为法律渊源是指法的效力来源,既包括法的创制方式,也包括法律规范的外部表现形式。❹ 卓泽渊教授则是从三个层面出发,对法律渊源进行了剖析:一是法律的终极来源,其主要是指法律所依赖的社会物质条件;二是法律的效力渊源,例如立法或司法等;三是法的形式来源,即法律的各种表现形式。❺ 在张文显主编的《法理学》一书中,法律渊源主要是指法的来源或法的栖身之所;另外,也有著述称法的渊源主要是指法之产生的原因或途径。❻ 李步云教授在对既往法源理论总结的基础上,提出了自己的看法,认为既往的法源概念大多是指法的形式渊源。❼ 王天木教授则认为,法的渊源是指法的各种表现形式。❽ 对于法律渊源,姚健宗教授认为,应该从法律效力的角度来解释法律渊源问题,即按照法律效力的位阶原则来

---

❶ 王勇飞:《试论法的渊源》,载《当代法学》1988年第3期,第60页。
❷ 徐显明主编:《法理学教程》,中国政法大学出版社1994年版,第196-197页。
❸ 孙笑侠主编:《法理学》,中国政法大学出版社1998年版,第82页。
❹ 孙国华、朱景文主编:《法理学》,中国人民大学出版社1999年版,第257页。
❺ 卓泽渊:《法学导论》,法律出版社1998年版,第45页。
❻ 张文显主编:《法理学》(第三版),高等教育出版社2007年版,第89页。
❼ 李步云主编:《法理学》,经济科学出版社2000年版,第213页。
❽ 王天木:《法理学精要》,人民法院出版社2000年版,第221页。

阐释法律渊源问题，❶ 这也是学界的一种通常做法。

不过，在周旺生教授看来，既往对法律渊源的界定，有一种共同的倾向，那就是将法的渊源与法的表现形式混杂在一起。对此，周旺生教授认为，对于法律渊源的界定，应该将其与法的形式区分开来。追溯词义，"渊源一词是根源、来源、源流的意思，将法和渊源连用，其含义主要应指法的根源、来源、源流，这同法的表现形式不是一回事"，❷ 而法的渊源是法得以形成的资源、进路和动因。❸ 法的渊源是法的形式的源泉，法的形式则是从法的渊源中产生出来的，是法的渊源的制度化的表述，❹ 尽管两者存有一定的联系，但是必须承认它们是两个独立的系统。

胡玉鸿教授认为，对于法律渊源的界定，应该从"司法适用"场域中去理解。高其才教授认为，应该立足于立法、司法和行为规范的综合性视角来诠释法律渊源。陈金钊教授则立足司法方法论，直接提出了司法和法律方法语境下的法律渊源观，将法律渊源直接称为"法官法源"，它是指法官发现法律的特定领域，即法官在判案的时候寻找法律的地方或者方向。❺ 对此，舒国滢教授也表达了法律渊源即法官法源的看法，即法官在司法过程中寻找和发现适用于具体案件的裁判性规范的大致"场所"。❻

综合上述有关法源概念的梳理情况来看，不管是在国外法学界，还是在国内法学界，法源都是一个具有多重含义的概念。从法律的运作过程来看，法律判断的作出，离不开对法源的界定。由此，法源作为法学理论中一个最为基本的元素，却恰恰是一个极具歧义性的概念。暂且抛开有关法源概念的相关争议，笔者认为，就我国法学界特别是法律教育领域的主流观点来看，对于法源的界定，基本上还是张文显教授主编的《法理学》教材中的见解最有影响力。此种见解将法源阐释为由资源、进路和动因三个基本要素所构成

---

❶ 姚健宗主编：《法理学》，科学出版社 2010 年版，第 57 页。
❷ 周旺生：《法的渊源与法的形式界分》，载《法制与社会发展》2005 年第 4 期，第 125 页。
❸ 周旺生：《法的渊源与法的形式界分》，载《法制与社会发展》2005 年第 4 期，第 128 页。
❹ 周旺生：《法的渊源与法的形式界分》，载《法制与社会发展》2005 年第 4 期，第 130 页。
❺ 陈金钊主编：《法理学》，山东大学出版社 2008 年版，第 391 页。
❻ 舒国滢等：《法学方法论问题研究》，中国政法大学出版社 2007 年版，第 228 页。

的综合事物。具体来说，资源是指法是基于什么样的原料形成的，进路是指法是基于什么样的途径形成的，动因是指法是基于什么样的动力和原因形成的。❶

3.2　法源理论的法哲学面相

通过上文对法源概念的语义梳理，可以看出，法源的确是一个具有多重意义的概念。法源之所以会被赋予如此多元的含义，一个根本的因素是人们对法源的认识和理解的视角不同。更进一步而言，法源的概念界定的多元化和争鸣，恰恰体现了法源是一种具有开放性和发展性的概念，在不同的时代、不同的理论学派和不同的适用语境之中，法源的面相是不同的。是以，为了更全面地理解法源理论，有必要立足于当今主流法理学派之法理思想，对法源的理论基础进行分析。

3.2.1　自然法学派的法源观

历经古希腊哲学、古罗马法及中世纪经院神学的熔铸，自然法学派的发展大致可以划分为古代自然法阶段、基督教神学自然法阶段、古典自然法阶段以及理性自然法阶段。因崇尚理性与正义，自然法作为法理思想的一种利器，为法律的道德正当性提供了支持。正如有的学者所指出的那样，自然法一直以理性与正义为其标识，宣扬法律与道德之间存有天然的内在必然联系；主张自然法作为一种最高意义的法，凌驾于一切实证法之上，是实证法的标准和良知，它是法律的国王，即规范之规范。❷

可以说，自然法学不仅历史悠久，而且生命力非常顽强，并在法律、政治以及伦理等领域产生了十分深远的影响。虽然进入 20 世纪以来，伴随着实证法学的勃兴，自然法学派一度陷入了低迷，但是第二次世界大战以后，自然法的思想再度有所复兴。

---

❶ 张文显主编：《法理学》（第三版），高等教育出版社 2007 年版，第 89 - 90 页。
❷ ［德］魏德士：《法理学》，吴越、丁晓春译，法律出版社 2005 年版，第 186 页。

从法律思想史来看，虽然自然法的发展绵延流长，但对于什么是自然法这一问题，理论界给出了纷繁歧义的回答。直至当下，对于自然法的概念依然没有一个统一的标准性界定，从这一点来看，自然法的含义是模糊的。不过，这并不妨碍理论界对自然法的理解与诠释，尽管围绕自然法的各种理论界定，看法不同，争鸣不一，但整体上作为一个法学流派，都认同自然法具有自己独特的基本原理。他们坚持主张存在着一种客观道德原理，其依宇宙之性而在，可恃理性探得，而自然法的精神即含蕴其中矣。❶ 详言之，法律不仅包括实证规则体系，而且在实证规则体系之上，还有一种源自人类理性源泉的道德规范在主导着实证法，由此自然法为道德判断提供了理性基础，正是在这样的一种思维进路中，法律与道德理性密切融合在一起。

古代的自然法思想主张一种源自天性的自然正当观念，导致在早期的自然法思想中，自然本质主义的色彩特别浓厚，由此这种本质正义观也渗透到其法律渊源理论之中，形塑了一种多元主义的法源观。根据自然法的这种理念，在早期的人类社会中，道德伦理、宗教与法律乃是相互融合且无法分割的，在古希腊人那里，压根就没有立法这一观念，法律是一种有待发现的东西。

正是在这样的逻辑基础上，一种神圣化的社会秩序被构建起来，是以，可以发现，不管是在古希腊还是在古罗马的早期社会，人们通常把道德伦理、风俗习惯、神灵信仰以及自然规律视为天经地义的律法，从内心予以接受并遵循之。例如，古罗马法学家乌尔比安就认为，自然法是自然界教给一切动物的法律，而且这种法律不是人类所特有，而是一切动物都具有的。❷ 正如德国法学家罗门所指出的那样，不管是希腊人、罗马人还是日耳曼人，"法律都盖有神的印章"，"法律在原始时代带有一种强烈的神圣性质"，不仅如此，"这种法律从根本上说是人的法令所不能改变的"，"它在任何地方都

---

❶ ［英］丹尼斯·劳埃德：《法理学》，许章润译，法律出版社 2007 年版，第 42 页。
❷ ［古罗马］查士丁尼：《法学总论》，张企泰译，商务印书馆 1989 年版，第 6 页。

具有同等效力"。❶

有鉴于此，古罗马法学家西塞罗认为要理解法律就必须从法律的自然本性入手，法律最初乃是从自然产生的，通过实践中的相因成习得以确定，最终因其代表人民的共同福利而被赋予神圣性和庄重性。是以，法律是自然中所固有的最高理性，它允许做应做之事，禁止相反行为。当这种理性在人的心智中确立并得以实现时，便成为法律。❷ 这样的一种自然法观念最终渗透在罗马法的法源理论之中，其集中体现为查士丁尼主持编撰的《国法大全》中对私法渊源的界定。《国法大全》汇集了古罗马法学家的自然法观，法律即是正义之体现，具体到罗马私法中，私法的渊源主要分为三部分，分别为自然法、市民法与万民法。市民法与万民法都是实证法，前者仅适用于罗马人之间，后者则适用于罗马人与异族以及异族人与异族人之间。尽管古罗马法学家对自然法与实证法的划分存在分歧，但在他们看来，自然法基本上构成了市民法与万民法的本源。❸

如果说在古希腊与古罗马时代，自然法体现了自然主义的特色，那么中世纪时期，自然法的发展则以《圣经》为导引贯穿了神学主义色彩。奥古斯丁沿袭了西塞罗的自然法理念，认为法律主要包括神法与人法。神法是上帝之法，是永恒的；相对而言，人法则是指成文实证法与风俗习惯规范，它是从神法之中衍生出来的，因此法律是正义的，否则就不能存在，即恶法非法。❹ 阿奎那在奥古斯丁的基础上对法律又做了进一步的划分，认为法律包含永恒法、自然法、人定法与神法。其中，永恒法是一切法律的渊源，一切法律只要与真正的理性相一致，就总是从永恒法产生的；❺ 自然法是永恒法在世俗世界的具体展现；人定法虽是国家制定出来的，但其是自然法的具体

---

❶ ［德］海因里希·罗门：《自然法的观念史和哲学》，姚中秋译，上海三联书店 2007 年版，第 4 页。
❷ ［古罗马］西塞罗：《论共和国论法律》，王焕生译，中国政法大学出版社 1997 年版，第 189 页。
❸ 在此，必须澄清的是，罗马人并不反对实证法，从《国法大全》对实证法的重视即可看出，罗马人所反对的是法律的实证主义，罗马法学家大多认为，自然法是公平理性的自然流淌和体现，而非某一个立法机关刻意创造的产物。
❹ ［古罗马］奥古斯丁：《忏悔录》，周士良译，商务印书馆 1981 年版，第 116 页。
❺ ［意］阿奎那：《阿奎那政治著作选》，马清槐译，商务印书馆 1963 年版，第 111 页。

化，且从属于永恒法；而神法则是对人定法的进一步补充。

近代自然法又被称为古典自然法，其关注重心从自然本性转向了理性主义和人权权利，古典自然法高举理性和自由的旗帜，主张自然法乃是理性之法，宣扬天赋人权，崇尚法律之治。古典自然法不仅为资产阶级启蒙理性提供了理论支撑，而且将自然法发展到巅峰。古典自然法在这一时期，逐渐摆脱了神学的标签，代之以理性的话语体系。荷兰法学家格劳秀斯将法律与正义联结起来，认为法律是正义的象征，法律是由自然法、神法和制定法三部分所构成的。作为国际法的先驱，格劳秀斯专门对国际法的渊源进行了分析，认为国际法主要包括自然法，以罗马法、条约及惯例为表现形式的万民法，以及学者的观点。在法国法学家孟德斯鸠看来，法乃是事物本性的必然体现。孟德斯鸠将法律渊源分为两大部分，一部分是自然法，另一部分是人为法；就人为法来说，其主要由国际法、政治法和民法三大类组成。

就自然法的发展来说，表现最明显的就是欧洲第一代法典《法国民法典》的诞生，经由理性构建而获得对自然法的把握的观念在《法国民法典》中展现无遗。《法国民法典》体现了理性建构主义的时代特征，并由此对既往的法源理论造成了冲击，国家制定法作为一种越来越重要的法律渊源登上了历史舞台，甚至产生了一种意想不到的反自然倾向。

第二次世界大战以后，在审判德国纳粹的过程中，法实证主义的"恶法亦法"理念遭到了冲击。有学者认为，在实证法日益僵化，不再是人们所信服的公道秩序时，人们就不得不诉诸自然法。❶ 于是，一种新的自然法理念逐渐成长起来，自然法思想也由此有所复兴。与古典自然法的法源观不同，美国法学家富勒认为自然法包括实体自然法和程序自然法。作为新自然法学派的领军人物，在与实证法学派代表人物哈特的论战中，德沃金提出了"作为整体性的法律"的命题，❷ 主张对于法律的法源内涵应该给予一种诠释性

---

❶ ［德］海因里希·罗门：《自然法的观念史和哲学》，姚中秋译，上海三联书店 2007 年版，第 145 页。

❷ ［英］丹尼斯·劳埃德：《法理学》，许章润译，法律出版社 2007 年版，第 528 页。

的理解。德沃金主张法律不能仅化约为规则模式，在疑难案件处理中，还应有一般原则和政策。❶

综上所述，在自然法学的法源观念中，法意味着正义与善，而非国家立法意志的体现；当然，自然法学派并不排斥国家力量，国家仅仅是在执行法律而非制定法律，正是基于这样的一种法理念，伦理规范、风俗惯例、正义理念及理性法律都可以构成自然法学派眼中的法源。也就是说，在自然法学派中，法源既有实证性的也有非实证性的规范材料，"自然法从本质上说是一种框架性法律"，❷ 在一定程度上，这体现了一种具有弹性的、多元化的法源观。

3.2.2　分析实证法学派的法源观

尽管有学者主张实证法分析的源头在古罗马共和时代就有了发展，但客观来讲，分析实证法学的真正勃兴其实是与产业技术革命相关联的，产业技术革命提升了人们对科学的推崇与信仰。在法学领域，科学实证的分析方法被引入法律分析之中，以此抗衡对法律的形而上学的关注，特别是随着法典化潮流的涌动，制定法的发达和推崇进一步推进了分析实证法学的繁荣与发展。

与自然法学派注重对应然价值的关注不同，分析实证法学派排斥形而上学的法理念，强调关注国家现实实证法，主张对法律予以客观与实证层面的分析，而非道德伦理和社会历史层面的分析。在分析实证法学派看来，法律只包括实证性法律，即国家的正式立法与获得国家认可的习惯法，也就是被立法机构明确地默会并予以认可的规范，才是法官应适用、法学应予以考察的法律。正如德国法学家罗门所言，分析实证法学"只关心法律的这种形式性渊源，只关心规范的这一源头及其形成方式"。❸ 从法源的视角来看，对于分析实证法学派来说，法源的内涵构成是单一的，即只有现实客观的法规范

---

❶　[爱尔兰] J. M. 凯利：《西方法律思想简史》，王笑红译，法律出版社2002年版，第385 – 386页。

❷　[德] 丹尼斯·罗门：《自然法的观念史和哲学》，姚中秋译，上海三联书店2007年版，第240页。

❸　[德] 海因里希·罗门：《自然法的观念史和哲学》，姚中秋译，上海三联书店2007年版，第225页。

才是法源。

在功利主义主义代表人物边沁看来，法律更接近于一种具有强制性的主权者的意志和命令。在此基础之上，边沁提出了自己的法源观，主张通过法典编纂的方式，将英国的法律渊源从散落的不成文法、判例法和习惯法等规范改革统一为国家制定法。分析实证法学派的创始人奥斯丁在因袭边沁的法律思想的基础上，力图将法学置于科学的框架之中予以分析。为此，他严格区分了应然之法与实然之法，强调法学的对象是实证法，并进一步提出了主权命令说，主张法律即主权者的命令，这一命令包含了责任、义务与制裁。

与奥斯丁的进路不同，奥地利法学家凯尔森坚决抵制对法的价值判断和政治分析，更加严格地坚守对实证法的科学分析，并提出了一种极具科学理性色彩的纯粹法学分析理论。他主张从结构上分析实在法，而非从心理学或者经济学上对它的条件进行解释，亦非从道德上或者政治上去评价它的目的。❶ 纯粹法学的方向是将法律科学与正义法哲学以及法社会学区别开来，追求对实在法的结构分析，也就是将实证法置于法律秩序的规范框架中予以诠释。从"纯粹"两字也可以看出，与奥斯丁的分析进路相比，凯尔森努力推进的是一种更为彻底的实证分析。在凯尔森看来，法律就是一个具有自我创生能力的动静结合的等级体系，一个规范的效力来自另一个比它更高等级的规范的效力，较高一级的规范又是由更高一级的规范所决定的，法律的适用过程亦即法律的创造过程。通过上述一系列过程之运作，最终构成一个金字塔模式的法律秩序统一体。就法源构成来说，其中基础规范居于最高一级，宪法则是国家实在法中最高一级的法源，在宪法之下则是包括制定法与习惯法的一般规范，而在一般规范之下就是个别规范。

在《法律的概念》一书中，英国法学家哈特继续坚守法律实证主义的立场，但哈特对奥斯丁的主权命令说似乎并不满意，认为其适用性仅仅体现在刑法领域；同时，哈特反对奥斯丁将原始法与国际法均不视作"法律"的观

---

❶ ［奥］汉斯·凯尔森：《纯粹法学》，沈宗灵译，中国大百科全书出版社 1996 年版，第 2 页。

点，❶ 他认为习惯作为社会惯习也是一种重要的法律渊源。不仅如此，在同美国法学家富勒和德沃金等学者的观点交锋中，借助哲学家路德维希·维特根斯坦的语言分析哲学，哈特用法律规则说置换了奥斯丁的命令说，其既反对德沃金将一般原则和政策视为法律，也反对富勒提出的法律与道德的内在融合理论，并由此发展了新分析实证法学的法源观。

哈特认为，法律体系是一种社会规则体系，❷ 法律是初级规则和次级规则的结合（或者说是第一性规则和第二性规则的结合）。对于次级规则来说，其出现乃是对初级规则的补充与补救，次级规则又可以划分为承认规则、改变规则和审判规则。❸ 哈特主张，理解法律的关键就在于初级规则和次级规则的结合。❹ 哈特还进一步强调，规则将法律效力具体化、标准化，承认规则是法律制度的基础，且既要承认其具有一般权威性，也要承认法官适用规则时的创造性。❺ 不过，他也承认，终极承认规则具有不确定性，即有开放结构区域；该不确定性带来的后果是法官自由裁量领地的保留。❻ 由此可见，在哈特的观念中，法源并非固定不变的规则体系，而是一种具有一定开放性的概念。

3.2.3 法社会学派的法源观

第二次世界大战以后，分析实证法学派对客观规则的执着坚守越来越难以应对社会经济的急剧发展以及人类对正义的需求。在此背景下，因应社会变迁，立足社会本位，把法学与社会学相结合并注重对法律的社会目的、效

---

❶ [英] 丹尼斯·劳埃德：《法理学》，许章润译，法律出版社2007年版，第163页。
❷ [英] 丹尼斯·劳埃德：《法理学》，许章润译，法律出版社2007年版，第161页。
❸ 根据哈特的看法，裁判规则是指赋予官员在侵权案件中作出裁决和执行法律的权能，如责令损害赔偿或者剥夺某人的自由；改变规则是指赋予官员根据特定程序进行立法的权力，以规制变更过程；承认规则是指旨在标立关于法律体系中诸项规则的效力的标准。其中，承认规则是关键所在。据此，哈特认为，一套法律体系的存在需要两项充分必要条件，它们是根据法律体系关于法律效力的终极性标准，凡此行为是有效的，必须获得广泛遵循，其具体确定法律效力标准的承认规则、变更规则和裁判规则，均须为官员们当作普遍公共的官方行为标准，而获得有效接受。参见 [爱尔兰] J. M. 凯利：《西方法律思想简史》，王笑红译，法律出版社2002年版，第162页。
❹ [英] H. L. A. 哈特：《法律的概念》，张文显等译，中国大百科全书出版社1996年版，第82页。
❺ 吕世伦主编：《西方法律思潮源流论》，中国人民大学出版社2008年版，第189页。
❻ [爱尔兰] J. M. 凯利：《西方法律思想简史》，王笑红译，法律出版社2002年版，第408页。

果和作用进行描述的社会法学派逐步发展起来。社会法学派关注的重心是实际行动中的法，而非书面上的法，也就是说，社会法学派更注重从事实层面对法律在社会中的实际运作加以考察。这样的一种法律与社会相结合的理念，自然也会影响其对法源的理解。

作为欧洲法社会学派的奠基人，奥地利法学家埃利希主张，法律发展的重心在于社会本身，而非立法、法学或司法判决。❶埃利希对传统概念法学派的实证法律观进行了批判，在他看来，法律乃是一个社会共同体的内部秩序，与国家没有必然的联系，从社会历史的发展进程来看，法律反而产生于国家之前，制定法仅仅是在国家产生之后才有的。关于法律渊源，埃利希进一步强调，法律的范围是非常宽泛的，除了国家制定法，法律还有其他若干的渊源，其中有很大一部分乃是在社会实践生活中真正起作用的社会规范，而埃利希将其界定为"活法"。"活法"有两个来源，一是法律性文件，二是对生活、商业、惯例以及各种社会团体的直接观察，而这一切往往是为法律条文所忽视的。

有鉴于此，埃利希呼吁对法律进行一种自由的发现，由此其也成为自由法学派的开创人之一。自由法学派的发展根植于对概念法学派的批判，埃利希认为，在司法审判过程中，法官仅凭国家立法很难解决好纠纷，国家制定法仅仅是法律渊源中有限的一部分，因此"法官手脚被绑住"是一种常态，对此必须发挥法官的主观能动性，并从社会共同体秩序的视角出发，作出"自由判决"❷。很显然，在埃利希看来，法律渊源乃是一种多元化的规范集合。

法社会学派的另一位代表人物德国学者韦伯则是立足于社会学的立场，将法律置于经济与社会的大环境下，推进一种力求客观的经验实证性分析。其中，韦伯创造性地运用"理性"这一除魅概念，将法律类型化予以透析与诠释。不过，韦伯对法律的界定是比较宽泛的，在他看来，法律是通过一定的强制力，使人们的社会行为符合特定社会秩序的规范与要求。与法教义学

---

❶　吕世伦主编：《西方法律思潮源流论》，中国人民大学出版社 2008 年版，第 226 页。
❷　转引自沈宗灵：《现代西方法理学》，北京大学出版社 1992 年版，第 277 页。

的法律观不同，韦伯认为法律具体意味着"在充满许多人参与共同体活动的可能性这一共同体里，实际上发生了什么，尤其是那些对社会行使社会性权力的人，主观上如何考虑某些有效力的规范以及怎样根据规范实际行动"。❶

在韦伯看来，法律应该区分为"国家的法律"与"超国家的法律"。其中，"国家的法律"是指由国家保障的法律，这种法律强制力的保障是通过政治共同体的强制方式直接和有形地实施的；❷"超国家的法律"是指构成权利保障的强制手段属于非政治性权威，❸ 也就是说，"超国家的法律"的权威是来自政治国家之外的。不过，韦伯指出，虽然"国家的法律"是现代社会所必需的，但在一些情况下，"超国家的法律"的强制力反而比"国家的法律"更为有效。❹ 因此，韦伯在肯定"国家的法律"的基础上，进一步强调了现代社会秩序构建中"超国家的法律"的不可或缺的规范作用。正是在这样的一种法理念基础上，韦伯对法律渊源采取了一种宽泛的态度，认为除了法律，法律渊源中还包括习惯与惯例等社会指导性规范。

在韦伯看来，习惯与习俗是相融合的，而法律又与惯例不同。虽然法律与惯例都可以被视为一种适用性的社会规范，但惯例更多的是一种分散性的保证，而法律是通过专门性的强制力予以保障的。尽管分别对习惯、习俗、惯例和法律进行了详细区分，但总的来说，韦伯认为它们在实践中的功能区别是不太明显的，更多的是历史维度上的变迁差异，所以他反对将这些社会规范截然区别开来，正如其所言，"从社会学的角度看，习惯、惯例和法律之间的演变界限是非常模糊的"。❺ 只不过随着"理性"的除魅过

---

❶ ［德］马克斯·韦伯：《论经济与社会中的法律》，张乃根译，中国大百科全书出版社 1998 年版，第 13 页。

❷ ［德］马克斯·韦伯：《论经济与社会中的法律》，张乃根译，中国大百科全书出版社 1998 年版，第 16 页。

❸ ［德］马克斯·韦伯：《经济、诸社会领域及权力》，李强译，生活·读书·新知三联书店 1998 年版，第 8 页。

❹ ［德］马克斯·韦伯：《论经济与社会中的法律》，张乃根译，中国大百科全书出版社 1998 年版，第 17 页。

❺ ［德］马克斯·韦伯：《论经济与社会中的法律》，张乃根译，中国大百科全书出版社 1998 年版，第 25 页。

程，法律作为一种形式合理的社会规范，逐渐在人类社会中占据了主导地位。

美国法社会学家庞德在对机械的法律形式主义法学批判的基础上，提出应该将法律与社会发展联系起来，主张从实际效用的视角对法律进行分析，即从书本上的法转向实际中的法，法学应该关注法律在社会中的作用和效果，而不是它的抽象内容，同时还强调法律的目的在于对利益的促进与保障。对于法律的界定，庞德认为法律的概念和内容是十分复杂乃至混乱的，之所以出现这样的情况，主要原因在于人们是在不同的意义上使用法律这个概念的。虽然对于法律的理解存在很大的模糊性，但在庞德看来，完全可以跳出以往的界定窠臼，运用法社会学的分析，将法律与社会文明进程联系起来并予以诠释，由此法律又可以被理解为一种促进和保障社会文明的系统工程。

在此基础上，庞德认为，法律是由法律规范、法律技术和法律观念三部分构成的，法律是根据权威性的传统法律观念或以其为背景，由权威性法律技术加以发展和适用的权威性法律规范体系。[1] 正是基于这样的一种宽泛的法源观，庞德主张法官在进行司法裁判的时候，为了使司法契合社会之发展，维护社会正当利益，法官需要运用自由裁量权，主动去发现那些在社会实践中存在的行动中的法。由此可见，庞德对法律渊源的思考秉持的是一种功能主义的进路。

很显然，在法社会学派看来，他们对法律渊源的理解基本上体现了一种宽泛的多元规范观，也就是说，法律渊源的种类和内容并非单一的国家制定法，还有在社会实际生活中起着重要作用的作为"活法"的实践之法。之所以会有这样的一种法源观，一个很重要的原因就在于对法这一概念的理解。根据法社会学派的理念，法这一概念本身所包括的内容就林林总总，比较宽广；在分析实证法学派看来，很多规范并不属于法，但在法社会学派的视域中，这些都有可能被当作所谓的法。当然，正是这样的一种宽泛的法源观，也引致了实证分析法学派对法社会学派的批判，认为其过度扩张了法源。

---

[1] ［美］罗斯科·庞德：《法理学》（第二卷），邓正来译，中国政法大学出版社 2007 年版，第 85 页。

德国法学家魏德士曾对法源的内涵进行过总结，认为法源通常有广义和狭义两种含义。其中，广义上讲，法源指的是对客观法产生决定性影响的所有因素；狭义的法源则仅指那些对于法律适用者具有约束力的法规范。❶ 透过对自然法学、分析实证法学和法社会学三大法学流派之法源观的梳理，可以看出，三大主流法学派对于法源的界定其实是将广义的法源观与狭义的法源观融合在一起的，并未给出具体语境下的具体辨析。由此，法源作为法学基础理论中的一个最为基本的概念，在某种程度上呈现出一种尴尬的局面：它既是一个最基本的概念，也是充满歧义与争议的概念。对于如何界定法源，不得不承认学界依然没有达成基本的共识。不仅如此，每一个理论流派都在坚持打造和宣扬自己独特的法理念，同时也在形塑与之相称的法源观。很显然"法源是什么"这个问题与"什么是法律"这个问题是紧密关联的。因此，与法的其他基本元素相比，法源更像是一个具有流动性的概念，其在不同的法学流派理念、地理范围、历史时期以及使用语境中，因地制宜地呈现出不同的形态。其实，对于法源的这种多义性和模糊性，连奥斯丁和凯尔森等分析法学大家也头疼不已，为此凯尔森甚至建议尽量不要使用法源这个概念，以免引发歧义。

3.3 我国法源理论的现状、实践面向及反思

法源理论固有的多义性、歧义性以及由其造成的困惑，在我国的理论法学界依旧存在。究其原因，一方面，我国法学理论知识体系的建构与发展有很大一部分是建立在对西方理论法学移植和借鉴的基础之上；另一方面，对于法源这一概念，正如周旺生教授所总结的那样，对于这一领域当下的研究依然比较薄弱，更多的是一种机械的理念沿袭，缺乏深入的分析与突破。在陈金钊教授看来，由于缺乏对法源概念的精确辨析，学界在使用法源这个概

---

❶ ［德］魏德士：《法理学》，吴越、丁晓春译，法律出版社 2005 年版，第 98 - 99 页。

念时，更多的是对西方法源理论的直接套用，而未作语境和立场的具体细分，即没有言明法源之法究竟是指规范性的法律，还是具体的用于裁判案件的法律，因而造成了很多误解。❶

尽管目前学界对于法源的界定与理解依然存有分歧和争鸣，且多种不同的法源观依然在持续交锋，但是从既往研究的整体成果来看，围绕法源概念的提出与发展，我国法学界对于法源的理解与界定大致可以归纳为两种颇具代表性的法律思维，一种是立法中心主义的法源观，另一种是司法中心主义的法源观。

3.3.1　立法中心主义的法源观

立法中心主义的法源观主要是以国家立法为根基，侧重从国家宏观法律体系理性建构的框架对法源进行界定与诠释。根据其立场，法源一方面是指法定的有权机关在进行立法活动时所应当考虑的依据，另一方面又指向实定法的具体表现形式；法源的目的通常具有一定的宏观建构性，即其往往是与一国法律规范体系之建构联系在一起的。在我国，这一立法中心主义的法源观，在很长一段时间内受到了当时苏联法学理论的影响，具有特殊的历史背景；根据这一规范逻辑，法源主要是指国家立法机关在立法时所应综合考虑的依据或诸种相关影响因素，它构成了实证法的基本来源。有鉴于此，学界在界定法源时，往往将法源与法的表现形式联系在一起。

从国内法学界的相关研究来看，彭中礼教授对法源的总结与梳理颇具代表性，本书之研究与分析正是在借鉴彭中礼教授观点的基础上展开的。在他看来，这种立法中心主义立场的法源观可以根据法律渊源与法的形式的关系的论述来划分，并大致上归纳总结为三种典型观点，即等同说、区别说和层级说。❷ 不过，在笔者看来，区别说与层级说之间的分野并不明显，没有质的差别，层级说仅仅是对区别说的进一步的详解，两种学说其实都可以归于

---

❶ 陈金钊：《法律渊源：司法视角的定位》，载《甘肃政法学院学报》2005 年第 6 期，第 1 页。
❷ 彭中礼：《当代中国法律渊源理论研究重述》，载《法律方法》2011 年第 11 期，第 337 页。

所谓的区别说。下面逐一予以讨论。

3.3.1.1 等同说

等同说主张法律渊源就是法的形式，或者法律渊源就是法律的效力来源，● 即国家机关制定或认可的法的各种具体表现形式，如法律、法令、条例、章程、决议、命令、习惯、判例等。● 其中，将法源等同于法律的表现形式这一见解，可以说是我国早期法理学教科书体系中的通说。1985 年由北京大学法律系法学理论教研室编著的《法学基础理论简编教程》也是从法律的表现形式这一层面来诠释法源的，认为法源乃是一种法律形式，法律渊源是指法的来源或法源，即根据不同法律效力来源所形成的不同法律类别，如宪法、法律、行政法规、判例等。● 李放教授在《法理学基础纲要》的教科书中也持类似的观点，认为一国的法律规范表现形式就是所谓的法律渊源。许崇德教授进一步细化了这一观点，认为法的渊源是指法律规范的来源，一般包括实质意义法的渊源和形式意义法的渊源两种解释。其中，实质意义法的渊源是指法的内容的来源；形式意义法的渊源是指法的效力渊源，根据不同效力来源，划分法的不同形式。● 徐显明教授则是直接将法源界定为法的表现形式，认为法的渊源指的是法的具体表现形式，即包括法律、法令、法规、决议、条例等在内的国家制定或认可的法律规范文件形式。● 卓泽渊教授也持有类似的见解，认为法律渊源即为法源或法的渊源，不过他是将法源分为三个层面予以解释的：一是法律的终极来源，主要是指法律所依赖的社会物质条件；二是法律的效力渊源，如立法或司法等；三是法的形式来源，即法律的各种表现形式。● 胡士贵教授认为，法的渊源是指由国家机关制定的具有不同法律地位或效力的法的一种分类，是法的表现形式之一，在我国

● 彭中礼：《当代中国法律渊源理论研究重述》，载《法律方法》2011 年第 11 期，第 337 页。
❷ 孙国华：《法学基础理论》，法律出版社 1982 年版，第 256 页。
❸ 北京大学法律系法学理论教研室：《法学基础理论简编教程》，光明日报出版社 1985 年版，第 28 页。
● 许崇德主编：《法学基础理论·宪法学》，法律出版社 1998 年版，第 55 页。
❺ 徐显明主编：《法理学教程》，中国政法大学出版社 1994 年版，第 196 - 197 页。
❻ 卓泽渊：《法学导论》，法律出版社 1998 年版，第 45 页。

法源主要是指以制定法为主的法规范，在此基础上又可以具体细化为"法定渊源"和"非法定渊源"。❶ 中国社会科学院法学研究所的相关专家则倾向于认为，法律渊源在通常情况下往往被表述为法源或法的形式，其是指具有法的效力作用和意义的法的外在表现形式。❷

公丕祥教授认为，尽管学界对于法源的理解有着不同的解释，但就我国来说，对法源的界定乃是一种形式意义上的指称，又称为"法律的形式"，它是指由不同的国家机关制定或认可的，因而具有不同法律效力或法律地位的各种类别的规范性法律文件的总称。❸ 王启富教授则是从实质意义和形式意义两个层面解析法源的，其中实质意义上的法源是指法的内容的来源，形式意义上的法源是指法的效力渊源，即相关国家机关依法制定或认可的具有不同法律效力和地位的法律的不同表现形式。❹ 吕世伦教授认为，法律的渊源又称为法律的形式渊源，是指法规范由谁或怎样创制以及由何种外部形式来表现。❺ 在吕教授看来，法律规范之所以具有效力，不仅是因为它是通过法定程序制定出来的，还因为它须具备一定的表现形式，并且在不同的国家、历史社会发展阶段中，法源的表现形式也是不同的。

通过上述对法源概念界定成果的梳理，可以看出，在我国传统主流的法理学教科书体系中，对于法源的界定，有相当大一部分的观点都是倾向于将法源等同于法律的表现形式。对此，一些学者还在此基础之上，对法的形式进行了详细界定，认为法的渊源即为法的形式，是指法律规范的创制方式和外部表现形式。❻ 正如姚建宗教授所总结的那样，我国理论学界普遍从法律效力的角度来解释法律渊源问题，即按照法律效力的位阶原则来阐释法律渊

❶ 胡土贵主编：《法理学》，法律出版社 1999 年版，第 78 页。
❷ 中国社会科学院法学研究所《法律辞典》编委会编：《法律辞典》，法律出版社 2003 年版，第 314 页。
❸ 公丕祥主编：《法理学》（第二版），复旦大学出版社 2008 年版，第 235 页。
❹ 王启富主编：《法理学》（第二版），中国政法大学出版社 2013 年版，第 49 页。
❺ 吕世伦：《理论法学课堂》，黑龙江美术出版社 2018 年版，第 13 页。
❻ 薛佐文、孙启福主编：《法理学》，法律出版社 2002 年版，第 53 页。

源问题，这是当前学界通行的做法。● 不仅如此，即使是在部门法中，这种观点也占据着重要位置，例如在宪法学领域和民法领域都有很大一部分学者对等同说表示支持。● 可以说，等同说基本上代表了国内法理学的主流见解。

3.3.1.2　区别说

区别说与等同说之间最大的分野，就是将法源与法的表现形式精确区分开来，其中区别说认为两者之间存在着本质上的差异。对此，彭中礼教授曾对法源理论进行了整体性的梳理，在他看来，国内学界最早将法源与法律的表现形式予以区分的是张宏生和陈守一两位学者。在他们看来，法律形式是统治阶级意识的体现，在过去苏联的教科书中，往往将其称为"法的渊源"，不过这两位学者认为，渊源的本义一般是指根据、来源。基于此，法的渊源指的应该是社会物质生活条件。●

当然，国内在这方面的研究，最有代表性的成果是周旺生教授的研究。周教授的研究在很大程度上是建立在美国法学家庞德的研究综述基础之上的。在庞德看来，最早对法的渊源和法的形式予以区分的是英国法学家奥斯丁，其主张法源即是法律规范之权威性的实际来源。虽然奥斯丁的分析实证法学在当时英国学界并没得到多大的响应，但在庞德看来，奥斯丁是第一个呼吁人们对"法律渊源"这个词的模糊含义引起注意并且坚持将其明晰化的人，不过他的论证并不十分令人满意，● 所以其在这方面的努力并没有产生多大的影响。而正式提出将法的渊源与法的形式予以区分的是英国法学家克拉克，他认为法的渊源回答的是"如果说国家赋予法律规则以权威，那么是什么赋

● 姚建宗：《法理学》，科学出版社 2010 年版，第 57 页。

❷ 根据彭中礼教授的考察，在民法学教材中，将法律渊源等同于法的形式的观点也是很常见的，如王利明的《民法》（中国人民大学出版社 2005 年版）、龙卫球的《民法总论》（中国法制出版社 2002 年版）、刘云生、宋宗宇主编的《民法学》（重庆大学出版社 2003 年版）、马俊驹、余延满的《民法原论》（法律出版社 2005 年版）、刘凯湘的《民法总论》（北京大学出版社 2006 年版）、孙宪忠的《民法总论》（社会科学文献出版社 2004 年版）、王全弟主编的《民法总论》（复旦大学出版社 2003 年版）、梁慧星的《民法总论》（法律出版社 2004 年版）等。详情参见彭中礼：《论法律形式与法的渊源的界分》，载《北方法学》2013 年第 1 期，第 102 页。

❸ 陈守一、张宏生主编：《法学基础理论》，北京大学出版社 1981 年版，第 340 页。

❹ ［美］罗斯科·庞德：《法理学》（第三卷），廖德宇译，法律出版社 2007 年版，第 285 页。

予法律规则以内容?"这个问题，而法的形式答复的则是"如果想要了解法律，在哪里能找到它? 法律的表现形式是什么?"❶ 这个问题。然而，在我国由于对法源这一问题的研究基础比较薄弱，所以在很长一段时间内对法源的界定是将其与法的形式等同起来，而这样做的后果就是把不是法的东西当成法看待，或是把已然的法和未然的法、正式的法和可能的法混为一谈，由此在法律生活中，就会淡化法与非法的界限，背离法治原则，❷ 从而产生不利于法治的一些负面效果。

对于这样沿袭已久的通说，周旺生教授进行了深入的分析与反思，他认为既往相关研究过于单薄和简约化，并存在如下问题: 不适当地扩大或缩小法的渊源的范围; 普遍地混淆法的渊源和法的形式的界限，把两者视为同一概念和事物; 只知描述法的渊源，而不去思考从法的渊源中选择和提炼什么以及如何选择和提炼，忘却了或不曾认知法的渊源的实际价值。❸ 在此基础上，他主张立足法的资源、进路和动因这种新的三维结构来对法源重新定性分析。❹ 在周旺生教授看来，既往主流的法源观没有区分法的渊源和法的渊源发展结果，他认为法的渊源主要是指法的来源，是法得以形成的资源、进路和动因。而与之相对应，法的形式便是法的渊源发展的结果和表现，❺ 法的渊源更主要是个可能性的概念或未然的概念，它是法的预备库或半成品，是法的孕育地、原动力。就法的形式而言，它是实实在在地具有法的效力的法，其内部包含着实在的具有法的效力的法律规范、法律原则和法律制度。❻

---

❶ Edwin Charles Clark, *Practical Jurisprudence: A Comment on Austin*, Cambridge University Press, 1883, p. 197.
❷ 周旺生:《法的渊源与法的形式的界分》，载《法制与社会发展》2005 年第 4 期，第 125 页。
❸ 周旺生:《重新研究法的渊源》，载《比较法研究》2005 年第 4 期，第 3 页。
❹ 在周旺生教授看来，法的渊源是由资源、进路和动因三项基本元素组成的综合事物。所谓资源，指的是法是基于什么样的原料形成的，例如基于习惯、判例还是基于道德、政策等; 所谓进路，指的是法是基于什么样的途径形成的，是基于立法、行政还是司法或国际交往; 所谓动因，指的是基于什么样的动力和原因形成的，是基于日产生活还是基于经济、政治、文化、历史等因素。既往对于法源之界定，在周旺生教授看来，大多忽略了对这三个因素的综合考察。详情参见周旺生主编:《法理学》，西安交通大学出版社 2006 年版，第 212 页。
❺ 周旺生:《重新研究法的渊源》，载《比较法研究》2005 年第 4 期，第 10 页。
❻ 周旺生:《重新研究法的渊源》，载《比较法研究》2005 年第 4 期，第 9 页。

就此看来，既往相关研究其实是混淆了"可能之法"与"已然之法"。●

可以说，周旺生教授的观点不仅具有一定的启发性和思辨性，而且在一定程度上推进了法源理论的发展，进一步唤起了学界对法源理论的观照与审视。不过，客观来讲，尽管其观点立足于法律规范得以形成的资源性因素、途径性因素以及根本的动因性因素，但其观点与传统的法源观并没有质的区别，仅仅是对传统法源观进行了一种垂直层面的深入发掘。究其本质，其依然是一种立法中心主义的立场。

3.3.2 司法中心主义的法源观

如果立法中心主义的法源观侧重的是一种宏观建构性的法律发现与法律体系完善立场，那么司法中心主义的法源观所侧重的就是一种微观论证性的司法的法律适用立场。可以说，司法中心主义法源观能够获得深入发展，主要是基于两个层面的因素：一是立基于我国法治发展实践对立法中心主义法源观的反思；二是法律方法研究的起步与迅猛发展。

与立法中心主义的法源观着重于秩序规范不同，司法中心主义法源观的主要内容是为司法裁判寻找作为法律论证的大前提提供支持，其重心在于发挥法律的纠纷解决功能。是以，在有的学者看来，司法中心主义的法源观进一步丰富和发展了传统的法源理论，特别是在法源的实质意义层面，"原本在立法立场上，很难说清楚法的实质渊源有何意义和作用，而在司法立场上，从法官不得不适用非制定法规范作为裁判根据的角度，法的实质渊源的意义和功能得到了彰显"●。对于传统立法中心主义的法源观而言，虽然其理论在很长的一段时间内一直占据法学理论的主流，但对其批判和质疑的声音一直存在着。早在 2002 年，胡玉鸿教授便主张立足审判实践，从司法适用的视角切入并拓展法源理论，在他看来，不能作为司法适用的规范在严格意义上并不是法律渊源；有鉴于此，法律渊源是指能被法官适用且对法官审判案件具

● 周旺生：《重新研究法的渊源》，载《比较法研究》2005 年第 4 期，第 7 页。
● 于晓青：《法律渊源概念的回顾研究》，载《法律方法》2012 年第 1 期，第 461 页。

有拘束力或影响力的，由国家或社会所形成的不同效力等级的法律规范的各种表现形式。❶ 张光杰教授也对司法立场的法源进行了界定，他认为在司法场域中，法源就是法官在形成判决的过程中所参考的权威性法律依据。❷ 对此，高其才教授也持有类似的看法。不过，这两位教授都仅仅是从司法视角对法源进行界定与诠释的，并不是一种真正的司法中心主义的法源观。在我国理论法学界，较早提出司法中心主义的法源观，并坚持和发展此种观点的主要有陈金钊、舒国滢、王夏昊、彭中礼等学者，这些学者发展和推进的法源理论的一个共同的特点就是通常与法律方法论相勾连。

3.3.2.1　基于法律发现之司法立场的法源观

陈金钊教授的法源观恰恰是建立在对周旺生教授立法中心主义法源观的反思基础之上的。陈教授指出，既往有关法源的主流研究，大多是基于一种立法立场的法律发现进路，立法者通过制定和发现法律，从而为社会提供行为引导和规范支持，立法者（包括站在立法立场上的法学研究者）在哪里发现法律，哪里就成了法源；不过，就法治社会的建设发展来说，仅仅依靠立法显然是不现实的，相较而言，法律的生命更多的应该是体现在现实司法实践中，换言之，在大规模的立法活动告一段落后，司法视角的法律发现便成为法学家关注的重点。❸ 客观来讲，立法中心主义的法源观注重对法律的形式表达的研究，这其实是一种社会学的探索，而司法中心主义的法源观则侧重在实践中，通过逐步进行的工作，在具体的细节上实现更多的正义。❹ 从司法的角度看，法律渊源也称为法官法源，是指法官发现法律的特定领域，即法官在判案的时候寻找法律的地方或者方向。❺

陈金钊教授继续指出，在过去的相关研究中，我国学者在接受西方的法源理论时，往往忽略了对立法与司法两种立场的具体区分与转化，直接将法

---

❶　胡玉鸿主编：《法律原理与技术》，中国政法大学出版社 2002 年版，第 97 页。

❷　张光杰主编：《法理学导论》，复旦大学出版社 2006 年版，第 44 页。

❸　陈金钊：《法律渊源：司法视角的定位》，载《甘肃政法学院学报》2005 年第 6 期，第 2 页。

❹　［德］卡尔·拉伦茨：《法学方法论》，陈爱娥译，商务印书馆 2003 年版，第 77 页。

❺　陈金钊主编：《法理学》，山东大学出版社 2008 年版，第 391 页。

源等同于法律的表现形式。从多数文献的构成来看，关于法律渊源的表述似乎就成了对法律形式的研究，虽然法律形式的划分在一定程度上使法律人比较清晰地了解他们必须从哪里发现法以及比较容易地区分法律规范的位阶和顺序，但是法律形式并不等于法律渊源。法律形式如果不与司法判案活动结合，人们就不能把法律形式称为法源，也就是说，只有当法官在各种形式中发现法律探寻个案的答案时，法律形式才成了判决之法的来源。❶ 在陈教授看来，法源毋宁说是一个动态的概念，即法律渊源与法律发现相结合使其具备了方法论意义，由此法律渊源不仅是一个描绘司法过程的概念，而且是一个关于司法方法的概念。❷ 也正是基于这一立场，陈教授认为，从司法角度来界定法源乃是一种研究的归位。

与陈金钊教授的司法立场相同，舒国滢等学者也是立基法律方法论的视野对法源进行重新界定的，他们主张法的渊源的概念应当表述为"法官在司法过程中寻找和发现适用于具体案件的裁判性规范的大致'场所'，即法官法源"。❸ 是以，确切来讲，法的渊源应当是一个司法中的概念，它的作用是为法官在司法裁判中选择判决依据。❹

在舒国滢等学者看来，法源的真实意义恰恰存在于法律方法的运用之中。对此，孔祥俊教授的观点可以提供一定程度的佐证，根据其法官职业经历的回顾，他对法源理论有了一种新的认识，即从过去的空洞化、空泛化，逐渐意识到对法源等概念需要与法律的具体适用联系起来，通过对深层次法律适用问题的探讨来理解法源问题。❺

郭忠教授则首先对法源的法学意义与法律意义进行了区分，在其看来，法学意义的法源观侧重的是理论研究之积累，法律意义的法源观侧重的是司法实践之运作。正因为学者研究所选择的立场和兴趣不同，导致了法源概念

---

❶ 陈金钊：《法律渊源：司法视角的定位》，载《甘肃政法学院学报》2005 年第 6 期，第 4 页。
❷ 陈金钊：《法律渊源：司法视角的定位》，载《甘肃政法学院学报》2005 年第 6 期，第 6 页。
❸ 舒国滢等：《法学方法论问题研究》，中国政法大学出版社 2007 年版，第 228 页。
❹ 舒国滢等：《法学方法论问题研究》，中国政法大学出版社 2007 年版，第 227 - 228 页。
❺ 孔祥俊：《法律规范冲突的选择适用与漏洞填补》，人民法院出版社 2004 年版，第 29 页。

的模糊和多元化。而从法律意义的视角来看，对于法源概念的阐释，学界大致存在着三种不同的界定视角，即司法中心主义视角、立法中心主义视角和法律现实主义视角。[1] 有社会斯有法律，立法是在国家产生之后才有的事情，郭忠教授认为从人类法治的发展历程来说，司法中心主义视角才应该是理解法源含义最初的本原。他主张，司法中心主义的法律渊源概念，是从法官的视角出发，将可以被司法适用的规则都视为法律；司法中心主义的观点，是从司法角度认识法律是什么，相对于立法中心主义而言，法律的概念是扩大化的。[2] 不过，具体到中国的法治建设实践来讲，立法中心主义的法源观扭曲了法源的本来含义，是以，郭忠教授进一步主张应该回归司法立场对法源进行解读，并且坚持法律渊源与法律表现形式的区分，即法律渊源和法律还不能重合，法律渊源和法律形式也不能重合，法律渊源具有法律技术和方法上的意义，其强调的是法官适用法律，应从具有法律效力的规范中去发现法律，由此既承袭了法律渊源以司法为中心的历史传统，又兼顾了现代法律需国家制定和认可的事实。[3]

在部门法领域中，姚辉教授则立足民事法学，从部门法法学方法论的视域对民事法源进行了新的思考与评述。面对当今世界民法典立法在应对多变的社会生活时所面临的尴尬处境，结合我国的法治发展现实，姚辉等学者主张从方法论的视域来重新思考法源问题。随着法学方法论的兴起与发展，将法源与法学方法论相结合，为法源理论的发展提供了一个新的契机，这完全可以突破传统的以立法为维度的法源定位，转而从方法论或者司法的维度对法源重行解读，就民事法而言，可以围绕司法论证，构建起一种以民法的适用为坐标原点的法源论。[4]

3.3.2.2 基于法律论证之司法立场的法源观

在王夏昊教授看来，法的渊源理论是用来解决法官在裁判案件时去哪里

---

[1] 郭忠：《法律渊源含义辨析》，载《法治论丛》2007年第3期，第62页。
[2] 郭忠：《法律渊源含义辨析》，载《法治论丛》2007年第3期，第63页。
[3] 郭忠：《法律渊源含义辨析》，载《法治论丛》2007年第3期，第64页。
[4] 姚辉、段睿：《民法的法源与法学方法》，载《法学杂志》2012年第7期，第61页。

寻找法的渊源以及如何确定法的渊源的问题，法的渊源乃是法的适用中的一个范畴，具体而言，法的渊源问题，就是法律适用中确定大前提过程中的问题。❶ 换言之，法源就是法律适用者或者司法者对其法律决定之逻辑大前提予以法律论证的一种证成理由。

很显然，这是一种法学方法论意义上的法源观。法学方法论关注的是法律判断或法律决定的论证过程，而非一种社会学意义上的描述性概念。众所周知，在法学方法论的视域中，法律判断或法律决定的作出，需要予以论证说明，也就是需要给出理性的理由与证成。不过，法律证成的过程中，不仅有对法源的运用，还有法律解释的运用，因此这些证成理由并不能直接等同于法源，对法源的界定，还需要联系法律论证的过程予以确定。❷ 可以说，法的渊源只是法律决定或法律判断的支持理由之一，从阿列克西的法律论证结构来说，法的渊源属于外部证成的范畴而不属于内部证成的范畴，并且在外部证成中，法的渊源只是证成法律决定或法律判断的理由之一。❸

周安平教授认为，学界之所以对法源的理解存在很大的争议，根本的原因在于在对法源进行解析时，并没有对法律渊源的定义域进行限定，而在他看来，法源乃是一个实践性很强的概念，因此只有立足于司法主义的立场，并从法官的视角去理解，法律渊源这个概念才有意义。❹ 对此，周教授主张从司法实践的意义来透析法源这个概念，所谓的法源是指被当下法律赋予法律效力的裁判案件的依据。❺ 作为法源，其必须满足以下条件：①必须具有

---

❶ 王夏昊：《法适用视角下的法的渊源》，载《法律适用》2011 年第 10 期，第 108 页。

❷ 以舒国滢、王夏昊和雷磊为代表的学者认为，在司法场域中，将法的渊源界定为法律决定或法律判断所依赖的大前提即普遍的或一般的法律规范的来源，这样的一种观点是有问题的。一方面，这一界定未能清晰地揭示法源与法律解释的关系；另一方面，这一界定模糊了一些不属于法源的因素与法源之间的界限，是以对于法源之界定必须立足法律证成的角度予以精确定位，而非笼统地将其定位为大前提的来源。详情参见舒国滢、王夏昊、雷磊：《法学方法论》，中国政法大学出版社 2018 年版，第 282 - 283 页。

❸ 舒国滢、王夏昊、雷磊：《法学方法论》，中国政法大学出版社 2018 年版，第 282 页。

❹ 周安平：《法律渊源的司法主义界定》，载《南大法学》2020 年第 4 期，第 35 页。

❺ 周安平：《法律渊源的司法主义界定》，载《南大法学》2020 年第 4 期，第 38 页。

法律效力；②必须为人们所感知；③必须是能够在司法判决中加以明示的理由；④作为判决的理由，它本身并不需要再证明。❶

　　面对法源含义的模糊性和存在的诸多不同解释，彭中礼教授认为立法立场的法源观导致了当下法源与法律形式的混淆，要正确理解法源，就需要正本清源。透过对人类的法制发展史的回顾与梳理，可以看出自古罗马时期法源就是与司法联系在一起的，因此要正确理解法律渊源的概念，就必须站在司法立场上理解法源的真实含义。❷ 从司法裁判的立场来理解法源，其实是对法源概念的一种本源性的回归，在立足传统法源学说的承继基础上，彭教授提出应该秉持以下进路去把握法源这个概念：必须强调法律渊源概念的实用性，从法律的司法运作过程中践行法律渊源学说；必须强调法律渊源概念的语境性，即要从具体的语境和情景中把握法律渊源概念的含义。❸ 对此，彭教授立足法律方法论的视域，把静态的立法思维转向动态的司法思维，从而将法源与法律发现勾连起来。❹ 他认为，法律渊源只不过是法律规范的"外部证成"，即只是对裁判规范作为依据的权威处所给出的一个初步的回答，尚未为法官提供更为精细的思考方法，而在司法实践中，法官要寻找个案的裁判规范，就必须深入法律渊源体系，运用法律发现方法来寻找和发现裁判规范，也正是得力于法律发现这一过程，法律渊源就变成一个动态的规范体系，成为法官的裁判规范的来源。❺

---

❶　周安平：《法律渊源的司法主义界定》，载《南大法学》2020 年第 4 期，第 37 - 38 页。

❷　彭中礼：《法律渊源论》，山东大学 2012 年博士学位论文，第 40 页。

❸　彭中礼：《法律渊源论》，山东大学 2012 年博士学位论文，第 42 页。

❹　关于法律发现，德国法学家考夫曼认为，法律发现是一种使生活事实与规范相互对应，并予以调适和同化的过程。在这一过程中，一方面，生活事实必须与规范的构成要件相适应，必须符合规范的基本要求。这意味着生活事实和规范之间的关系不能出现断裂，而必须在现实的世界中发现规范的更多意义或者在规范中发现生活事实的更多意义。另一方面，规范与生活事实的关系必须符合事物。考夫曼将其界定为解释过程，解释就是为了探求规范的法律意义。对于这两种行为，考夫曼认为，二者是不能分开的，不存在先后问题，而是一种在事实与规范之间的眼光的往返流转过程。在法律发现的过程中，法官是不可能置身事外的，甚至其还必须积极地投入法律发现的事业当中，发挥积极的建设性作用。详情参见［德］亚图·考夫曼：《类推与"事物本质"——兼论类型理论》，吴从周译，台北学林文化事业有限责任公司 1999 年版，第 33 - 34 页。

❺　彭中礼：《法律渊源论》，山东大学 2012 年博士学位论文，第 103 页。

3.3.3　当代中国的法源理论与实践

从上文对当代中国的法源理论诸种学说的梳理中可以看出，法源作为法学基础理论的一个重要元素，并没有一个标准的定义，可以说，法源的界定是一种具有流动性的过程。具体而言，对于法源的诸种不同的理解和多元看法，大部分是源于分析的基本立场与具体语境的不同，不仅不同国家和地区具有不同的法源观，即使同一个国家在不同的历史时期和阶段，对法源的理解和诠释也往往是不同的。法源的界定往往是与一定的政治状况、经济发展、社会变迁以及历史传统等因素密切相关的。因此，对当代中国的法源理论实践情况的解析，必须建立在这样的一种理解基础之上。整体来看，当代中国法源的最大特点就是统一性、多元性与层次性的融合的成文法的集合。

3.3.3.1　当代中国法源的内容与范围

目前来看，我国的主流法源理论依然是立法立场的法源观，该种观点往往将法源的形式、范围与效力勾连起来，作为理解法源的出发点。对此，张文显教授认为，表面法的效力问题才是法的形式实质上的问题。对法的形式的研究，实际上是对一个国家的法的形式以及各种形式的法规范在整个法体系中的地位和效力的研究。在我国，法的形式具体体现为宪法、法律、行政法规、地方性法规、自治条例和单行条例及国际条约。❶ 张正德和付子堂教授也基本上沿袭了这一见解。尽管对法源的界定有一定的差异性，但在当代中国法源的具体内容方面，公丕祥教授基本上认同了上述见解。❷

与上述学者有所差异，周旺生教授虽然立足法的渊源三要素理论，坚持两分法，主张当代中国法的主要渊源有立法、国家机关的决策和决定、司法机关的司法判例和法律解释、国家和有关社会组织的政策、国际法、习惯、道德规范和正义观念、社团规章和民间合约、外国法、理论学说（特别是法

---

❶ 张文显主编：《法的一般理论》，辽宁大学出版社 1988 年版，第 261 - 262 页。
❷ 公丕祥教授认为，中国法律渊源主要有宪法、法律、行政法规及规章、地方性法规、自治条例与单行条例、特别行政区的法律、国际条约等七种主要形式。详情参见公丕祥主编：《法理学》（第二版），复旦大学出版社 2008 年版，第 237 - 238 页。

律学说），❶ 但在当代中国法的形式方面，他依然回归主流观点，认为中国法的形式主要是宪法、法律、行政法规、地方性法规、自治法规、行政规章、国际条约、国际惯例以及其他法的形式。❷

　　关于当代中国法源的内容，还有其他学者的类似见解，本书不再一一列举。综合来看，尽管对宪法是否应该包括在内这一问题，一些学者持有保留意见，但通过对上述见解的梳理，可以看出，当代中国法源的表现形式主要为宪法、法律、行政法规、地方法规、规章、民族自治法规、经济特区法规、特别行政区的规范性文件、国际条约、习惯、判例和政策。❸ 这一看法可以说是立法中心立场的法源观的体现。

　　当然，立足司法中心立场的学者对这一见解提出看法并进行了补充修正，主张立法资料和法教义学也应该被包括在内，也就是说，法源的内容应该包含宪法、法律、行政法规、地方法规、规章、民族自治法规、经济特区法规、特别行政区的规范性文件、国际条约、司法解释文件、立法资料、习惯、判例、政策、法教义学等。❹ 在此基础之上，彭中礼教授同样是立足司法之立场，对宪法、民间习惯、判例和党的政策作为法源的可行性和正当性进行了分析与论证：宪法是必然的法律渊源，但其适用须满足一定的必要性条件；民间习惯是法律渊源，在一定条件下可以进入司法适用；判例在我国可以作为法律渊源，需要完善的制度予以配套和保证；党的政策是法律渊源，但不宜直接适用，需要受到严格限制。❺

3.3.3.2　法源的形式分类

　　法源的内容通常是和其形式分类联系在一起的。很多学者都主张，恰当的科学分类，有助于全面认识和把握事物的本体。在对法源的内容范围有了一定了解的基础上，有必要再来看看法源的形式分类情况。总体来看，跟法

---

❶　周旺生主编：《法理学》，西安交通大学出版社 2006 年版，第 216 - 218 页。
❷　周旺生主编：《法理学》，西安交通大学出版社 2006 年版，第 220 - 224 页。
❸　舒国滢：《法理学导论》，北京大学出版社 2006 年版，第 72 - 75 页。
❹　舒国滢、王夏昊、雷磊：《法学方法论》，中国政法大学出版社 2018 年版，第 301 页。
❺　彭中礼：《法律渊源论》，山东大学 2012 年博士学位论文，第 15 - 16 页。

源的界定多元化类似，法源的具体分类也是比较多样化的，不过在对法源进行分类时，大部分观点是将分类建立在对法源的功能或拘束力基础之上的。

就我国当代法源的分类情况来看，中国法理学的主流观点是将法的渊源区分为正式的法的渊源与非正式的法的渊源。❶ 可以说，这一观点在很大程度上是受到了苏联学者以及美国学者博登海默的影响。而博登海默的看法在很大程度上是在承继美国学者格雷的观点的基础上予以发展的。很明显，格雷秉持的是一种非常典型的司法中心主义的法源观。

格雷是普通法系国家中为数不多的专门对法律渊源进行研究的学者。在对奥斯丁、萨维尼和哈特等学者的法律观批判分析的基础上，格雷指出只有法官发布的东西才是法律，❷ 进而言之，法律就是对法院判决时所依据的规则的精确表达。❸ 这一看法并非仅仅存在于以法官造法闻名的普通法系，"民法法系与普通法的情况一样，一国法院发布的规则恰好表达了当前的法律"❹。对于法源渊源，格雷认为其最根本的作用在于指示渊源，法官正是通过这些渊源寻找构成法律的规则。❺ 基于这一立场，格雷认为应该将法律与获取法律的法源区别开来，法源主要可以划分为制定法、司法先例、专家意见、习惯、道德以及衡平法这几种形式。❻

博登海默教授有保留地接受了格雷的法源观点，并进一步将法源分为正式渊源和非正式渊源两大类别。❼ 其中，正式渊源是指能够在权威性法律文件的文本形式中得到的渊源；非正式渊源是指尚未在正式法律文件中得到权

---

❶ 舒国滢、王夏昊、雷磊：《法学方法论》，中国政法大学出版社 2018 年版，第 301 页。

❷ ［美］约翰·奇普曼·格雷：《法律的性质与渊源》，马驰译，中国政法大学出版社 2012 年版，第 79 页。

❸ ［美］约翰·奇普曼·格雷：《法律的性质与渊源》，马驰译，中国政法大学出版社 2012 年版，第 87 页。

❹ ［美］约翰·奇普曼·格雷：《法律的性质与渊源》，马驰译，中国政法大学出版社 2012 年版，第 80 页。

❺ ［美］约翰·奇普曼·格雷：《法律的性质与渊源》，马驰译，中国政法大学出版社 2012 年版，第 105 页。

❻ 关于对于法律渊源具体分类的分析论证，详情参见 ［美］约翰·奇普曼·格雷：《法律的性质与渊源》，马驰译，中国政法大学出版社 2012 年版，第 131－265 页。

❼ ［美］E. 博登海默：《法理学：法律哲学与法律方法》，邓正来译，中国政法大学出版社 2004 年版，第 414 页。

威性或至少是明文的阐述与体现，但具有法律意义的资料和值得被考虑的材料。❶ 不过，非正式渊源并非和司法过程完全无关，当正式法源无法供给所需裁判规则时，对非正式法源的运用就是一种恰当的依赖。

在此观点的基础上，舒国滢等学者以是否具备明文的法律效力，进一步对两分法进行了精确的论述。其中，法的正式渊源是指具有明文规定的法律效力，能够直接作为法官审案依据的规范来源；❷ 非正式渊源则是指不具有明文规定的法律效力，但具有法律意义且可能构成法官审案依据的准则的来源。❸

在更早的时候，孙国华教授则是从实质与形式两个层面，对法源进行了分类。他主张，实质意义上的法律渊源是指法的来源、发源、源泉、根源等，一般是指法的经济根源；形式意义上的法律渊源是指法律规范的创制方式或者外部表现形式。❹

与孙国华、舒国滢等学者的观点有所不同，周永坤教授主张将法律渊源按照功能与效力高低的标准，划分为主要渊源与次要渊源。其中，主要渊源是法源的主体，包括制定法、判例法、习惯等，次要渊源一般包括权威的理论、公认的价值等。由于主要渊源的效力比次要渊源的效力更高，所以应优先援引主要渊源；在无可援引的主要渊源时，适用次要渊源。❺

同样是立足司法中心主义的立场，周安平教授则主张将法律渊源分为法定渊源和酌定渊源。其中，由法律规定的、法官必须适用的法律渊源就是法定渊源；凡是法律没有规定的、由法官决定是否适用的法律渊源就是酌定渊源。❻ 不仅如此，在周安平教授看来，法定渊源是"法律本身"，酌定法源是

---

❶ ［美］E. 博登海默：《法理学：法律哲学与法律方法》，邓正来译，中国政法大学出版社 2004 年版，第 415 页。
❷ 舒国滢等：《法学方法论问题研究》，中国政法大学出版社 2007 年版，第 70 页。
❸ 舒国滢等：《法学方法论问题研究》，中国政法大学出版社 2007 年版，第 78 页。
❹ 孙国华主编：《法理学》，法律出版社 1995 年版，第 304 页。
❺ 周永坤：《法理学：一个全球视野》，法律出版社 2000 年版，第 36 – 38 页。
❻ 周安平：《法律渊源的司法主义界定》，载《南大法学》2020 年第 4 期，第 39 页。

"法律之外的因素"，❶ 法定渊源与酌定渊源相比，其本身是事先通过国家制定法确定的。

张正德、付子堂等学者则从国内与国外的分野，将法源分为国内范围的制定法、判例法、习惯法、法理和学说，以及国际范围的国际协议法。❷ 当然，这种观点其实在一定程度上将法源的表现形式与分类混淆一起。

通过梳理，可以发现当代中国法源的分类大致存在正式渊源与非正式渊源、实质法源与形式法源、主要渊源与非主要渊源以及法定渊源与酌定渊源四种大的分类。虽然诸种分类的标注及其具体划分的表达有着一定程度的差异，但从整体架构来看，它们基本上没有摆脱以美国学者博登海默为代表的传统两分法的进路。可以说，两分法构成了当代中国法源分类的主流观点。

在笔者看来，对于法源的分类问题，我们应以发展的眼光来理性看待。随着中国经济的飞速发展，中国社会进入转型时期，特别是伴随着全球化经济的到来，新生事物层出不穷，一方面社会发展变迁需要更多新的立法予以配套，另一方面不均衡的发展现状也需要司法予以紧密协调，在这样的一种宏观发展态势下，法源概念不断地发展和扩展，由此也必然对传统两分法提出新的挑战。正如有的学者所指出的那样，法源的传统两分法不仅不能适应和应对当今中国法的渊源的复杂性，而且导致中国法学界对某些法的渊源的归类产生了分歧。❸ 随着我国社会主义法律体系的基本建立，法源的传统两分法正面临着新的挑战，从司法视角来看，传统的两分法无论是在理论层面还是在实践层面，都出现了一定的问题，并由此引发了对法源理解的一些矛盾性的看法；另外，在理论层面上，传统的两分法也面临着融贯性的论证问题。当然，之所以会出现这些问题，与法源的多元化概念界定是分不开的。伴随着社会主义法治建设的推进，特别是司法改革的一系列推进和助力，在法的一般理论层面，也需要有与时俱进的理论来对现实予以回应。具体到法

---

❶ 周安平：《法律渊源的司法主义界定》，载《南大法学》2020 年第 4 期，第 40 页。

❷ 张正德、付子堂：《法理学》，重庆大学出版社 2003 年版，第 133 – 134 页。

❸ 舒国滢、王夏昊、雷磊：《法学方法论》，中国政法大学出版社 2018 年版，第 303 页。

源理论来说，不管是法源的概念还是法源的分类，都需要用一种新的发展的眼光来重新思考和看待。

3.3.4　当代中国法源理论的检视与反思

通过对法源理论的发展和当代中国法源理论实践的梳理，不得不接受一个基本现实：虽然法源是理论法法学一个传统且基本的论题，但从近现代以来的理论发展情况来看，一方面，法源理论要么被视为不言自明的概念而被笼统地接受；❶ 另一方面，法源作为一个基础的理论法学主题，并未得到相应的充分讨论，甚至随着社会变迁、法治建设和法理论研究的发展，不仅没有获得一个有关法源的标准化的共识，反而因研究拓展和观察视角的不同，其含义逐步变得多元化和碎片化。不仅如此，在当代中国，伴随着法律思维研究特别是法律方法论研究的兴起，对于法源的认识，又增添了一种新的视角。这一切都对传统主流的法源观造成了挑战。

"在确定法律时，我们必须考察其渊源"❷，正如美国法学家格雷所强调的，对于法律的把握，离不开对法源的认知和理解。可以说，法源是把握法律由来的基础。虽然就目前我国的相关研究和积累成果来看，法源的含义和分类缺乏一种准确性和确定性，而更多地展现了一种多元性，但这并不见得就是坏事，"成文法典的一大弊端就在于，实践中的律师与法律人很可能受到前人刚性分类与定义的羁绊"❸，从这个层面来讲，没有一个统一的界定反而有利于对法源理论的深入讨论与研究。正是基于这样的一种法源理解的复杂化局面，我们更加需要对法源予以关注和重新审视。具体到中国当代主流

---

❶ 德国哲学家海德格尔在论述"存在"这个主题时，提出存在是一种最普遍的概念，而且存在是自明的，即谁都知晓，但这种理解仅仅是一种通常的可理解，其真正的意义被隐藏起来，有待发掘。详情参见［德］马丁·海德格尔：《存在与时间》，陈嘉映、王庆节译，商务印书馆 1999 年版，第 4-6 页。本书正是受到了这种观点的启发，认为法源作为一个基本概念也是如此，人人知晓，不言自明，却又存在不同观点的分歧与争论。

❷ ［美］约翰·奇普曼·格雷：《法律的性质与渊源》，马驰译，中国政法大学出版社 2012 年版，第 3 页。

❸ ［美］约翰·奇普曼·格雷：《法律的性质与渊源》，马驰译，中国政法大学出版社 2012 年版，第 6 页。

法源观将法源内容与形式合一的见解来说，笔者认为需要重新聚焦对法源的分析，对传统法源理论进行一种立足于检视基础上的理性重构。❶而这种对法源理论的理性重构对于后续理解指导性判例的法源性起着支配性的作用。因此，对法源理论进行总结并尝试在检视相关研究成果的基础上给予重新审视，是本书一个极其重要的基础部分。

虽然法源理论的最大争议根源之一在于人们对法律的概念性解读，但对于"法律是什么"这样一个具有终极意义的问题，法学界一直处于追问和思辨之中，始终在给出不同的回答，甚至可以说，法律到底是什么乃是整个法学最大的谜面。很显然，如果沿袭这一分析进路，则既超出了本书的研究范围和分析能力，也超出了研究者的初衷和最终目的。

在上文的相关论述中，可以发现，由于研究和切入的视角、层面不同，在对法源的持续诠释中，自然产生了多元甚至相互碰撞的观点。正如有的学者所指出的那样，有的人是从法的内容的角度来理解法的渊源，而有的人是从法的形式的角度来理解法的渊源，当然人们可以站在立法者的角度理解法的来源或本源，也可以站在法律适用者或司法的角度理解法的来源或本源。❷虽然是基于不同层面和视野的检视，但不管是站在立法立场还是司法立场，不管是对法源内容的论述还是对法源形式的分类界分，都可以看到立法、司法与法源相融合的视域。有鉴于此，本书将尝试在结合既有法源理论的基础上，跳开对法律概念的终极追寻，沿袭一种现实的实用主义进路，秉持法律的论题性思维，力求将法源与法律方法勾连起来予以解读。具体而言，就是不再仅仅立足于立法中心主义的立场，也不再仅仅立足于司法中心主义的立场，而是立足于立法与司法两个层面的交叉视野，在司法的论证与证成的语境之下理解法源，以期增进对法源理论的再理解。

---

❶ 瑞典法学家佩岑尼克认为，所谓理性重构，就是指诉诸理论性目标，对那些碎片化且相互冲突的素材进行解释的活动；根据这种目标，这些素材被视为具有相对融贯性，因为它们所呈现的是一个复杂即良序（complex，well-ordered）整体的一部分。参见［瑞典］亚历山大·佩岑尼克：《法律科学：作为法律知识与法律渊源的学说》，桂晓伟译，武汉大学出版社 2009 年版，第 2 页。

❷ 舒国滢、王夏昊、雷磊：《法学方法论》，中国政法大学出版社 2018 年版，第 280 页。

3.3.4.1　法源理论的历史与现实：法学对社会的理论回应

如果我们能够以宏观性的视野对法源予以历史性和社会性的检视，可以发现，围绕法源理论的发展及其不同观点之间的碰撞与争讼，在很大程度上恰恰与当时的社会发展变迁相呼应，法源在一定程度上也展现了当时的社会面相和时代特色。对此，可以结合三大法学流派的法源理论，予以简单阐述。

借用一个不是十分准确的比喻，法源就像是人类法律的一个敞开着的容器。究其功能，这个容器能够容纳的一定是当时社会发展所能够提供的规范素材，而这些规范素材背后的规则与意识，恰恰又是根植于当时的社会现实，为社会发展变迁所决定和影响的。从这一点来看，法源折射出当时社会的发展变迁和人类改造世界的意识变化。

法国著名社会学家、实证主义的代表人孔德曾经在宏观架构上，对人类社会的理论发展进行过提炼和总结。他认为，人类的理论性认识在整体层面上，先后经历了三个阶段，即神学阶段、形而上学阶段及实证阶段。[1] 在神学阶段，尊崇以神意和上帝意志来解释一切；在形而上学阶段，则倾向于用抽象的哲学化和本质化的理论来解释世界；到了实证阶段，才开始运用实证科学化的思维来认识世界。孔德的这一见解，虽然在后来遭到了很多学者的批判，认为其观点难免粗疏，但借用其理论架构来诠释从自然法学到社会法学三大流派的发展，倒是可以增进我们对法源理论的理解。可以说，从自然法学派到社会法学派的发展，也是一个从神学、哲学到实证科学的思辨过程。

众所周知，自然法学派的标志性思想就是自然法是最高意义的法，是正确的法和至善的法，"它是实证法的标准和良知，它是法律的国王，规范之规范"[2]。魏德士认为，从古希腊和古罗马的源头开始，拥有几千年发展历史的自然法思想经历了三个时期，即哲学的自然法、基督神学的自然法及启蒙

---

[1]　［法］奥古斯特·孔德：《论实证精神》，黄建华译，商务印书馆 2001 年版，第 1 页。
[2]　转引自［德］魏德士：《法理学》，吴越、丁晓春译，法律出版社 2005 年版，第 186 页。

的自然法。❶ 特别是在中世纪经院哲学和神学主宰一切的时期，自然法在很大程度上是建立在神学与亚里士多德哲学的融合基础之上的，不仅在理念层面宣扬法律和道德不可分割，而且在司法层面，自然法也成为法官据以裁断案件的利器，甚至一度成为法律和司法裁判的公正性的标识符号。正是在这样一种具有浓厚神学烙印的社会背景之下，神意、社会公义、正义理念以及传统习惯等素材和实证法一起构成了自然法之重要的法源。随着资产阶级启蒙运动的兴起以及宗教影响的式微，信仰让位于知识，自然法在格劳秀斯、普芬道夫、霍布斯、卢梭、洛克等学者的努力拓展下，通过知识的积累逐渐实现了从自然到人类理性的质的突破。理性由此成为自然法思想中的一个重要法源。实践之中，理性作为法源的最重要的体现就是一系列高举人权、自由和法治旗帜的体现自然法契约精神的法典的颁布。与社会发展相呼应，在这一启蒙化的理性过程之中，一系列具有"普世价值"的道德因素，逐步渗入法典化进程并反映在法源理论上，即一些具有道德性因素的东西逐渐丰富和扩展了当时的法源。

随着资产阶级革命的胜利、民族国家的崛起以及工业革命的蓬勃发展，社会进入一个以科学实证为主导的阶段，科学替代了宗教，其不仅主宰了自然学科的发展，还逐渐渗透到社会学科的发展方面，反映在法学领域就是法实证主义的大行其道。与自然法思想不同，法实证主义不仅强调法律乃国家主权的意志的产物，而且宣扬法律的客观性以及法律与道德的两分。在边沁、奥斯丁、哈特和凯尔森等学者的打造下，法律越来越体系化和实证化，在整体层面越来越呈现一种科学化的色彩。

在这样的社会变迁之中，法律很好地对国家主导立法和社会发展的科学实证倾向进行了回应。在法源的形式分类中，国家制定法作为概念逻辑的科学性产物，依靠其独特的精密性、纯粹性和体系性，逐步排挤了非理性的自然法因素，并最终占据了法源的主导性地位。这一过程也恰恰是法学对当时

---

❶ ［德］魏德士：《法理学》，吴越、丁晓春译，法律出版社 2005 年版，第 186 页。

整个社会对科学的高度尊崇的时代潮流的一种呼应。

在英美法系国家，奥斯丁将法律视为主权者命令的体现，哈特将法律视为初级规则与次级规则的统一体，凯尔森则走得更远，将法律规则视为纯粹的逻辑融洽的规范体系。而在欧洲，以《法国民法典》和《德国民法典》为代表，掀起了一场蓬勃的法典化运动。以欧洲的民法领域为例，在继受历史法学派基础上成长起来的概念法学的推动影响下，19 世纪法律实证主义的盛行与轰轰烈烈的法典编纂运动，将以立法为维度的法源观推向了法源理论的顶峰。❶ 概念法学派以学说汇纂为方法，将法条建构成一个演绎体系的概念金字塔。❷ 而实证法作为最为重要的法源，被视为民族理性的象征。在这一点上，可以说以时代理性为表征的法典编纂运动在很大程度上不仅改变了法律的发展，还影响了法源内容和形式的变化，法源越来越具有成文法的取向，甚至是不得不如此的单一化取向。但与此同时，法典编纂越来越迷恋于内恰逻辑体系的建构，破坏了法律与社会生活之间的密切关联，最终造成法源封闭，而法源的发展变化又在一定程度上反过来影响了法律的发展。

关于法律，笔者认为必须了解到的一点就是，法律是为社会而存在的，而非社会是为法律而存在的。概念法学派所孜孜以求的完美圆融的概念体系，在多元多变的社会生活面前变得漏洞百出，封闭的法源理论也无法应对复杂的司法需求。对科学的逻辑概念的体系化追求导致法律与社会疏离，法典的完美性理性被社会现实所击破，也正是在这样的一种社会背景之下，以自由法学、利益法学等为代表的法社会学派与时俱进地登上了历史舞台。

与自然法和实证法学派不同，法社会学派最大的特点就是鼓吹一种多元主义的法律观，即主张法律的多元化和法源的多样化，法律不仅仅是由国家

---

❶ 姚辉、段睿：《民法的法源与法学方法》，载《法学杂志》2012 年第 7 期，第 58 页。

❷ 吴从周：《概念法学、利益法学与价值法学：探索一部民法方法论的演变史》，中国法制出版社 2011 年版，第 35 页。

主权所锻造的，也不仅仅是依靠国家强制力才存在的，很多社会规范也是一种有效的法源素材。正如德国法社会学家韦伯所指出的那样，习惯、习惯法和法律三者之间很难做出精确的界分，法律之所以被称为法律，并不在于其独特的强制性，恰恰相反，而是因为其作为一种社会习惯规范，因约定俗成、相沿成习，所以才获得了内在的强制力。❶ 由此，在韦伯看来，习惯法、活法和法典制定法同样都属于法源的范围。

另外，法社会学派对法源的理解更多的是基于一种司法实践的立场，而且法社会学家（如惹尼、埃利希等）大多比较认同司法裁判过程中法官对法律的自由发现。具体到法源理论来说，法社会学派更倾向于鼓励法官对法源内容和范围的扩张。以自由法学派代表人物埃利希为例，埃利希更重视从动态和多元的视角来理解法律，更重视司法语境下法规范的获取。当然，之所以会有这样的多元化的法源观，一个根本的原因在于当时社会的发展变迁。自20世纪以来，随着大工业化和跨国集团经济的飞速发展，世界各国之间的交流也越来越密切，伴随着经济在诸领域的迅猛扩张，各种社会组织也层出不穷，社会越来越呈现一种复杂化和多元化的局面。在这样的时代背景之下，单凭纯粹的实证制定法已经无法应对这种快速的多元化发展格局，映射到法律实践领域，那就是法律日益多元化以及由此带来的法源的多样化扩展。

在周旺生教授看来，当下中国法学界对法源的认识绝非成熟，依然存在一系列的难题需要去攻克，因此笔者认为亟须重新认识法源的价值，并重新唤起和激活法律人的法源意识。对此，需要从法源的资源、进路和动因这三个基本因素予以把握，❷ 因为法源的价值就存在于这三个因素的交织作用之中。正如周教授所言，"法的渊源和法的形式都是同实际社会生活密切相连的"，而且"法的渊源作为法和法律制度得以形成的资源、进路和动因，其

---

❶ ［德］马克斯·韦伯：《经济与社会》（上卷），林荣远译，商务印书馆1997年版，第369－370页。
❷ 周旺生：《重新研究法的渊源》，载《比较法研究》2005年第4期，第4页。

本身就置身于实际社会生活之中"。❶ 对此，笔者非常认同周教授对法源与社会关系的总结，即法源不仅是实际社会生活的制度性表述、保障和引导"，而且是来源于实际社会生活又高于实际社会生活的一种制度形式。是以，欲对法源有一个更为全面的理解，笔者认为还需要一种社会学视角，即不能仅仅聚焦于概念的理论诠释，而要注重研究法的渊源同实际社会生活的联系，立足于反映和服务实际社会生活。❷

3.3.4.2　法源的含义是一种动态发展过程：由客观确定走向开放多元

传统的法律实证主义者认为，法源的内容就是以国家制定法为主的成文法体系，法源的构成是内在的源于法律体系的基础，只要一国的立法和法律体系不变和继续保持有效，那么法源基本上是稳定不变的，久而久之，法源就逐渐固化为一种实证的制度化法体系，既具有客观性，又具有确定性和系统性，并折射出科学理论化的特点。然而，透过对法源理论演进的法制史考察，也可以看出，自古罗马时期至今，虽然中间历经波折反复，但总体来看，法源的内容范围基本上呈现一种不断发展变化的态势。当然，这样的一种演进发展自然是与社会变迁密不可分的，正如加拿大法学家赛勒所分析的那样，法的渊源的阐述方式明显反映了相应法律体系的复杂程度，以及该法律体系的社会背景。❸ 即使到了 19 世纪，法律实证主义成为时代潮流，法源依然展现了其动态拓展的一面。

19 世纪，欧洲对科学性、逻辑性和客观系统性的迷恋，使得法典编纂成为一国厉行法治的风尚。一时间承继学说汇纂传统的概念法学派占据了历史舞台，在这一时期，制定法和习惯法成为法源的主体，为法律论证的演绎大前提提供着素材和依据。

然而，现实司法实践中，从拿破仑引以为豪的划时代作品《法国民法典》开始，这种完美性和精密性结合的规则体系便遭遇了很大的挑战。拿破

---

❶ 周旺生：《法的渊源的价值实现》，载《法学家》2005 年第 4 期，第 25 页。
❷ 周旺生：《法的渊源的价值实现》，载《法学家》2005 年第 4 期，第 23 页。
❸ ［加拿大］罗杰·赛勒：《法律制度与法律渊源》，项炎译，武汉大学出版社 2010 年版，第 196 页。

仑从一开始就禁止法官对《法国民法典》进行解释，认为法典完全可以应对社会发展之需要，但随着现实生活趋向复杂多变，新型案件层出不穷，仅仅依靠以《法国民法典》为主的法源，已经无法满足司法的规范需求。因此，必须打破制定法的限制，接受对法典的扩张性解释，由此必然带来法源的多样化发展。

同样的遭遇，也发生在后来的《德国民法典》上。尽管《德国民法典》被视为当时最为精美的法典建构典范，但在面对社会生活时，固定化的法源理论依然出现了拙于应对现实司法的短板。之后，正是在这样的反思基础上，自由法学派、利益法学派和价值法学派在欧洲的登场与发展，都离不开对以概念法学派为代表的法律实证主义法源观的批判与反思。特别是法律漏洞理论在实践中被逐步廓清和接受，更是引发了学界对法律实证主义僵化法源观的质疑。面对法典立法所形成的法律漏洞，必须运用类推的方法，通过引入新的法源形式来弥补制定法的先天不足。在这种司法语境下，除了传统主流的制定法法源，一系列次级法律渊源（如事物的性质、法律实践、准备性文件以及外国法等）被经典学说所承认，与此同时，"行政性惯例""先例""准备性文件"等其他因素也逐步被纳入法源的范围。❶ 以至于后来的《瑞士民法典》直接突破既往做法，在法典的第 1 条中明确表明了一种发展性的法源观，即如法律未规定，则依习惯法；如无习惯法，则法院应依据如其作为立法者会制定的法规去裁判，遵守经过考验的学说和传统。❷

关于法源的动态性发展趋势，还有一个非常具有说服力的宏观性范例，那就是随着全球化的深入发展，传统两大法系也发生了相应的变化。表现在法源层面上，就是英美法系与大陆法系在法源理论上的互相借鉴与融合：制定法作为重要的法源已经被英美法系所接受，而判例作为一种特别的法源也正在为大陆法系的一些国家所认同。可以说，两大法系在法源层面不再像以

---

❶ ［瑞典］亚历山大·佩岑尼克：《法律科学：作为法律知识和法律渊源的法律学说法理学》，桂晓伟译，武汉大学出版社 2006 年版，第 26 页。
❷ 黄茂荣：《法学方法与现代民法》，法律出版社 2007 年版，第 388 页。

前那样迥然有别，甚至出现了一定的融合化。❶ 加拿大学者赛勒认为，就法的渊源理论而言，人们应注意到，立法已在普通法系国家起着越来越重要的作用，无独有偶，立法也被英美法系的法律学说认为是法的渊源的范例，甚至在普通法系司法系统中，法院被要求在尊重立法的前提下适用和解释先例。❷ 这一现实非常生动地展现了法源在宏观层面上动态性的多元趋向发展。正如潘华仿、高鸿钧、贺卫方等学者所总结的那样，"大陆法系判例作用的加强和普通法系成文法的增多，在现代已日益明显成为公认的事实"，虽并未合一，但不可否认"两大法系的法律渊源已经在向同一迈进"。❸

反观我国的法源理论与实践，姚辉教授曾专门以民事法为例，以立体和动态的视角，结合民事司法实践，针对法源的多元化扩展进行了分析论证。姚辉教授立足于传统主流的正式与非正式渊源的两分架构，秉持一种实用主义的法律方法论，主张当以制定法为主的正式法源无法解决复杂的现实问题时，对非正式法源的依赖就是一种合理的方案。对此，姚教授认为应该将非正式法源作为一种扩张的法源形式予以认真对待，在民事司法审判中，"法律原则""习惯""道德律""法理""经济及法律政策""案例或判例"这些非正式法源都有可能成为司法裁判的依据。❹

---

❶ 对于两大法系之间的差异与联系，苏永钦教授的观点对本书的研究颇有助益。他认为，对于大陆法系和英美法系的差异，最好不要只抓住一个案例或者制定法，不然会发现两者都有案例，两者都有制定法，而真正的差异正是这两者之间的关系，即这两者之间怎样有机地结合起来。在英美法系中，最后发展出真正的法源的时候，法条只是一个材料，案例才是适用的规范，除非用法条直接可以找到答案。而大陆法系虽然也在大量地使用案例，但案例只是为了合理化法条而发展出来的法教义学，案例只是法教义学的一部分，真正适用的还是法条。也就是说，所有大陆法系国家法院的判决，即使法官引用或者私下阅读了几十份判决，最后判决主文、判决理由还是会回归于一个特定的法条，即一个请求权基础，然后用三段论法进行论证，而不会像英美法系一样，在遇到争议时去找先例，然后类比论证，这是两种完全不同的思考方式和法源结构。详情参见苏永钦教授在浙江大学所作学术报告《提高法律理性的立法学——特别从体系观点来思考》，转引自刘作翔：《"法源"的误用——关于法律渊源的理性思考》，载《法律科学（西北政法大学学报）》2019 年第 3 期，第 4 页。

❷ ［加拿大］罗杰·赛勒：《法律制度与法律渊源》，项焱译，武汉大学出版社 2010 年版，第 199 页。

❸ 潘华仿、高鸿钧、贺卫方：《当代西方两大法系主要法律渊源比较研究》，载《比较法研究》1987 年第 3 期，第 40 页。

❹ 姚辉：《论民事法律渊源的扩张》，载《北方法学》2008 年第 1 期，第 40－50 页。

谈及当代中国法源的理论与实践问题，彭中礼教授在对传统的既定法源形式进行检视的基础上，又分别对宪法、民间习惯、判例和党的政策这几种具有争议性的规范性材料是否可以作为当代法源进行司法运用进行了论证与分析。其中，彭教授认为宪法必须作为法源，❶ 并可以作为裁判规范予以间接性地运用；同时，作为法源，民间习惯可以进入司法，甚至在一定程度上可以替代制定法。❷ 而对于备受争议的判例是否可以作为裁判的法源，彭教授认为，判例作为法律渊源也还只是理论层面的诉求，不过从司法现实角度来看，如果判例作为法律渊源，并构建起严格的判例规范制度，对我国司法的积极意义是非常明显的。❸ 对于党的政策，彭教授认为因其具有一定的政治意义，需要谨慎把握，故建议将其作为一种可能性的法源纳入法源范围之中。总之，关于当代中国法源之实践，在彭教授看来，如果我们要与时俱进地推进具有中国特色的社会主义法治，就必须更新对传统法源理论的认识，将法源视为一种具有开放性的动态多元化的规范体系，从这一点来说，立基于法律方法论的法源观是一种不错的尝试。

3.3.4.3 认真对待作为法律方法的法源：法律论证语境下作为司法的权威性理由

凯尔森一直为法源概念的含混性所困扰，认为要慎用乃至避免运用法源这个概念，以免引起不必要的误解。然而，法源作为一个基本的法学理论问题，虽然其重要性在不同时期有所变动，但始终吸引着理论学界的目光。正如前文对于法源概念界定成果的相关梳理所显示的那样，法源概念的多元化已经是一种基本的现实。越来越多的研究投入和越来越多元的视角切入，不仅丰富了法源理论，而且进一步模糊了法源的概念。至此，不得不承认，对于"法源到底是什么"这个问题确实很难给出确定的答案，如果继续在法教义学的视野下，沿袭既有的概念辨析与争论，笔者发现，

---

❶ 彭中礼：《法律渊源论》，山东大学 2012 年博士学位论文，第 175 页。
❷ 彭中礼：《法律渊源论》，山东大学 2012 年博士学位论文，第 194 页。
❸ 彭中礼：《法律渊源论》，山东大学 2012 年博士学位论文，第 213 页。

关于法源之研究将会导致一种虚无化和模糊化的局面。众说纷纭，争讼不已，完全是概念与概念的理论竞争，但于实践而言，却没有多大的实质性意义。

对于法源的定义，人们可能无法达成共识，但对法源可以或者能够做什么以及法源的意义是什么，人们有可能产生一种初步的共识。有鉴于此，笔者认为完全可以通过视野与立场的转换来获取一种关于法源理论的新认识。那么对于当代中国的法源理论与实践来说，转换原先的研究视野与立场，就是一种具有积极意义的尝试。但是，如何转换呢？笔者认为，我们所需要的是一种从立法中心主义向司法中心主义的立场转换和从法教义学向法社会学（或社科法学）的视野转换。

主流的立法中心主义的法源观，与追求规范体系的法教义学更加密切关联，其出发点往往是国家法律体系的构建，更多地强调法律的客观化和系统化，也更在意逻辑体系的统一性和融贯性。借用姚辉教授的分析思路，可以说立法中心主义的法源观的树立基本上是建立在"法源—法律体系—法律规定的逻辑结构"的基础之上的，对法源的研究更多地偏向于构成整体的某个要素，❶ 注重单个的概念辨析或意义诠释。在某种程度上，这其实是一种自上而下的构建型的法源理论。借助于国家立法权威，将法源逐步打造成一种接近封闭的具有确定性的类真理的知识系统。正因为如此，这种法源观往往不太重视与现实社会司法实践的关联，而更多地关注法源的形式问题。

与法教义学不同，法社会学对理论思辨的着力不多，更多的是对经验和实践行动的关注，侧重于对具体司法实践问题的研究，换言之，法社会学对如何利用法律规则以合理裁判和解决纠纷更感兴趣。就此来看，法社会学其实与司法审判之间有着更密切的关联和交织，更接近于一种司法中心主义的立场。正因为法社会学对微观论证和裁判的关注，所以其研究进路与法教学迥然不同，即不去回答"什么是法律问题"，而去回答"什么是给定问题的

---

❶　姚辉：《论民事法律渊源的扩张》，载《北方法学》2008 年第 1 期，第 43 页。

法律面向"。❶ 这种思路体现在法源理论上，就是不去追问到底什么是法源，而是努力去探索司法语境下法源的功能与意义。对于什么是法源，我们可能无法达成一致看法，但对于如何合理运用法源达致司法正义，我们有可能形成一种法律职业共同体的基本共识。

当然，这种从立法立场向司法立场转换的法源观发展过程，并不意味着绝对排斥法教义学，而是力求将法源作为一种法教义学与法社会学的"相遇点"。❷ 具体而言，需要打破法教义学中法源理论对成文法的保守态度，即当遭遇法律漏洞与法外空间时，需要对法源持一种开放的态度，将法律发现的目光转向非国家法和非成文法等，认同和接受法源的多元性动态化成长，通过将法源置于法律发现和法律论证的语境中，在遵循法教义学和法社会学平衡的基点上，寻求和探索法源中具有司法意义的规范性。正如姚辉教授所言，当制定法无法因应现实发展而出现"漏洞"，特别是当正式渊源完全不能为案件的解决提供审判规则时，依赖非正式渊源也就理所当然地成为一个强制性的途径。❸ 正是基于这样一种司法场域的立场，姚辉教授主张对法律渊源予以适度的多元化拓展，以超越形式上的法律规范的表现，进一步探究其实质内涵及运用手段。❹

法源是一种制度性的事实，其根植于每一个国家、民族的社会生活和司法实践运作体系之中。鉴于每个国家的政治、经济、文化和社会国情不同，在具体实践中，法源的多元化拓展必然也会引发一系列理解上的混乱。例如，同样是某一种法源，为什么在一些国家被承认为正式法源，而在另一些国家却不予认可；为什么属于同一法系的国家，却在法源内容范围上有着如此大的差异；在不同位阶的法源上，为什么选择了低位阶的法源；在同一位阶上，为什么选了此法源而不是彼法源。诸如此类的一系列问题，向以司法为中心

---

❶ 朱明哲：《法源：法教义学与法社会学相遇点》，载《中国社会科学报》2016 年 6 月 28 日，第 3 版。

❷ 朱明哲：《法源：法教义学与法社会学相遇点》，载《中国社会科学报》2016 年 6 月 28 日，第 3 版。

❸ 姚辉：《论民事法律渊源的扩张》，载《北方法学》2008 年第 1 期，第 44 页。

❹ 姚辉：《论民事法律渊源的扩张》，载《北方法学》2008 年第 1 期，第 40 页。

的法源观提出了挑战。

尤其值得注意的是，从上述法律渊源中不断形成新的法律规范，它们数量庞大，且形成的时间不同，进而导致现行法律规范难以计数，即使对法律工作者而言，其也显得不透明了。❶ 可以说，这是法源多元化发展对法律体系的统一性所带来的一个必须解决的问题。以现代欧洲为例，随着超国家联合欧盟的崛起，数量庞大的法律渊源与来自不同时期的法律规范导致出现大量的规范冲突，许多法律规范调整相同事实，却产生不同的甚至截然相反的法律后果。❷

很显然，就目前不断发展变化的法律体系来说，法源的多元化拓展可能会导致价值评判不一，产生规范冲突，甚至造成新的法律漏洞，如果不解决这些问题，很可能会影响法律的客观性和确定性，由此影响司法的权威性。那么如何解决这一问题呢？仅仅依靠一国立法的位阶秩序和整齐划一的规制，显然无法应对司法裁判的复杂性、多变性，也无法打造一个圆融的法律制度体系，特别是在全球化交流日益增进的当下世界，不同法系国家之间的碰撞与交流，只能促进法源更加多元化，而非标准化和统一化。

有鉴于此，摆在司法立场的动态法源观面前的问题就是，如何在法源多元化拓展的同时，通过理性科学的操作，保持法律秩序的基本平衡与稳定，从而避免司法裁判充满任意性和不确定性。如何应对这一难题呢？姚辉等学者立足民事法领域，联系我国将民法的法源等同于民事法律规范的表现形式，对法源的理解仍主要局限于以立法为维度的思维方式，指出在民法法源"由法典向判例"扩张的现实需求的情势下，需要一种方法论视域下思考维度的转换，即需要以法学方法的发展为契机，突破传统的以立法为维度的法源定位，转而从方法论或者司法的维度对法源重新进行解读。❸ 具体而言，法律渊源不仅是法律规范的表现形式，而且应视为法律适用或法律解释的方法，❹

---

❶　［德］魏德士：《法理学》，吴越、丁晓春译，法律出版社 2005 年版，第 117 页。
❷　［德］魏德士：《法理学》，吴越、丁晓春译，法律出版社 2005 年版，第 118 页。
❸　姚辉、段睿：《民法的法律渊源与法学方法》，载《法学杂志》2012 年第 7 期，第 60－61 页。
❹　姚辉：《论民事法律渊源的扩张》，载《北方法学》2008 年第 1 期，第 41 页。

并由此建立一种以民法的适用为坐标原点的法源论。❶ 很显然，这是一种将法律适用与法律发现相结合并最终进行法律获取的法律方法论运用于具体裁判的典型运作过程。❷ 通过上述分析可以看出，姚辉教授将法源置于司法场域，将其视为一种司法之方法的理论进路，其最终的设计目的在于通过理性科学的法律方法论，保证司法的确定性和统一性，以此缓解法源多元化所带来的消极性问题。

关于如何对待多元化的法源这个问题，舒国滢等学者认为，首先需要确定应该从什么层面来理解形形色色的法源概念，他们认为主流的立法中心主义立场的法源观在认识上是值得商榷的。一方面，宪法、法律（狭义）、行政法规和地方性法规等本身是立法机关或享有立法权的国家机关制定的，这些所谓的规范性文件怎么又成为立法的来源或本源呢？另一方面，诸如宪法、法律等规范性文件本身就是通常所谓的法，既然它们是法，它们为什么又被称为"法的渊源"呢？❸ 很明显，这里面存在着逻辑上的认识冲突。在舒国滢等学者看来，只有立足司法中心主义的立场，将法源理解为裁判者据以法律推理的大前提之来源，才可以消除立法中心主义法源观的内在冲突。由此可见，这一见解与姚辉教授的看法基本是一个思路，即法学方法论的进路。不同的是，舒国滢等学者重点关注的是法学方法论中的法律证成或法律论证，即法学方法论中的法的渊源概念是证成语境中的一个规范性概念，当司法者作出裁判之时，他就必须为其决策提供支撑和论证，给其所作的决定或判断提供充足的理由。❹ 由此，在法学方法论上，法源被视为一种支持法律决定或判断的理由。

不过，舒国滢等学者并没有完全接受这一思路，而是更多地遵循了美国

---

❶ 姚辉、段睿：《民法的法源与法学方法》，载《法学杂志》2012 年第 7 期，第 61 页。

❷ 德国法学家考夫曼认为，制定法直接涵摄待决案件，涉及的是法律适用的过程；当待决案件缺乏相应制定法规范直接涵摄时，涉及的是法律发现的过程；当同时指涉法律适用和法律发现时，涉及的是法律获取的过程。详情参见［德］阿图尔·考夫曼：《法律获取的程序：一种理性分析》，雷磊译，中国政法大学出版社 2015 年版，第 24 - 27 页。

❸ 舒国滢、王夏昊、雷磊：《法学方法论》，中国政法大学出版社 2018 年版，第 280 - 281 页。

❹ 舒国滢、王夏昊、雷磊：《法学方法论》，中国政法大学出版社 2018 年版，第 280 - 281 页。

法学家萨默斯的分析进路。萨默斯将法律推理的理由分为两种，一种是实质理由，另一种是形式理由。其中，实质理由可以被定义为一个道德的、经济的、政治的、制度的或者其他的社会考量；❶而形式理由是一种法律上的权威理由，法官或其他人被授权或被要求将其决定或行动建立在这种理由的基础之上。❷萨默斯还认为，权威理由只是形式理由的一个种类而已，❸而在法律或法律推理中，形式理由是核心。之所以司法推理中形式理由更重要，在萨默斯看来，根本的原因在于，形式理由在法律推理中可以保证法律的统一性、可预测性和免于法官的武断性的实现。在法律证成过程中，如果不能坚守立足于形式理由的推理，那么关于案件裁判理由的争议很容易就会回溯到政治理论和哲学分析的根源的危险当中，从而陷入对实质理由无穷尽地追究论辩的困境。❹萨默斯的这一见解，正好可以用来解决法源多元化拓展所带来的担心司法失于客观确定性的问题，因为"作为形式理由之一种的权威理由，法的渊源也具有形式理由的功能与作用"❺。正是看到了这一点，舒国滢等学者再三强调，只有从司法和法律适用的视角才能合理地把握法源，换言之，只有将法源理解为法官据以作出司法裁判的大前提的来源，人们才能更全面深入地理解法源这个概念。❻当然，这其实就是将法源理解为一种法律方法论视域中的源自法律的外部证成语境的规范性概念。而本书正是借鉴和采纳了这样的一种法源观。

由上述分析可见，法源的多元性拓展并非对司法可预测性、客观性的反动，恰恰相反，如果能够通过理性的法学方法论予以辅助，不仅不会带来这些问题，反而有助于我们构建起一种科学的法律推理与理性的法律论证过程。

---

❶　舒国滢、王夏昊、雷磊：《法学方法论》，中国政法大学出版社 2018 年版，第 285 页。
❷　舒国滢、王夏昊、雷磊：《法学方法论》，中国政法大学出版社 2018 年版，第 287 页。
❸　舒国滢、王夏昊、雷磊：《法学方法论》，中国政法大学出版社 2018 年版，第 288 页。
❹　舒国滢、王夏昊、雷磊：《法学方法论》，中国政法大学出版社 2018 年版，第 291 页。
❺　舒国滢、王夏昊、雷磊：《法学方法论》，中国政法大学出版社 2018 年版，第 292 页。
❻　舒国滢、王夏昊、雷磊：《法学方法论》，中国政法大学出版社 2018 年版，第 281 页。

第 *4* 章
指导性案例正式法源化的理论证成

伴随经济全球化潮流的席卷，各国之间的交往日益密切，我国社会主义市场经济和社会主义法治建设也在不断发展，在多元规范与复杂事实之间，法律多元化作为一个显而易见的趋势正在对传统法学的面相造成新的挑战。就法源这一理论法学的基本主题来讲，法律多元的制度化趋势正在对传统立法中心主义的法源观造成新的冲击，尽管这种趋势在很多国家和地区是以一种低调和沉默的方式行进的。

从宏观层面来看，面对法律体系的多元化扩展以及法学方法论的勃兴，在司法实践领域，对法源理论的重新审视，已经成为一个颇具现实意义的论题。具体到微观层面，随着司法改革的不断深入推进，案例指导制度在现实司法实践中发挥的作用越来越大，指导性案例的法源性已经成为一个亟须解决的问题。笔者认为，对于指导性案例的法源性必须给予正面回应，仅以事实上的拘束力为暂时共识的思路，显然已经不能很好地支撑案例指导制度的深入发展。不管从制度构建还是案例指导制度的功效来看，指导性案例不仅仅是一种法源，还应当是一种正式的法源，对于这一观点，兹从以下几个方面——阐释。

4.1　指导性案例作为正式法源的合理性分析

　　合理性是法治国家理论与法律方法理论中一个经常涉及的评价性概念，可以说合理性是法理学研究的一个基本词汇。在不同的学科视野中，合理性乃是一个具有丰富理论含义甚至具有多样歧义性的概念。马克思主义法哲学对合理性的诠释，往往是从社会公平的角度进行界定的，以关注人、重视人和尊重人为基点，其最终目标在于实质性的公平价值。❶ 套用德国学者韦伯的合理性观点，可以说，这体现了一种实质合理性。实证法学派历来主张对价值的排斥，传统的实证主义法学对合理性的诠释，往往侧重的是对权威、制度、惯例的遵循。

　　就本书主题来讲，在下面的论述中，笔者对合理性采取的是一种整合性的理解。这意味着合理性并不是一个单一的概念，而是一个具有家族相似性的"概念群"的整合，❷ 它意味着一种形式合理性与实质合理性的辩证统一性的结合。具体而言，指导性案例作为正式法源的合理性，主要有以下两个层面的理由：在形式层面，合理性意味着对先例的遵循、对惯例的尊重和对稳定性和可预期性的保障，是一种可靠性的合理；在实质层面，合理性意味着最终结果或效力目标的公平性，是一种合乎实践理性的合理。就指导性案例在个案中的援引适用而言，案件之所以最终获得正当性的评价，就在于借助一种可靠的形式程序操作作为保障。下面就此予以展开分析。

4.1.1　司法统一，促进社会公平

　　正义，作为善的体现，乃是一个正常社会秩序最为首要的美德。自古希腊时期起，哲人贤达们便开始了对正义的不懈思考与论辩。可以说，人类对正义的永恒追求，始终是人类社会不断前进的动力。正是基于对社会正义的

---

❶ 马陆艳：《马克思恩格斯社会公平理论及其发展研究》，广东人民出版社 2018 年版，第 75－76 页。

❷ ［美］劳伦斯·索伦：《法理词汇：法学院学生的工具箱》，王凌皞译，中国政法大学出版社 2010 年版，第 234 页。

求索，著名的美国学者罗尔斯构建起一套立足于社会基本结构，以"作为公平的正义"为重心的理论体系。❶ 其中，正义被设置为社会中一个最为基本的结构目标，正义的最终实现需要借助公平的制度性安排来予以推进。社会正义的第一大原则就是，平等地分配基本权利和义务。❷ 罗尔斯将这种第一性的正义原则界定为"形式正义"，他认为在法律领域中，法律和制度方面的管理应在其所规定的阶层的人们中平等地适用，即类似情况应进行类似处理，有关异同均有既定规范加以鉴别。❸ 从这一点来讲，这也恰恰是我国案例指导制度推进类案统一的司法哲学基点。

从大陆法系的法律实证主义的角度来看，司法实践的具体运作其实就是一个实证法条涵摄法律事实，再根据三段论演绎直至裁断的过程。这一典型的法教义学式司法架构，将法律构成要件与处理后果通过逻辑勾连起来，它实际上是一个从抽象到具体或者从一般到个别的逻辑运算过程。直观上看，这是一个极其严密且颇具科学理性的推理性运作，但从法律运作的微观层面来细究，这一推理过程的背后其实关联着司法者对法律事实的价值评断，同时由于社会变迁，法律的适用已经无法达致规则对案件事实的简单涵摄。是以，法律的适用过程往往是一个融合法律解释和弥补漏洞的过程，而该过程必然是一个渗透裁判者主观价值判断的过程。

正是基于对这一事实的考虑，在利益法学派和价值法学派学者看来，三段论式的逻辑推理仅仅是一种论证表象，其背后真正主导运作的乃是对应当予以保护之权益或应当坚守之价值的肯认罢了。因此，在这个价值日趋多元的时代，不同的法官、不同级别的法院，在面对价值的主观性判断时，难免因其理解的视域的差异，对同一案情作出不同的评价。换言之，从一般规范到具体事实的链接过程中，主观判断不可避免，由于裁判者的知识积淀、社会经验、人生阅历不同，自然会产生一些具有差异性的评断。这表现在具体

❶ ［美］约翰·罗尔斯：《正义论》，何怀宏等译，中国社会科学出版社1988年版，第3页。
❷ ［美］约翰·罗尔斯：《正义论》，何怀宏等译，中国社会科学出版社1988年版，第14页。
❸ ［美］约翰·罗尔斯：《正义论》，何怀宏等译，中国社会科学出版社1988年版，第58页。

司法实践中，就是表面上极其类似的案件，却得出了不同的裁判结果，由此引发民意对司法公信力的质疑。例如，广东许霆案与云南何鹏案、云南李昌奎案与陕西药家鑫案、四川孙伟铭案与河南王卫斌案等都反映了社会对司法不统一的关注和批判。而民间社会之所以会有这么强烈的反应，一个重要的原因就是对公平正义的信仰。

正如美国现实主义法学家卢埃林所言，正义要求类似的人在类似情况下得到类似处理。同时，正义要求确立并公平适用一般规则。❶ 同案不同判的一个非常负面的影响就是，对社会公平理念的侵害和对形式正义的破坏。在英美法系国家，为了避免这种情况发生，往往通过判例法的运用来予以化解。有鉴于此，案例指导制度在我国的推出，就是为了有针对性地纠正同案不同判这一极具现实意义的问题。正如有的法官所总结的那样，我国案例指导制度的构建就是通过指导性案例的援引，为类似案件类似处理提供一个基于实证事实的具体参照。❷

不过，我国的案例指导制度要真正运作起来，离不开指导性案例法源地位的正式确立。就当下我国的相关实践来说，指导性案例的法源地位依然处于一种含混状态，这在很大程度上影响了其被参照援引的频率。根据左卫民等学者开展的一系列的实证调查研究以及最高人民法院通过大数据的梳理，可以发现，尽管最高人民法院和最高人民检察院不断加强司法实践中对指导性案例运用的指导，但是实践中对于指导性案例的具体参照援引的比例依然是比较低的。

表面上看，似乎是指导性案例的效力出了问题，但追根溯源其实是指导性案例本身的法源地位问题。具体来说，一是当前的法官工作考核机制存在问题；二是法官受限于严格坚守法条为依据的法教义学裁判思维；三是指导性案例本身不太明晰的法源地位使得众多法官在是否参照指导性案

---

❶ ［美］卢埃林：《荆棘丛：关于法律与法学院的经典演讲》，明辉译，北京大学出版社 2017 年版，第 52 页。

❷ 陈树森：《我国案例指导制度研究》，上海人民出版社 2017 年版，第 34 页。

例时或犹豫不决，或有所顾忌，显得缩手缩脚。而在笔者看来，在上述原因中，尤以第三种因素最为根本。正因为指导性案例不具备正式法源地位，导致法官在面对案件裁判时，宁愿通过制定法的解释来获取裁判规范，也不愿意冒着一定的风险来大胆参照指导性案例，因为一旦案件裁判出现问题，法官可以自己的裁判是以国家制定法为根据为自己辩解，但如果是以对指导性案例的参照来作为解释理由，那么就很容易被认为不当使用了裁量权。所以回到问题本身来看，主要根源还是在于指导性案例的法源地位。

是以，如果不能够正视和进一步明确指导性案例的法源地位，势必对我国案例指导制度的深入推进造成阻碍。也就是说，只有确切明晰地界定指导性案例的正式法源地位，才可以打消法官的顾虑，使其在遇到类似案例时，能够进一步调动和发挥自身的主观能动性，积极参照指导性案例。是以，借助类型化之法律思维，凭借对典型指导性案例的参照，法律的统一适用才有可能，司法之公平正义才有可能得到保障和实现。❶ 也唯有如此，形式正义才能够在实践中予以落实。

4.1.2 降低成本，提升司法效益

法经济学（或法律的经济分析）的兴起，表征着跨学科研究已经对传统的法教义学研究形成了挑战。法经济学之所以能够很快地在法学领域扎根扩展，一个非常重要的因素就在于，其独特的跳出法学圈看法学的经济分析思维，并突破性地将效益概念成功地注入法学研究之中，特别是由此赋予传统的公平正义观以一种可以客观量化的实证感，公平正义变得更加具体。当然，我们并不是在一味地推崇法经济学的研究，而是认为法经济学对法律的效益分析这一视角值得学习和借鉴。

4.1.2.1 通过多元法源的合作，降低司法的社会成本

鉴于对司法运作的成本效益问题的持续性研究，芝加哥经济学派领军人

---

❶ 顾祝轩：《制造"拉伦茨神话"：德国法学方法论史》，法律出版社 2011 年版，第 183 页。

之一波斯纳法官更是提出了一个与众不同的主张，即对公平正义的追求不能无视代价。❶ 也就是说，法律的运作过程必须考虑付出的成本与收益问题，否则就很容易造成对社会中有限司法资源的浪费。由此，一个尖锐的问题就凸显出来，那就是公平正义与效益之间的紧张乃至对立关系。毕竟无论是对当事人还是法院、法官来说，其能够投入个案的时间、精力和资源都是有限的。一个官司的解决成本，不仅仅包括诉讼当事人的成本投入，对法官而言，其也同样需要投入时间、精力、物力等成本。

面对日益繁重的诉讼工作，法院和法官必须做出理性化的抉择，即如何从制度运作层面降低诉讼成本，以此减少不必要的重复性投入，有效实现个案的及时结案，提升办案效率。是以，不论是对当事人还是法官来说，如何有效降低诉讼成本，都是一个非常现实的问题。

对此，将指导性案例有效引入司法裁判过程，未尝不是一种有效率的做法。指导性案例因其自身的典范性，不仅凝聚着既往案件的相关司法智慧与裁判经验，而且可以为类案的法律发现提供现成的指引和帮助，指导性案例就像一个经过检验且获得总结的模板，可以集成化地为相似个案提供规范性参照。这在一定程度上体现了一种法学方法论的类型学思维。

众所周知，法律适用的过程往往并不是一个单一和单向度的活动，其会和法律解释融合在一起，甚至可以说，在一定程度上，法律适用的过程也就是法律解释的过程，法律解释的过程也就是法律适用的过程。法律诠释学的相关理论研究显示，解释和适用法律的过程离不开法律评价这一要素。面对大量的诉讼案件，如何对其裁判的具体构成进行评价，是一个极其耗费成本的事情。如果对每一个类似的或重复性的案件都要逐一地进行具体评价和分析，不仅会耗费法官大量的时间与精力，还无法获得更高的收益。

考夫曼指出，类比具有这样的一种优势，即有待认识的事物是其在与更

---

❶ ［美］理查德·A. 波斯纳：《法律的经济分析》（上），蒋兆康译，中国大百科全书出版社1997年版，第71页。

为成熟者的关联（关系）中被认清的，而非在其自身中或自身上被认清的。❶ 在这种情况下，借助类型化的思维，凭借对典型指导性案例的参照适用和类比推理，可在审理案件时，极大地减轻法官对案件进行重新论证的负担，进而使该案件在法律适用上的判断压力及论证负担最小化。❷ 很显然，这对于实践中的个案司法裁判和相关运作来说，会节省一部分社会成本。

在分析微观个案的运作情况的前提下，仍有必要了解宏观制度层面的情况。从整个审级制度的运作来看，最高人民法院和最高人民检察院对指导性案例的及时发布，表面上看是司法系统自上而下的一个具体制度性的运作过程，但从信息费用经济学的视角来看，这其实是一个与交易费用密切关联的活动。

立足于经济学的视角，可以发现指导性案例的发布是一个向社会释放信号的过程，通过这种信号的释放，向社会传递面对类似事情时应该怎么做、怎么处理才是对的，这实际上就是一种凭借鉴信息传递统一行为模式的过程。因此，不管对各级人民法院来说，还是对普通民众来说，这都是一种比较低廉和便捷的普法方式。就法院系统而言，各级人民法院可以很快地知悉今后在遇到类似案件时的切入思路和如何进行法律发现，在此基础上统一裁判思维，并尽可能地降低案件被上诉改判或发回重审的概率，减少对案件的重复性处理，在整体上降低制度的运行成本。就社会民众而言，一方面，通过对典型指导性案例的了解，可以很快地了解类似案件的处理方法，及时调整自己的行为，避免不必要的起诉或上诉，降低个案诉讼的成本投入；另一方面，当事人可以通过指导性案例预测诉讼风险，对诉讼前景有客观理性的判断，从而选择更有利于自身利益的解决纠纷的方式。❸ 这正如陈树森法官所主张的那样，指导性案例的适用，能够使整体的诉讼效率得到大幅提升。❹

---

❶ ［德］阿图尔·考夫曼：《法律获取的程序：一种理性分析》，雷磊译，中国政法大学出版社 2015 年版，第 133 页。
❷ 陈树森：《我国案例指导制度研究》，上海人民出版社 2017 年版，第 36 页。
❸ 陈树森：《我国案例指导制度研究》，上海人民出版社 2017 年版，第 37 页。
❹ 陈树森：《我国案例指导制度研究》，上海人民出版社 2017 年版，第 35 页。

4.1.2.2 通过多元法源之间的竞争, 提升规范实效

对于法源理论的关注, 既往相关研究或者以立法中心主义为立场的法源观, 大多将讨论焦点局限在一国法律体系的范围之内, 但对于跨越国家之间的相关讨论并不是很充分。在经济全球化潮流的冲击下, 由于不同法系和不同法律文化之间的跨国交流日益密切, 显然仅仅依靠一国自身的立法是无法应对日趋增多的国际化交流的, 对于法源来说, 其多元化的拓展是一种必须面对的现实。将指导性案例提升为正式的法源, 不仅可以在一定程度上缓解国际交流所引发的规范缺失局面, 填补法律漏洞或弥补法外空间, 而且可以通过这种多元法源之间的竞争, 提炼规则, 进一步扩大规则解决问题的范围, 提升规则解决和规范问题的能力。

具体到我国的情况来说, 主流的法源观是一种典型的立法立场的法源理论, 这种法源观乃是一种以国家为中心、以统一规则为基础的法律秩序观的体现, 对此也可以将其称为以国家制定法为中心的一元法源观, 即不传统层次的制定法规范, 按照一定的逻辑统一起来, 供法官裁判案件时予以选择适用。确切地说, 法源之间的关系更多地体现了一种法教义学的规则合作模式, 而法经济学则立足经济学的效益观念对这种传统的法律实证主义提出了挑战。

与法律实证主义就规则而规则的法源论调不同, 法经济学认为, 在法源领域中, 在规则与规则之间, 不仅存在合作关系, 还有竞争关系, 并由此主张用一种法源之间的竞争模式来重新审视法源的构成, 以应对社会急剧变迁之复杂现实。可以说, 法经济学向传统法源理论注入了一种新的研究视野。在法经济学看来, 正式法源与非正式法源的划分是通过对法律渊源分等级, 从而实现法源之间的相互合作。

从经济学理论视角来讲, 法源就像被厂商所把握的生产要素, 裁判规则则是它们的最终产品输出。法律规则是由不同的、相互竞争的生产者制定的, 而非本来就存在的。学者、法官及立法者作为生产者, 分别提供了各自的产品。❶ 法经济学的竞争式法源观, 也许存在偏激之处, 但是从前文法源的发

---

❶ [美] 乌戈·马太:《比较法律经济学》, 沈宗灵译, 北京大学出版社 2005 年版, 第 105 页。

展历史来看，其理论还是得到了一定程度的印证。制定法、法官法、学者理论都曾在某一历史时期被作为法源予以适用。

根据法经济学的这种见解，笔者认为，指导性案例其实可以看作源自各级法院并经最高人民法院和最高人民检察院加工直至最后出产的一种规则产品。当前，随着社会转型发展，大量新案件涌现出来，虽然已经制定了《民法典》，但在很多领域依然存在法律漏洞，也正因为如此，《民法典》特意强调对公序良俗等一般性原则的重视。笔者认为，必须接受的一个现实就是，仅仅依靠制定法和法典，是无法编织出完美的法律秩序之网的。虽然指导性案例并不是正式法源，但其在司法审判中所发挥的作用越来越大，在精确法律概念、明晰法律解释、填补法律漏洞和法律发现等方面，指导性案例的重要性和有效性已经前所未有地展现出来。因此，赋予指导性案例正式法源的地位，突破法源的单一化，营造一种有利于法律规则竞争的大环境，这样通过法源之间的竞争，最有利于解决纠纷或者解决纠纷效益最大化的法源就将逐步通过实践的检验而被选择出来。

当然，法律是一种融合政治、经济、社会等因素的综合性制度，受制于这一系列因素的影响，虽然竞争未必导致在每一类案件中都可以发现最有效率的法律，但竞争无疑有助于发现一种较为有效的法律规则。通过这种选择过程，相较于其他规则，获胜的法律规则会更有力和更有用，一种具有实践理性的法律演化自发秩序也由此构建起来。❶ 因此，将指导性案例上升为正式法源，不仅可以较为有效地降低法律运作成本，还可以使法律解决办法的知识通过法律规则间的竞争得到传播，提供"统一与协调"❷。这在普通法的发展历史上，已经获得历史性的验证。

在法律多元主义逐渐获得认同的当下，对于我国这样一个地广人多且发

---

❶ 所谓的法律演化自发秩序，是指法律秩序的形成并非刻意设计之结果，而是一种借助竞争选择过程的演化之结果。"所谓用演化说明自发秩序的形成与演进，就是指出抽象的行为规则（制度与习惯），如何经由一套模仿和适应、修正的机制，由人们在并不完全明了其所以然的情况之下采用依循，从而自发地形成社会秩序。"详情参见姚中秋主编：《自发秩序与理性》，浙江大学出版社 2008 年版，第 7 页。

❷ ［美］乌戈·马太：《比较法律经济学》，沈宗灵译，北京大学出版社 2005 年版，第 107 页。

展不均衡的统一的多民族国家来说，如何寻求同案同判的公平性共识，从法经济学的这种法源竞争思维去探索，或许可以为有效处理日趋复杂的司法不统一难题提供新的思路。

4.1.3　凝聚共识，强化裁判可接受性

司法是守护社会公正的最后一道防线，司法裁判之结果，不仅要合乎法律，而且应当具有可接受性，这可以说是法治社会的一个基本共识。在近些年我国所力推的司法改革中，最高人民法院一再强调要加强并提升法律文书（特别是裁判文书）的释法说理水平。2018 年 6 月出台的《最高人民法院关于加强和规范裁判文书释法说理的指导意见》对司法裁判明确提出了要求，即"通过阐明裁判结论的形成过程和正当性理由，提高裁判的可接受性，实现法律效果和社会效果的有机统一"。

4.1.3.1　裁判的可接受性是什么

裁判的可接受性，又称为司法的可接受性，其是近些年来法学方法论领域中的一个重要论题，我国理论界对此也存在着不同的理解和看法。围绕是否基于受众的立场，以受众的公共意见为构成理由，裁判的可接受性理论大致可以归纳为以下三种观点：一是主张对受众公共意见的强烈呼应与支持；二是主张对受众公共意见的强烈反对和警惕；三是介于两者之间的弱平衡。

关于裁判的可接受性，张继成教授认为，一方面，法律论证的合理性是司法判决可接受性的工具性构成要件；另一方面，当事人的需要具有合理性，司法判决能满足当事人的需要，是司法判决可接受性的目的性构成要件，❶工具是为目的而服务和存在的。换言之，一个司法判决是否具有可接受性，不仅要看法律论证是否具有合理性，还要看司法判决能否满足、实现、达成判决受众的需要、欲望、目的或愿望以及当事人的需要、欲望、目的是否具有合理性。❷

---

❶ 张继成：《可能生活的证成与接受——司法判决可接受性的规范研究》，载《法学研究》2008 年第 5 期，第 18 页。

❷ 张继成：《可能生活的证成与接受——司法判决可接受性的规范研究》，载《法学研究》2008 年第 5 期，第 15 页。

同样是关于裁判的可接受性问题，陈景辉教授指出，在既往研究中提出的裁判可接受性这个概念，实际上就是将民主化的看法带入法律推理过程并得出必然结果，其核心就在于认可了社会自动形成的共识，并将其视作"取代法律标准担任正当化过程的前提"。❶ 陈教授对这种观点进行了批判和反思，认为由于公众意见本身所具有的模糊性、动态性和不确定性等短板，将社会公众的意见作为司法裁判的正当化理由，缺乏理性的规范性基础，这无疑是在用社会意见替代法律答案。对于如何诠释裁判的可接受性，陈教授主张可以转换为一种将操作性理由与辅助性理由有机结合起来的综合思维，前者为裁判指引了方向，并为此提供了正当性基础，后者则导致具体裁判结果的得出。❷

相较于前述两种观点，孙光宁教授提出了一种法律方法论意义的分析视角，认为可接受性是在司法领域中，诉讼过程的各方参与者对程序运行以及最终裁判结果的肯定与否，以及认可、认同的程度。❸ 根据司法的运作过程，可接受性可以分为过程的可接受性与结果的可接受性，❹ 前者是指案件事实的认定程序与过程为社会公众所接受，后者则是指裁判的结果被社会所容纳与认同。其中，司法过程的可接受性对最终结果的可接受性有着重要甚至决定性的影响。❺ 不过，在孙教授看来，可接受性最重要的体现是在法律论证领域，他认为，法律论证不是为真而辩，其使命是要使人信服，在诉讼中，法律论证甚至是为赢而辩，法律论证的目的在于找到不同阶段的命题和结论的正确性和可接受性。❻

在谈及法律论辩的正确性时，瑞典法学家阿尔尼奥曾指出，辩护是否正确依赖于两个方面，即辩护过程中所遵循的讨论程序的合理性及结果的可接受性。❼ 同样，面对价值日趋多元的复杂社会，对于如何合理圆融地处理疑

---

❶ 陈景辉：《裁判可接受性概念之反省》，载《法学研究》2009 年第 4 期，第 16 页。
❷ 陈景辉：《裁判可接受性概念之反省》，载《法学研究》2009 年第 4 期，第 15 – 16 页。
❸ 孙光宁：《可接受性：法律方法的一个分析视角》，山东大学 2010 年博士学位论文，第 19 页。
❹ 孙光宁：《可接受性：法律方法的一个分析视角》，山东大学 2010 年博士学位论文，第 14 页。
❺ 孙光宁：《可接受性：法律方法的一个分析视角》，山东大学 2010 年博士学位论文，第 15 页。
❻ 郑永流：《法律判断大小前提的建构及其方法》，载《法学研究》2006 年第 4 期，第 14 页。
❼ ［荷］伊芙琳·T. 菲特丽丝：《法律论辩导论——司法裁决辩护理论之概览》（原书第二版），武宏志、武晓蓓译，中国政法大学出版社 2018 年版，第 229 页。

难案件，美国法学家孙斯坦认为，也许无法达成绝对一致的裁判结果，但可以通过法律推理达成一个就具体案件的裁判结果而言所共有的重叠共识。他将这种基本的司法共识称为"未完全理论化的协议"，它是指尽管彼此对根本性问题存在分歧或者不确定性，但对具体行为或者后果达成了一致意见，❶而且其既可以是规范的基础，也可以是类推的基础。❷ 有鉴于此，在孙斯坦看来，"好的法官都能意识到，根本性的判决最好以民主方式作出"❸。

笔者认为，裁判的可接受性，不仅要考虑程序形式层面的可接受性，还要考虑论证实质结果层面的可接受性。也就是说，既要考虑论证过程的合理性，也要考虑最终裁判结果的民主性。当然，笔者反对将民意视为可接受性的终极正当化理由，也反对裁判民主性的绝对化，对于裁判的可接受性的理解，在某种意义上来说，应该是一种立足于实践理性之上的主体间性的司法共识。

4.1.3.2　如何达致裁判的可接受性

众所周知，裁判的可接受性对于社会基本秩序的维护具有非常重要的现实意义，特别是在复杂的疑难案件、敏感案件的处理中，司法裁判可接受性的缺失不仅会导致当事人和民众对司法有所不满，损害司法的公信力，而且容易引发争端的进一步升级，影响社会的稳定局面。对于当代中国的司法来说，在多元化的现代社会，如何提升裁判的可接受性就是一个亟须解决的问题。

现实司法实践已经证明，仅仅依靠程序正义、诉诸正确的法律论证过程，显然行不通。泸州遗产继承案、许霆案、天价葡萄案、聊城于欢案等案件无一不是通过正当的法律程序裁判的，但其结果在社会上引起了很大的反响。

在这样的情况下，当法官通过法律发现没有制定法可以直接适用或者制

---

❶ ［美］凯斯·R. 孙斯坦：《设计民主：论宪法的作用》，金朝武、刘会春译，法律出版社 2006 年版，第 8 页。

❷ ［美］凯斯·R. 孙斯坦：《法律推理与政治冲突》，金朝武等译，法律出版社 2004 年版，第 4 页。

❸ ［美］凯斯·R. 孙斯坦：《法律推理与政治冲突》，金朝武等译，法律出版社 2004 年版，序第 2 页。

定法存在一定的模糊性甚至过于概括抽象，即案件的解决在规则层面存在着一系列的不确定性时，法官该如何对待呢？即使案件事实已经查清，但是当法律推理的过程依然存在不确定性时，如果存在着既判的类似案件，且指导性案例属于正式法源的话，那么法官很自然地就会将目光流转至类似指导案例，以期寻找可供裁判的规则。按照类似案件类似处理和形式正义的原则，法官如果能够找到类似的指导性案例，借助对指导性案例的援引进行类推，凭借裁断的连贯性，由此证成其裁判结论，而不是诉诸情感或道德性的决断，那么这将在论证过程和程序正当方面大大提升裁判的可接受性。正如有的学者所指出的那样，在一切法律体系中，不论是成文法体系还是不成文法体系，法官基于公平，一般总是倾向于以他们在以往的相似案件中所使用的相同做法来对新的案件进行判决。❶

司法先例几乎在每一个地方都具有某些说服力，因为遵循先例是一条在实践中获得普遍适用的准则。❷ 正是基于这一判断，于同志法官提出，当判决的可接受性遭受质疑时，其中的一个解决思路为：引进判例法的某些机制，通过遵循先例，在推动司法机关统一、连贯裁判案件、维护司法公正和法安定价值的同时，通过前后一致的案例信息，促使当事人及社会公众消除不满，增进团结。❸ 也就是通过引入指导性案例，将蕴含在指导性案例中的规则或原则作为裁判之规范依据，以此增强裁判结果的可接受性，展现一种循序渐进规范性说理的证成思路。

另外，跟物理学类似，法律领域也存在惯性原理，人类社会中的很多行为模式的正当性的证成并不是来源于某个先进理论，而是来自社会的因袭相传和默会知识。例如，对既往传统做法的尊重、对习惯法的遵守、对行业惯例的遵循等，皆是如此。通过惯性原理，蕴含在行为实践背后的价值评判得

---

❶ ［英］彼得·斯坦、约翰·香德：《西方社会的法律价值》，王献平译，中国法制出版社 2004 年版，第 133 页。

❷ ［英］鲁伯特·克罗斯、J. W. 哈里斯：《英国法中的先例》（第四版），苗文龙译，北京大学出版社 2011 年版，第 3 页。

❸ 于同志：《刑法案例指导：理论·制度·实践》，中国人民大学出版社 2011 年版，第 124 页。

以传承，并成为后来人行为根据的规范性，由此习惯为人类交往行为提供了参照模式。是以，从人类行为模式的演进发展来看，惯性原理为人类社会秩序的稳定奠定了基础。众所周知，指导性案例都是来自对过去典型实践的一种合理性的承认或明智性的总结，其往往将行为规则与裁判规则很好地结合起来；在这些历史实践的背后，也必然隐含着一种对行为模式的正当性评判或价值判断，当然也包括一些规范性的规则。可以说，这些指导性案例在一定程度上凝聚着特定时期中有关某些案件的司法裁判的基本共识，因此通过在这些既有的司法共识的基础上进行类推，就很容易推导出一个为尽可能多的人所接受的结果。更为重要的是，当面对两难抉择的复杂案件或极具道德色彩的案件时，基于对指导性案例的合理援引，也可以打消社会对法官滥用自由裁量权的质疑，反过来，这也在一定程度上对法官的滥权行为设置了限制，有利于避免不公平的情况出现，进而在实质层面上提升司法裁判的可接受性。

从上述分析可以看出，将指导性案例上升为正式法源很可能会在以下方面提升裁判的可接受性，彰显法治力量，并进一步丰富当下具有中国特色的社会主义法治建设：帮助社群成员预测官方行动，进而有效地规划个人生活；限制官方行为，保护公民免于官员的专断和歧视行为；节省认知精力，无须反思自我生活管理的最佳方式及说服他人认可自己判断的正确性。❶

4.2　指导性案例作为正式法源的合法性分析

指导性案例要作为正式法源被诠释、理解和接受，就必须直面和应对另一个挑战，即其合法性的建构。要建构起这种合法性，首先需要做的就是界定和理解合法性。合法性是一个非常具有弹性的概念，从谱系学意义上来讲，它是一个发展性的概念，而非终结性的概念。是以，要证成指导性案例作为正当性法源的合法性，就必须建立起有关合法性概念的前提性理解。

---

❶　［美］斯科特·夏皮罗：《合法性》，郑玉双、刘叶深译，中国法制出版社 2016 年版，第 511 页。

合法性的提出虽源自政治伦理学领域，却逐步扩展应用至法学、哲学、社会学、人类学、历史学等诸多领域。可以说，合法性是政治学领域中一个重要的具有复杂性的概念。合法性往往与权威、秩序和政治认同联系在一起，对于合法性概念的解释，是从"把合法性等同于社会公众对政治系统的认同和忠诚的观念"这一理念开始的。因此，合法性往往用来意指由于被普遍承认而具有的一种正统性的宣称，它在英文中通常表达为"Legitimacy"。对于合法性的界定，法国学者思古德将治理与合法性联结起来，认为合法性这一观念首先涉及对治理权的承认问题，即合法性就是对治权的认可，是治理的权利，并且其构成主要来自承诺、法律、规范这三个层面。❶ 其中，承诺意味着通过双方协议机制实现从法律到政治权威的架构；规范意味着合法性价值的实现，即"政治合法性的实质"的展现；法律则意味着法定性承认和合法性基础，即"符合法律"和"遵从法律"。❷

德国学者哈贝马斯对合法性的重新理解，则是建立在对经验主义合法性和规范主义合法性两种观点的批判性分析之上，认为合法性不仅意味着对于某种要求作为正确的和公正的存在物而被认可的政治秩序来说，有着一些好的根据，还意味着某种政治秩序被认可的价值——这个定义强调了合法性乃是某种可争论的有效性要求，统治秩序的稳定性也依赖于自身（至少）在事实上的被承认。❸ 由此可见，在哈贝马斯看来，合法性是与特定历史时期的社会文化和价值规范勾连在一起的，并进一步强调合法性是经验性和规范性的统一，强调合法性是某种政治秩序在一定的历史时期的价值规范的基础上被予以认可，并在一定社会的价值规范的基础上获得大众的支持和忠诚。❹

在法学领域，刘杨教授立足法哲学的分析视野，通过对罗尔斯、施密特、李普赛特、西蒙斯等学者对正当性与合法性的辨析梳理，指出合法性本来是

---

❶ ［法］思古德：《什么是政治的合法性》，王雪梅译，载《外国法译评》1997 年第 2 期，第 11 页。

❷ ［法］思古德：《什么是政治的合法性》，王雪梅译，载《外国法译评》1997 年第 2 期，第 11 - 15 页。

❸ ［德］哈贝马斯：《交往与社会进化》，张博树译，重庆出版社 1989 年版，第 184 页。

❹ 陈炳辉：《试析哈贝马斯的重建性的合法性理论——兼与胡伟同志商榷》，载《政治学研究》1998 年第 2 期，第 85 页。

从属于正当性概念的，但在实证主义的法律观下，合法性上升为最高的判别
标准而排斥、取代了"正当性"。[1] 他主张正当性是一个法哲学、政治哲学的
概念，来源于自然法传统，一般是为法律、法治及统治秩序寻求道德论证，
而合法性是一个法律实证主义的概念，以符合实定法的规范原则为标准，在
一般情况下为社会生活提供特定意义上的正当性证明；[2] 相比较而言，合法
性更多地体现了一种实用主义的经验性，注重稳定性、确定性、可操作性和
效应性。

　　借由上述学术成果之积累以及鉴于合法性概念本身的弹性多元，笔者对
合法性概念的运用是基于这样的一种理解，即合法性乃是一种因时因地的发
展性概念，对合法性的理解必须考虑具体的运用语境。就本书而言，从宏观
层面来看，合法性意味着一种特定国情下的法秩序观；从微观层面来看，合
法性意指合乎法律性，主要由内、外两个层面的意义所构成。其中，从外部
来讲，合法性是指制度程序方面的合法性，即合乎法律的制定程序；从内部
来讲，它是指因自身本质的正义性或有效性而获得公认与认同。合法性为法
律命题提供了一种正统性的宣称，从这一点来说，笔者所论及的合法性更倾
向于一种态度性的社会学理解，而非具有强烈是否观的规范法学的理解。

4.2.1　指导性案例作为正式法源契合依法治国之宪制原则

　　通过对合法性概念知识的理论谱系的梳理，从宏观视野来看，合法性意
味着一种时代语境下的法律秩序观。随着社会主义市场经济和政治体制改革
的推进，中国社会踏上了转型之路，与之相适应，中国的法律秩序正呈现一
种具有中国特色的社会主义现代化的法治格局。以人为本的权利本位和平等
观、法律的形式理性以及司法的公平正义追求在一定程度上构成了具有中国
特色社会主义法治的现代化精神。这一法治格局的最终实现，则有赖于社会
主义法治的建设实践。

　　对于法治，亚里士多德曾给出这样的经典诠释："法治应包含两重含义：

---

[1]　刘杨：《正当性与合法性概念辨析》，载《法制与社会发展》2008 年第 3 期，第 18 页。
[2]　刘杨：《正当性与合法性概念辨析》，载《法制与社会发展》2008 年第 3 期，第 19 页。

已成立的法律获得普遍的服从，而大家所服从的法律又应该本身是制定的良好的法律。"❶ 可以说，亚里士多德的法治观深深地影响了后世，并构成了现代法治的元理论基石。发展到20世纪，新德里会议上通过的《新德里宣言》又提出了新的法治共识。❷

就我国法治建设来说，在历经从法制到法治的治国方略的转换之后，社会主义法治建设正处于前所未有的新时代格局之中。习近平总书记指出，"法治是人类文明的重要成果之一，法治的精髓和要旨对于各国国家治理和社会治理具有普遍意义，我们要学习借鉴世界上优秀的法治文明成果"❸。新时代全面推进依法治国，建设具有中国特色的社会主义法治国家，并不意味着我们对先进法治经验有所排斥，而是要在借鉴和扬弃的基础上，紧紧围绕中国现实问题进行深入探索，可以说，这就是人类法治文明秩序在新时代中国的新探索、新发展。正如江必新教授所言，"我们所奉行的中国特色社会主义法治道路，是在对既往诸种法治形态的扬弃的基础上逐步探索形成的，法治中国建设属于世界法治发展大潮的重要组成部分，因此，中国特色社会主义法治符合法治的普遍性要求，是一种正义之治、规则之治"❹。

司法是社会公平正义的最后一道防线，司法人员必须信仰法律，坚守法治，端稳天平，握牢法槌，铁面无私，秉公司法，❺ 在法治改革方面，尤其不能因为现行法律规定就不敢越雷池一步，那是无法推进改革的。❻ 总之，最终的目标就是通过司法公正的落实，提升司法裁判的公信力，并努力让人民群众在每一个案件中感受到公平正义。全面推进依法治国，乃是对符合新

---

❶ ［古希腊］亚里士多德：《政治学》，吴寿彭译，商务印书馆1965年版，第199页。

❷ 《新德里宣言》中提出的法治原则包括：立法机关的职能就在于创设和维护使得每个人保持人类尊严的各种条件；法治原则不仅要对制止行政权的滥用提供法律保障，而且要使政府有效地维护法律秩序，借以保障人们具有充分的社会和经济生活条件；法治要求正当的刑事程序；司法独立和律师自由是实施法治原则不可缺少的条件。详情参见杨海坤等：《宪法基本理论》，中国民主法制出版社2007年版，第107页。

❸ 习近平：《加快建设社会主义法治国家》，载《中国人大》2015年第1期，第6页。

❹ 江必新：《筑牢夯实中国特色社会主义法治道路》，载《求索》2019年第4期，第5页。

❺ 段瑞群：《职业保障的三大着力点》，载《人民法院报》2015年5月11日，第2版。

❻ 习近平：《推进全面依法治国，发挥法治在国家治理体系和治理能力现代化中的积极作用》，载《中国人大》2020年第22期，第18页。

时代发展需要的公平正义理念的切实践行，展现了一种良法善治且有机统一的法律秩序的建构过程。具体到现实司法裁判环节，就是追求和落实司法裁判的法律效果和社会效果的有机统一，做到判决合法、合情、合理，从而让公平正义以看得见的方式实现。

法治社会的基本要求之一，就是在司法中杜绝肆意，克服不确定性，以事实为根据，以法律为准绳，实现公平公正。从后果主义来说，司法的法律效果是判断法治国家是否建立的一个基本指标，依法治国方略的最终落实离不开公正司法的实现。然而，现实生活中，由于交往合作日益复杂化、密集化和多元化，疑难案件层出不穷，屡屡考验司法实践。例如，在某些个案中，欲适用之法律意思模糊，存在不确定性解释，或者法律条文表达本身就是原则性规定，缺乏精确定位，或者对个案事实之涵摄缺乏直接明确的法律规则，或者不同的法律规则之间存在一定的冲突等。公平正义之实现是以个案正义的积累为基础的，同样依法治国方略的最终落实，也必须回归于个案的司法过程。如何在个案中深入贯彻依法治国之精神，让人民群众感受到公平正义，就成为司法领域中一个需要认真对待的问题。

对此，笔者认为，首先需要正确地理解依法治国之法，即依法治国之法为何？如何对其进行界定？难道仅仅是法典条文或实证制定法法条吗？《中共中央关于全面推进依法治国若干重大问题的决定》（以下简称《决定》）便旗帜鲜明地强调，"法律是治国之重器，良法是善治之前提"。关于如何理解依法治国之法，德沃金的整全性法律观可以提供一种有益的视角。是以，可以透过整全性的解释方法来理解依法治国之法。从法治中国的整体性实践架构来看，立足于依法治国的法治理念和宗旨，形式正义具有优先性乃是应有之义，这里的法应该是一种能够展现和包含形式正义的法。进一步来讲，根据《决定》之具体内容，依法治国之法显然是一种广义的法，它意味着一个以宪法为统领的良法规范的集合，而非狭义上的实证立法法条。从法源的理论视角来看，这其实意味着对多元化和扩张化的法源观的支持，即除了正式的国家制定法，还包括其他有助于维护公平正义之理念的非制定法的规范，诸如软法、习惯法、判例甚至法律解释等都应该属于这种法规范。从微观层面来看，马克思主义法学坚称，任何社会秩序都有其法律原则，并通过自身内部的生命将这些法律原则形成法律体系，是社会形成法，而不是反过来，❶可以说，法乃社会生活之映象。在我国，依法治国之法应是社会主义法治国家之法，它首先应该是一种立足于我国国情、体现中国特色社会主义之法，社会主义法的社会性本质决定了其必然是立足于社会主义实践发展，因随社会主义的政治、经济、文化等因素而相应发展的一种动态性的法。这样的法也必然是一种与时俱进的、具有一定开放性的、有利于社会主义法治的具体实践。

之所以需要将指导性案例上升为正式法源，一个重要的原因就在于它恰恰是对全面依法治国背景下构建良法法治秩序的呼应。从指导性案例的产生来说，它是最高人民法院深入推进司法改革，呼应社会对司法公平之要求，进一步落实同案同判，从而实现法律之公平正义的努力结晶。从指导性案例本身的内在特点来说，法律公平之具体实现，需要满足可靠性的最低要求，也就是说，通过对指导性案例的类推适用，践行类似情况类似处理的公平理念，借助这样一种规范性运作，保证正义结果的可靠性，并由此将这些正义理念作为信息传播给社会。总而言之，将指导性案例上升为正式法源，在丰富依法治国之法内容的同时，也提供了一种对必要的正义限度予以保障的法律适用机制。

4.2.2 指导性案例作为正式法源践行我国宪法之平等观

早在古希腊时期，亚里士多德就开始关注比例平等问题，强调同样的事情应该同样对待。到了资产阶级启蒙运动和革命时期，平等便和自由、博爱等一同成为人类社会所为之努力奋斗的目标，美国《独立宣言》亦宣称人生而平等的先验性。毋庸讳言，对平等的关注与保护，乃是一个法治社会的应有之义。然而，关于平等，人们有着太多不同的解释，例如西方的左派和右派对其的理解就产生了很大的分野，甚至争论得一塌糊涂。

不过，在罗尔斯看来，要理解平等，必须将其作为一个纯粹程序性原则

---

❶ ［德］魏德士：《法理学》，丁晓春、吴越译，法律出版社2005年版，第230页。

来看待。平等意味着在无强制原因的情况下，无人有受到特殊对待的权利。从程序层面来看，所有人均应被同等地对待。● 在法律领域内，类似情况类似处理的准则也包含在法治之内，如果这一准则被抛弃，人们就无法通过规范手段调节自身行为。因为类似情况类似处理准则使法官及其他当权者的权限得到了有效限制，由此想要针对带有偏见的判决进行看似有理的辩护变得十分困难。● 正因为如此，罗尔斯在构建正义理论的两大原则时，将平等原则放在首要位置。

平等理念的发展与保护，往往是和宪法密切联系在一起的。以美国法治发展历史为例，平等理念的发展基本上贯穿了美国宪法的整个法制史进程，尽管其中多有波折反复。平等保护不是结果平等或团体的权利，而是指个人机会平等及在法律面前享有平等的权利。● 很显然，这展现了一种形式正义上的平等观，平等意味着一种原则意义上的基本平等，反对不合理的差别性对待，它意味着类似情况应该用类似方式予以处理的规范原则。● 马克思主义历来重视平等这一理念，甚至可以说，平等乃是马克思主义的重心所在。有鉴于此，我国在《宪法》第 33 条第 2 款中便明确表达了这一平等原则，即中华人民共和国公民在法律面前一律平等"。很显然此处的"平等"意味着一种形式上的原则，即相同事项应相同处理，不同事项应不同处理，如果出现"在本质上若相同之事项而竟不同处理"，或"本质上应不同之事项而竟相同处理"，● 即属于对平等原则的违反。

---

❶ ［美］约翰·罗尔斯：《正义论》，何怀宏等译，中国社会科学出版社 2012 年版，第 509 页。
❷ ［美］约翰·罗尔斯：《正义论》，何怀宏等译，中国社会科学出版社 2012 年版，第 235 页。
❸ ［美］丹尼斯·帕特森编：《布莱克维尔法哲学和法律理论指南》，汪庆华等译，上海人民出版社 2012 年版，第 162－163 页。
❹ 之所以将平等界定为一种原则，而非具体的权利，一个重要的诠释根据就是 1982 年修订宪法的历史资料。1982 年 11 月 26 日，宪法修改委员会副主任委员彭真同志在第五届全国人民代表大会第五次会议上所作的《关于中华人民共和国宪法修改草案的报告》中明确指出："草案恢复了一九五四年宪法关于公民在法律面前一律平等的规定……"这是保证社会主义民主和社会主义法制实施的一条基本原则。详情参见全国人大常委会办公厅秘书二局：《中国宪法文献通编》，中国民主法制出版社 2004 年版，第 63 页。当然，主张平等是一项规范原则，并不否定平等的权利性质，而是说"平等"一词在这里并不是指向某一个具体的权利。
❺ 吴信华：《平等权的体系思考》，载《月旦法学教室》2007 年第 55 期，第 16 页。

其实对形式平等的强调已经是当今世界各国宪法修订的一种通识。当然，形式平等并不等于绝对平等，从而排斥正当合理的差异性对待，该问题的关键在于，实施这种差异性对待的理由必须是能够予以合理化证成的。对于这一原则，德国宪法法院也表示了类似的看法。

不过，一个非常现实的问题由此摆在了实践面前，那就是我国宪法规定的平等原则如何在实际生活中予以落实呢？进而言之，何谓本质上类似或相同的事项？何谓合理的差异？如何对它们予以精确辨识呢？很显然，原则性的分析或一般性规定根本无法解决具体的特殊案件。这对当下之司法提出了一个迫在眉睫的挑战，即在个案司法实践过程中，司法如何把握从原则规范到具体案件的转换，显然仅仅依靠法官对个案的了解、依靠法官的良知正义感抑或依靠个体经验予以决断，是无法让群众感受到一种客观可靠的公平感的。换言之，当法律无法直接给出关于个案的具体裁断答案时，如何避免法官之裁判流于恣意，并避免自由裁量权之滥用呢？对此，美国法学家德沃金给出的切入思路就是，回到什么是法律这一根本问题上，通过对法律概念的整全性诠释，建构一个最为合理的裁断。也正因为如此，德沃金提出了关于法律概念的见解，即法律并未被这些规则或原则的任何目录所穷尽，这些规则或原则中的每一项都规定了自己对特定个别行为的支配范围；❶ 法律不仅包括实证规则，还包括原则和政策等。德沃金认为，我们所拥有的法律，亦即我们现实具体的法律，是由"包括的整全性"所确定的，这是针对法官的法律，法律存在于这样的诸正义原则，即从非特定制度的观点，也就是从抽象化"包括的整全性"所要求之公平与程序的所有拘束的观点来看，这些原则为现行法律提供了最佳证立。❷

从法律方法的视角来看，德沃金的这一分析进路，其实就是将法源作为一个整全性的理念来切入并推进对问题的解决的。这一进路为精确地把握宪法的平等原则提供了新的视野，即通过对法的概念的整全性诠释，突破传统

---

❶ ［美］罗纳德·德沃金：《法律帝国》，李冠宜译，时英出版社 2002 年版，第 420 页。

❷ ［美］罗纳德·德沃金：《法律帝国》，李冠宜译，时英出版社 2002 年版，第 414 页。

法源内容，将指导性案例提升为一种正式法源，并将其作为裁判规范之参考，通过对类似案例的内涵规则的诠释与把握，立足于类型化思维和类推论证，以诠释的精神，在正确地忠实于过去之同时，将原则置于展示着对最佳未来之最佳路线的实践上。❶ 正是在这个意义上，可以说，指导性案例的正式法源化，不仅可以从形式上促成司法尺度的统一，从实质上减少法官的司法随意性，保证类似案件之司法结果的趋同，维护司法公正，从而使案例指导制度成为看得见的公正参照系，❷ 还可以通过同案同判之裁判过程向社会传播关于什么是宪法所谓的形式平等的知识与信息，透过类似个案的传播积累，透过实践与理论的互动观照，最终达致一种关于平等原则的共识与认同。

4.2.3　指导性案例作为正式法源之规范有效性分析

每一个复杂社会都需要一套行之有效的法律体系，任何法律体系的一个重要功能在于裁判案件。而相关经验性的研究显示，法院在事实上所诉诸的各种标准，各个法院对于不同"法律渊源"所赋予的权重……这一系列因素都在影响着司法裁判的具体运作。❸ 司法实践表明，不管是社会生活还是法律体系之运作都是非常复杂多变的，概念法学的式微使得我们不得不接受这样的一种观点，"如果法律体系能够成功地发挥那些本应在当代社会发挥的功能，那么它就不能也不应当通过一种将一般性法律规则'机械地'运用于特定案件事实的方式来裁决案件"❹。

特别是，当一个新型案件或者疑难案件出现，或没有法律规则能够直接涵摄案件时，试图仅凭一种演绎逻辑的司法三段论推理来裁断案件，显然是不现实的。在这样的情形之下，如何来构建一种理性的裁判程序或过程呢？对此，英美法系国家将目光转向了判例或先例制度，而在我们国家则创造性地启动了案例指导制度，借助对指导性案例的参照运用，合理地裁判那些典型的、复杂的、疑难的棘手案件，以期实现同案同判的公平正义。可以说，

---

❶ ［美］罗纳德·德沃金：《法律帝国》，李冠宜译，时英出版社 2002 年版，第 420 页。
❷ 陈兴良主编：《中国案例指导制度研究》，北京大学出版社 2014 年版，第 58 页。
❸ ［美］理查德·瓦瑟斯特罗姆：《法官如何裁判》，孙海波译，中国法制出版社 2016 年版，第 1 页。
❹ ［美］理查德·瓦瑟斯特罗姆：《法官如何裁判》，孙海波译，中国法制出版社 2016 年版，第 4 页。

指导性案例的发布和参照适用，意味着一种新的司法规则形成机制的诞生。

不同于英美法系和大陆法系的判例制度，我国的案例指导制度具有明显的中国特色，但是笔者并不拒绝对两大法系判例制度之先进经验的学习和萃取。尽管案例指导制度仍有很多不足之处，但它的建立对中国法治建设的助益是有目共睹的，指导性案例的发布在更大程度上满足了司法活动的规则需求，因其典范性也更容易为社会公众所理解。更重要的是，借助实践反馈，其正在逐渐演化完善为一种新的规则生成机制，对于当下我国构建有关纠纷解决的多元机制来说，在规则供给层面或提升法律发现方面，无疑是一种很大的改进。

当然，指导性案例之所以能够发挥这样积极的作用，除了最高人民法院与最高人民检察院大力推动生成机制外，一个基本的原因在于其自身独特的规范供给机制。指导性案例作为一种具有中国特色的典型先例，因其内涵之规则来源于对既往案件合法合理的裁判，凭借对公平正义理念的践行形塑了自身的规范正当性。与司法解释的运作机制相似，通过法院对个案的创造性解释适用，司法之实践理性与裁判智慧由此通过裁判实践而被融入指导性案例之中。指导性案例经由司法裁判的典范运作，构建起自身的规范正当性，相较于未来的类似案件，它可以被看作一个合理的且能够被遵循的典型规范的变形，更进一步而言，它可以在今后的司法裁判中为裁判结果提供正当性的证成理由。只有遵循指导性案例，司法裁判的一致性和稳定性才有可能得到保障。但值得明确的是，我们并不反对对指导性案例的修正，虽然一直倡导为了达致同案同判，应当遵循指导性案例，但"当且仅当在这些先前的裁决是'正确的'条件下，法官事实上才受到这些先前裁决的约束"❶。

从制度的视野来看，指导性案例通过系统的规范运作，宣示和表达了法律规则或法律原则，究其本质，这就是一种法源自身拓展的过程。有鉴于此，赋予指导性案例正式的法源地位，乃是对行动中的法的肯认，是对规则之治的一种遵循和承继，而非对规则之治的司法规律的违背。规则之治语境下的

---

❶ ［美］理查德·瓦瑟斯特罗姆：《法官如何裁判》，孙海波译，中国法制出版社 2016 年版，第 77 页。

公平司法，意味着当且仅当某个特定的裁决只有从既定的法律规则（也就是先例）中推导出来时，才能够获得其正当性。❶ 因为法律的存在就是为了确保实现一种社会控制力量所欲设定的秩序，其目的在于统一人们的行为，以便让社会中的每一个人都知道在某些情形下另外一些人可能会如何行动，这是获得安全保障的核心所在。❷ 社会期待法院循沿理性之道来解决纠纷，即只有依据一定的规则、原则或标准，才能获得合理的裁判范式，这是一种理性的决策过程，它相信正式的司法程序，而类似案件类似裁判正好满足了这一确信。❸

不过，如果指导性案例要被提升为正式法源，那么有一个最为基本的问题必须解决，那就是由于指导性案例并非源于立法机关，而是司法机关立足于审判实践的创造性的成果，那么指导性案例为什么具备拘束力之正当性呢？或者说指导性案例为什么可以被遵循呢？仅仅以最高人民法院关于对指导性案例应当参照的效力界定来回答，显然是无法令人信服的，因为这无疑是一种鸡生蛋跟蛋生鸡的循环逻辑，并没有从根本层面解决为何指导性案例值得去遵循这个问题。而且最高人民法院、最高人民检察院之所以规定指导性案例的应当参照之效力，恰恰就是建立在指导性案例自身所蕴含的规范特性基础之上的。

笔者认为，要回答这一问题，必须回归到指导性案例的内在规范性这一论题上来，也就是说，要从规范的视角来探讨其拘束力的正当性。美国学者亚历山大曾经专门对普通法系中的先例拘束力之正当性问题进行探讨，在他看来，总共有三种类型模式对解释先例为何被遵循最具有说服力，即先例约束的自然模式、先例约束的规则模式和先例约束的结果模式。❹ 受其启发，笔者关于指导性案例的拘束力正当性的分析正是借鉴了亚历山大对先例拘束

---

❶ ［美］理查德·瓦瑟斯特罗姆：《法官如何裁判》，孙海波译，中国法制出版社 2016 年版，第 83 页。
❷ ［美］理查德·瓦瑟斯特罗姆：《法官如何裁判》，孙海波译，中国法制出版社 2016 年版，第 90 页。
❸ ［英］丹尼斯·劳埃德：《法理学》，许章润译，法律出版社 2007 年版，第 503 页。
❹ ［美］丹尼斯·帕特森编：《布莱克维尔法哲学和法律理论指南》，汪庆华等译，上海人民出版社 2012 年版，第 510－513 页。

力之正当性来源的分析进路，认为指导性案例拘束力的规范性来源恰恰就是建立在上述三个不同层面的交织与综合作用基础之上的。

4.2.3.1 指导性案例拘束力的自然模式：一个垂直分析

指导性案例拘束力效力的自然模式，其实就是指类似情况类似对待，同类案件同类判断。"过往的判决对于按照与先前的裁判相同的方式裁决案件，自然提供了理据"，其中"衡平（equality）与信赖（reliance）"是最为根本的理由。❶ 也就是说，指导性案例作为过往的裁判实践之结果，其内含的个案之公平正义理念，也应该同样被适用于类似的个案裁判中。之所以会有这样的规范性要求，其直观表层的动因在于一种心理性或者说自然习性之应然，而其内在根本动力乃是人们对于平等和可预期信赖的自然追求。从某种意义来讲，平等和可预期信赖乃是一个问题的两个方面。

众所周知，我国宪法对社会主义平等观作出了明确规定，即法律面前人人平等，这也就意味着在司法实践过程中，人们完全有权利要求能够与指导案例中的当事人一样，受到相同的对待，或者说法院应该给予其类似的恰当对待。而从另一个角度来看，通过指导性案例的适用，最终实现法律适用面前人人平等，其实就是将人们对类案统一法律适用的预期进一步巩固和现实化。由此指导性案例的发布，就为法律的确定性注入了稳定剂。通过指导性案例的适用，以后法官在处理类似案件时，很自然地就会按照既往的判处给予类似的裁判，而社会公众也会很自然地根据指导性案例对人与人之间的交往行为结果形成一种预期，并将此预期反馈到未来的案件诉求之中，从而形成一种颇具稳定性的秩序安排。

不过，就指导性案例拘束力之规范性来源看，不管是基于对平等原则的正义要求，还是基于对预期的稳定信赖，其背后都展现了一种社会行为的惯性力量，或者说都体现了一种对既有约定俗成之惯例的遵从。就法律的演进发展历程来看，法律的成长离不开社会对其习惯性的普遍认同与遵从，这种遵从并不仅仅是对强制制裁的畏惧，还体现出一种重要的规范构成力量。对

---

❶ ［英］丹尼斯·劳埃德：《法理学》，许章润译，法律出版社 2007 年版，第 514 页。

此，德沃金将这种规范性界定为惯例主义模式。笔者正是在此借用了德沃金对惯例主义的分析，来帮助我们理解和分析指导性案例拘束力之规范性，其凝含着一种惯例主义的行为模式，即法官必须尊重在相关社群中已经确立的法律惯例，必须将惯例规定为法律的内容作为法律，但极少数情况除外。❶换言之，在积极的意义上，惯例主义模式意味着过去与未来的一种连续性和一致性的联结，通过展现事实上的规范性，证立了指导性案例拘束力的正当性。指导性案例之所以对后来的类似案件具有一定的拘束力，是因为只有透过该方式给予人们合理预警，让强制的场合对所有人而言，不是政治道德方面的新颖判断，而是均可以得知的明显事实，这就是被保护之期待的理想。❷

从社会民众作为裁判结果之受众层面来说，人们期待由于现在的处境与过去某个指导性案例的处境相似，所以应该类似情况类似处理，这也是公平之应有含义，由此通过这样的惯例主义模式的日积月累之具体运作，指导性案例便逐步获得一种规范意义上的"拘束性权威"。但在消极意义上，这种惯例主义模式实际上限制了法官在类似个案中行使自由裁量权的空间。

而从经济学的视角来看，指导性案例拘束力之规范性的自然模式其实展现了一种路径依赖的"正反馈机制"。路径依赖意味着在先的决定将约束在后的可能选择或可选择范围，由于惯性之累积，由此产生一种正反馈，即维系系统某一特征的好处会随着时间推移而不断增加；但是，一旦对其做出更改，很可能会带来交易成本的增长，即当司法判例被法官创设出来并受到信赖后，推翻该司法判例的成本也将随之增加。❸从这一点来说，历史与传统也在一定程度上强化了指导性案例拘束力之正当性。

4.2.3.2　指导性案例拘束力的规则模式：一个平面分析

在法治社会中，司法公信力的构建与认同，往往离不开对先例的遵循，不仅如此，遵循先例通常被视为一种基本的司法原则，而非个案之例外。美

---

❶ ［美］罗纳德·德沃金：《法律帝国》，李冠宜译，时英出版社 2002 年版，第 126 页。
❷ ［美］罗纳德·德沃金：《法律帝国》，李冠宜译，时英出版社 2002 年版，第 127 页。
❸ ［美］劳伦斯·索伦：《法理词汇：法学院学生的工具箱》，王凌皞译，中国政法大学出版社 2010 年版，第 322 - 323 页。

国学者亚历山大在分析先例的拘束力的正当性来源时，提出法院的先例之所以对后来的案件具有拘束力，主要是因为法律规则在先例法院判决案件过程中被予以宣布，这些法律规则约束了后来的法院。同时，这些法律规则成为行动者的合理依赖，并强化了预期和稳定性。❶

　　正因为先例可以被用来预测未来案件之裁判，助益人们规划、调整交往行为，所以公平正义才能以一种稳定的可预期性、一致性得以践行落实。人们之所以对先例抱有一种很高的期望与信任，一个重要的原因就是先例的创设意味着一种规则的演进，通过对先例所含规则的提取，法律推理与法律论证才有可能运转起来，也正因为法律推理论证的运作，一个合法合理的裁判才有可能得以证立。从法律方法的意义上来讲，正是借助先例拘束力的规则模式，先例与法律推理紧密联系起来，并通过具体个案勾画出了司法的实践理性。当然，实践中先例拘束力的规则模式面临的最大的挑战就是，这一理论往往被看作法官在造法。对于这一质疑，格雷法官认为存在逻辑上的错误，他回应道，"法官裁决（rule）的东西就是法律，可要说法律就是法官裁决的东西则是本末倒置"，"法律无疑与法官发布的规则相一致，但这些规则之所以由法院发布是因为它们是法律，而不是说，它们因为被法官发布才成为法律"。❷ 换言之，法官乃是法律的发现者和发布者，而非其表达者和创造者。同时，在格雷法官看来，法律之所以与其他的规则不同，其根本原因在于法律是法院发布的规则，法院以此作出判决，❸ 只有那些法院依其本意发布的规则，或是法院遵守的，好似由法院所在的共同体为法院规定的规则，才是这个共同体的法律。❹

---

❶ ［美］丹尼斯·帕特森编：《布莱克维尔法哲学和法律理论指南》，汪庆华等译，上海人民出版社2012年版，第511页。

❷ ［美］约翰·奇普曼·格雷：《法律的性质与渊源》，马驰译，中国政法大学出版社2012年版，第79页。

❸ ［美］约翰·奇普曼·格雷：《法律的性质与渊源》，马驰译，中国政法大学出版社2012年版，第88页。

❹ ［美］约翰·奇普曼·格雷：《法律的性质与渊源》，马驰译，中国政法大学出版社2012年版，第91页。

正是基于这一理由，格雷法官主张作为先例的判决乃是仅次于制定法的第二法源，因此在进行司法裁判时，对于法律之发现，法官在判决案件时一定会从先例中获取规则，但如果没有先例，法官的判决结果一定大不一样。❶对此，英国学者布莱克斯通也认为，法官作为法律的守护者，遵循先例，类似情况类似处理，不仅可以保持司法天平的稳定性与公正性，不易因为后任法官的个人观点而产生波动，而且在这种情况下，法律是经过庄严判决并正式颁布的，以往不确定或可能不被重视的问题现在已成为永久性的规则，因此后任法官不能凭其个人情绪随意对其加以改动或变化。❷ 也就是说，尽管先例仅仅是个案之司法实践，但其中蕴含着有关某一具体问题的法律规则，通过对先例的遵循，这些法律规则逐步从个案之规定上升为有关某一问题的一般性规定，从而保障了司法的一致性。在这一点上，就连凯尔森也表示了认同。

当下关于指导性案例拘束力的规则模式最为贴近、最富有说服力的一种解释，就是德国学者费肯杰的个案规范理论。这一规范理论被誉为"当代德国法学理论中最重要的概念之一"。所谓个案规范，是指司法运作过程中，所有待裁判事实均系根据要将其归类的法律规则、法律命题或者规范来进行回答的。这些规则或规范就是个案规范，其运行是立足于这样的一种类推方法基础之上的，即类似情况类似处理。❸ 费肯杰的个案规范理论对于我国的案例指导制度有着重要的借鉴意义，借助这一理论分析，指导性案例拘束力来源之正当性便可以获得一种技术意义上的规范支撑。

在国内，陈兴良教授认为案例指导制度将成为改变中国法治格局的重要力量，在他看来，指导性案例的生成机制就是司法规则的形成机制，究其本质，指导性案例就是一种具有判例性质的案例，该制度就是我国的判例制度，只不过具有中国的独特性而已。❹ 从这一视角来说，上述有关先例拘束力之

---

❶　［美］约翰·奇普曼·格雷：《法律的性质与渊源》，马驰译，中国政法大学出版社 2012 年版，第 189 页。

❷　［美］约翰·奇普曼·格雷：《法律的性质与渊源》，马驰译，中国政法大学出版社 2012 年版，第 190 页。

❸　高尚：《德国判例使用方法研究》，法律出版社 2019 年版，第 8 页。

❹　陈兴良主编：《中国案例指导制度研究》，北京大学出版社 2014 年版，代序第 1 页。

规则模式理论完全可以用来解释我国指导性案例拘束力之规范性的正当来源。指导性案例的主旨在于"指导"二字，之所以可以通过个案来形成对于今后类似个案的指导，一个基本的原因就在于指导性案例可以在个案中提炼转化为一种具有一般性的司法规范，从而弥补法律漏洞，融贯司法解释。由此，正是基于这样的一种规则模式的具体运作，指导性案例保障了司法裁判运作过程中的规则取向。

4.2.3.3 指导性案例拘束力之结果模式：一个点的分析

在劳埃德看来，先例拘束力之结果模式意味着，如果受到先例约束的案件与创设先例的案件所赞成的结果相同或更加有力，那么法院就应该给予与先例类似的处理结果；或者创设先例的法庭判决，如果是正确的，那么遵循先例作出类似处理结果的裁判也是正确的。❶

对于指导性案例来说，在一部分案件中，其过去的正确司法裁判势必会对未来类似案件的裁判产生导向意义。之所以指导性案例拘束力之结果模式的运作能够被接受并具有正当性，一方面，这是源于人们对正义的追求，包含了形式层面和实质层面的需求，尽管形式正义是决定性的，但是如果没有实质正义的实现，那么也会在一定程度上影响司法的公信力。例如，与云南许霆案相类似的何鹏案，之所以会在社会上造成很大的冲击与震动，其根本的原因就在于两个类似的案件却得到了差别很大的不同裁判。诚然，这个世界没有一模一样的两个案件，但如果两个类似案件展现出差异性巨大的裁判结果，也是很难令公众满意的。社会民众会有一种很自然的比较倾向，即通过对类似案件的对比，形成有关司法裁判的评价，并由此汇聚为民意，而民意的呼声往往是法院所不能忽视的。也正因为如此，在一些案件中，指导性案例的指导作用就体现在对裁判结果的引导和影响上。

另一方面，指导性案例拘束力之结果模式，实际上反映了一种后果取向的法律思维。司法的公平性需要有看得见的正义来支撑，在一定层面上，案

---

❶ ［英］丹尼斯·劳埃德：《法理学》，许章润译，法律出版社 2007 年版，第 516 页。

件的裁判后果或效果跟裁判的过程一样，对司法裁判公信力也依然有着重要的现实意义。自党的十九大以来，最高人民法院一直强调对司法效果的重视，力争将司法的法律效果与社会效果有机地统一于个案裁判实践之中，并借此让社会公众切实感受到每一个案件中的公平与正义。可以说，通过指导性案例的参照适用来追求个案裁判的公平效果，展现对未来的关注，正是呼应了这一时代需求。之所以指导性案例拘束力的结果模式能够获得一定的认可，有的时候并不仅仅是对过去的自然遵循或对规则的严格坚守，而是源于对正义结果的可欲性追求与期待。对于这种结果模式的运作，德沃金将其形象地比喻为一种"吸引力"，以此来解释过去的裁判结果对以后类似案件的指引。从这一点来讲，在一些个案中采取后果取向，在一些类案件中保持类似的处理结果，也是指导性案例制度性运作所应有的含义之一。

我国的案例指导制度是一种具有中国特色的判例制度，但笔者认为必须清醒地认识到，指导性案例与英美法系和大陆法系的判例存有根本性的差异。作为指导性案例，其本质并非一种完全意义上的自下而上的自发法律秩序之成长，其发布与生成离不开最高人民法院和最高人民检察院的统一指导，由此其拘束力的规范性来源也与英美法系判例制度的拘束力生成机制存在明显不同。综上所述，就指导性案例拘束力之内在规范性来源来说，它是一种不同层面的因素综合运作的结果，既有对自然习性的形式尊崇，也有对规则、程序的坚守，还有对结果的实质追求，这些不同层面因素的运作，乃是在追求个案之公平正义理念的牵引下，融贯并践行于个案裁判实践之中的，从某种程度上来讲，这也是一种整全性的制度运作。当然，在其具体运作过程中，规则模式的解释效果明显要占据主流。

4.3　指导性案例作为正式法源的现实性分析

我国的案例指导制度作为一种处于改革探索之中的新生事物，难免存在不足，如果此时就针对案例指导制度进行严格的剖析，显然其结果是不全面甚至是不公平的。

不过，必须承认的是，随着指导性案例的陆续发布以及相关配套制度的出台，指导性案例在促进司法公正公平方面正发挥着越来越重要的作用。很多学者都在当下司法实践和制度架构的基础上进行了制度展望，以陈兴良、王利明、张琪等为代表的学者就一直提倡案例指导制度，"我们期待着它在司法实践中发挥应有的作用，从而使案例指导制度成为我国除法律、司法解释以外的一种规则形成机制"❶。陈兴良教授专门对此进行了研究和总结，认为案例指导制度可以增加法律规则的提供方式，取代个案司法解释，甚至改变法官的思维方式，进而重塑法学知识的形态。❷ 从宏观视角来看，可以大大改进和完善具有中国特色的社会主义法治格局。就当下全球化日益交融的格局、中国法治建设的相关情况和社会变迁发展来看，指导性案例提升为正式法源已经具备了比较充分的现实基础。

4.3.1 基于传统判例历史实践的创造性转化

陈兴良教授认为，中国案例指导制度的形成既有与时俱进的时代特色，又有深厚的历史渊源和民族特色，伴随着中华传统法律文化的发展，其经历了一个源远流长的历史发展和演进过程。❸ 尽管在中国古代与近代的法制历史上，并没有形成现代意义的判例制度，但这并不意味着中国历史上没有关于判例的司法实践。恰恰相反，纵观中国法制史发展历程，会发现判例在中国历代的司法实践中有着悠久的历史传统。

作为中华法系的代表，在中国的法律史上，法典和制定法始终占据着正统的法律地位。然而，在具体的司法裁判中，判例作为一种非常重要的法律形式，一直对制定法起着完善、补充甚至是变通的作用，判例与正式的法典一同构筑了中华法系的司法史。何勤华教授认为，判例的萌芽主要是发源于先秦时期。❹ 其中，《尚书》一书中便留有大量有关运用判例解决案件的记

---

❶ 陈兴良主编：《中国案例指导制度研究》，北京大学出版社2014年版，第39页。
❷ 陈兴良主编：《中国案例指导制度研究》，北京大学出版社2014年版，代序第9－13页。
❸ 陈兴良主编：《中国案例指导制度研究》，北京大学出版社2014年版，第40页。
❹ 何勤华：《中国法学史》（第一卷），法律出版社2000年版，第189页。

载。秦汉时期，判例正式出现，秦朝以"廷行事"的形式予以裁判案件，其实就是对判例的运用。❶ 睡虎地秦墓竹简（又称为云梦秦简）就多次对廷行事的判例化运用提供了真实的记录。汉承秦制，在廷行事的基础上，又发展出了"决事比"这种判例形式，当然最为典型的判例运用依然要数"春秋决狱"了。

自三国两晋南北朝至隋唐时期，判例实践得到进一步的承袭。其中，《晋律》将旧律改为刑名法例，实践中遇到疑难案件时，便根据名例予以裁断，也就是从这时起，判例便被称为"例"。❷ 唐朝时期，尽管政府重律而抑例，但《唐律疏议》依然要借助判例来解释律文。唐朝时期最为著名的《龙筋凤髓判》和《甲乙判》便记载了很多运用判例的案例。宋元时期，判例因其灵活性为统治者所青睐，其影响力逐渐压过律文，以至于走向了极端化，出现了以例破法的现象。正如张晋藩教授所指出的那样，判例的地位过高，再加上其运用的随意性，由此不但破坏了不同法律形式之间的稳定结构，而且冲击了封建制定法体系。❸ 以元朝的《至正条格》为典型，其中例就占据了绝大部分，加之贪官污吏随意滥用，最终导致了司法混乱的局面。

明清时期，判例之运用可谓达到了顶峰。明初，吸收借鉴元朝以例破律的经验教训，司法回到以例辅律的状态，但随着例地位的提升，后来又发展为律例并行。不过，随着《大明律》和《明大诰》的颁布，例逐步获得制度化的规范。到了清朝，判例技术逐渐成熟，尤其是《大清律例》的颁布，奠定了律例并驾齐驱的格局。在清朝司法中，因案生例制度予以确立，随着例地位的不断上升，司法中又发展出成案这一法律形式。成案如果获得统治者的认可，还可以拥有指导全国司法实践的权威。

通过对中国封建王朝法制历史的梳理可以看出，在正式表达层面上，伴随着朝代更替，立法主导了历朝的法制发展，但从实际运行的层面来看，恰

---

❶ 陈兴良主编：《中国案例指导制度研究》，北京大学出版社 2014 年版，第 41 页。
❷ 陈兴良主编：《中国案例指导制度研究》，北京大学出版社 2014 年版，第 43 页。
❸ 张晋藩：《中国法律的传统与近代转型》，法律出版社 1997 年版，第 241 页。

恰是司法断案这一因素在推动着法律体系的发展，判例的发展历程就是一个很好的例证，判例也由此成为中国传统法律文化中一颗耀眼的明星。

从清末修宪至中华民国时期，中国大量借鉴和移植大陆法系的制定法，但由于社会动荡不安，法律运作缺乏统一的制度性规范。作为最高审判机关的大理院，身兼司法与立法职能，因应社会变迁，法律有所不逮，"遂逐案酌采欧洲法理，参照我国习惯，权衡折中，以为判决……选取精华，编为判例，于民国八年创行大理院判例要旨，开判例创设法律之先河"❶。大理院的判例在弥补法律不足、因应社会变迁方面起到了积极的作用，由此中国近代之判例制度也得以萌芽与发展。南京国民政府时期，最高法院取代大理院，在《六法全书》的基础上成立专门委员会，对实践中的既有判例进行系统编纂，最终形成"最高法院判例要旨"系列，以满足司法需求，维持安定之法律秩序。

尽管在新中国成立以前，我国已经积累了丰富的判例实践，但真正对案例指导制度之发展具有决定性意义的，是在新中国成立之后利用典型案例指导审判工作的一系列举措。对此，于同志法官专门进行了梳理，根据他的研究，大致可以分为三个阶段：新中国成立至 1985 年案例指导的发生期、1985 年至 2005 年案例指导的深化期和《二五纲要》实施以来的案例指导的初步形成期。❷

新中国成立初期，《六法全书》被废弃，大部分新的法律还没出台。为规范司法审判，自 1955 年年初开始，最高人民法院开展了大规模的通过收集、整理和研究案例来总结审判经验的活动。经司法座谈会讨论修改后，最高人民法院审判委员会进行审查。审查通过并经全国人大常委会备案后，印发给北京、上海、天津等 14 个大城市的高级人民法院和中级人民法院参考酌定执行。❸ 1958 年，最高人民法院在《关于人民法院工作若干问题的规定》中提出，总结审判工作经验，选择案例，指导工作，并用"案例"取代既往之"判例"。在有的学者看来，这就是案例指导概念的发源雏形。改革开放

---

❶ 转引自周道鸾：《中国案例制度的历史发展》，载《法律适用》2004 年第 5 期，第 2－3 页。

❷ 于同志：《刑法案例指导：理论·制度·实践》，中国人民公安大学出版社 2011 年版，第 11 页。

❸ 于同志：《刑法案例指导：理论·制度·实践》，中国人民公安大学出版社 2011 年版，第 13 页。

以后，面对司法中出现的新问题，最高人民法院经过调查研究，在积极制定司法解释的同时，通过选编案例来指导全国法院的审判工作。❶ 当然由于特定的历史原因，这一时期的案例指导具有很强的政治性和功利性色彩，对于规则的提炼没有很重视。

为适应改革开放需求，便于各级法院和社会公众明晰司法审判规范和审理原理，1985 年最高人民法院创立了《公报》，并以此为阵地陆续刊登由最高人民法院选编的各种典型案例，用以指导全国司法审判工作，并取得了不错的成效。❷

2000 年发布的《最高人民法院裁判文书公布管理办法》，规定将具有典型意义、有一定指导作用的案件的裁判文书发布于人民法院报、公报等平台，在于同志法官看来，这可以说是规范意义上的"指导性案例"的确立。❸ 在 2005 年发布的《二五纲要》中，最高人民法院明确指出建立和完善案例指导制度，重视指导性案例在统一法律适用标准、指导下级法院审判工作、丰富和发展法学理论等方面的作用。这意味着案例指导制度作为统一法律适用机制正式确立。尽管案例指导制度作为一种新生制度，在当下实施之中，难免有不尽如人意的地方，但其引发的社会关注和带来的综合影响无疑是非常积极的。为了进一步巩固这一改革成果，统一法律适用，2020 年发布了《最高人民法院关于统一法律适用加强类案检索的指导意见（试行）》，要求法官在处理案件时应当对类案进行检索，❹ 并将类案检索定位为具有中国特色的、成文法体系下的法律适用制度，进一步强调和规范了法官对指导性案例的参照

---

❶　于同志：《刑法案例指导：理论·制度·实践》，中国人民公安大学出版社 2011 年版，第 21 页。

❷　于同志：《刑法案例指导：理论·制度·实践》，中国人民公安大学出版社 2011 年版，第 24 页。

❸　于同志：《刑法案例指导：理论·制度·实践》，中国人民公安大学出版社 2011 年版，第 38 页。

❹　《最高人民法院关于统一法律适用加强类案检索的指导意见（试行）》第 2 条规定："人民法院办理案件具有下列情形之一，应当进行类案检索：（一）拟提交专业（主审）法官会议或者审判委员会讨论的；（二）缺乏明确裁判规则或者尚未形成统一裁判规则的；（三）院长、庭长根据审判监督管理权限要求进行类案检索的；（四）其他需要进行类案检索的。"第 4 条规定："类案检索范围一般包括：（一）最高人民法院发布的指导性案例；（二）最高人民法院发布的典型案例及裁判生效的案件；（三）本省（自治区、直辖市）高级人民法院发布的参考性案例及裁判生效的案件；（四）上一级人民法院及本院裁判生效的案件……"

和对其他类案的参考。

另外，从现有的案例指导制度的发展成果来看，大量的有关指导性案例的编纂资料被整理出版，不仅在社会获得广泛传播，而且对以法官、检察官和律师为代表的法律职业共同体形成了指导性的影响。例如，为了配合推进《二五纲要》，自 2005 年起，最高人民法院和最高人民检察院联手推出了"中国案例指导"系列丛书，可以说，这是最高人民法院、最高人民检察院指导全国各级人民法院、各级人民检察院统一法律适用、推进公平办案工作的一项重要举措。自 2007 年起，为充分发挥案例指导、借鉴和参考作用，满足广大法官对案例的实际需要，最高人民法院在《人民法院报》设立案例指导板块，专门发布各类具有示范性和典范性的案件，同时最高人民法院创办的机关刊物《人民司法》也自 2007 年开始出版《人民司法·案例》专刊，以维护司法统一，实现司法公平。虽然其中关于指导性案例的发布和汇集，最具权威性的依然是《公报》，但诸如《中国审判案例要览》《人民法院案例选》《中国案例指导》《人民司法·案例》系列同样在指导全国司法审判方面起着重要的作用。对于这些官方持续发布的权威性案例指导资料，我们应如何来看待呢？首先，从发布的主体来看，这些资料大多源自最高人民法院或最高人民检察院，其发布具有非常高的权威性和示范性；从发布内容来看，主要是对司法审判工作予以具体指导；从目的来看，这些资料都旨在为当下司法所面临的新问题提供裁判规则，以统一法律适用，实现公平司法。由此，这里就涉及一个非常现实的论题：指导性案例到底是不是一种正式法源？如果不是正式法源，那么花费这么多的努力来制度性地发布这些权威性资料的最终目的是什么？至少从这些权威性资料的功效和影响来看，它们其实就相当于正式的法源，它们所缺乏的乃是一种来自官方的正式规范性的宣称。

从上述分析可以看出，将指导性案例提升为正式法源，已经具备了比较充分的历史积淀和现实基础。而那种将指导性案例提升为正式法源的主张，乃是对西方英美法系的盲目崇拜和移植的看法，其实是站不住脚的，因为我国不仅在古代有着丰富的判例实践经验，而且自近代以来，已经拥有了正式的判例制度。从不同层次的视野，都可以证明我国的案例指导制度乃是一种立足中国国情、具有中国特色的判例制度。

4.3.2 基于两大法系逐渐融合发展的时代趋势

随着指导性案例的持续发布，其在推进公平正义方面所发挥的作用越来越大，当然这一发展趋势也引发了学界和实务界的一些困惑和质疑。就当下的实践现实来看，将指导性案例提升为正式法源依然存在一些认识上的障碍，一个是来自传统的立法中心主义的法源观的排斥，另一个是来自法系文化的束缚。有关法源理论的讨论，在前文已经进行了论证分析，现在摆在我们面前最大的问题就是如何应对法系文化所带来的挑战，特别是指导性案例类推思维对大陆法系传统演绎思维的挑战。

法系是比较法学的一个重要概念，国内学界对法系文化的重视主要源于法国学者达维德的比较法研究。通过对不同法律文化的比较归纳，可知当今世界主要包括罗马法系、普通法系、社会主义法系，法系这个概念是为方便比较研究而提出来的。❶ 就罗马法系而言，其特点在于注重对法典的完美编纂，强调法律的系统化和体系化，制定法占据着主导性的地位，又被称为大陆法系。相对来讲，普通法系则以司法判例或先例为主导，不注重立法典，强调问题思维导向，更多地关注于具体个案的解决，所以又称为判例体系。

然而，联系具体实践，可以看出，上述有关罗马法系与英美法系的区分实际上是比较笼统的，是一个宏观性的一般化概括，缺乏细致微观的比较，以至于在很多人的眼中形成了一些关于两大法系之间本质区别的固定性共识。比如，认为法典或制定法仅仅存在于大陆法系国家，判例或先例仅仅存在于英美法系国家，甚至认为判例在大陆法系的国家基本没有地位，制定法在英美法系也没有地位。其实，这样的比较是存在明显的片面性的。正如苏永钦教授所指出的那样，比较大陆法系和英美法系的差异，不能仅仅依靠判例和制定法这两个形式因素，因为我们会发现案例和制定法是为两者所共有的，真正的差异其实是这两者之间的关系，即两者之间是怎样有机地结合起来的。

---

❶ ［法］勒内·达维德：《当代主要法律体系》，漆竹生译，上海译文出版社 1984 年版，第 24 页。

在英美法系中，最后发展出真正的法源的时候，法条只是一个材料，案例才是适用的规范，除非用法条直接可以找到答案；而大陆法系虽然也大量地使用案例，但案例只是为了使法条发展出来的法教义学更加合理化，真正适用的还是法条。也就是说，所有大陆法系国家法院的判决，即使法官引用，或者私下阅读了几十份判决，最后判决主文、判决理由还是会回归于特定的法条，确立请求权基础，然后用三段论法进行论证，而不会像英美法一样，在遇到争议时去找先例，然后类比论证，这是两种完全不同的思考方式和法源结构。❶

特别是进入现代社会以来，伴随着全球一体化发展和经济文化交流的频繁和深入，借助于思想的碰撞与交流，两大法系意识到判例法和制定法实际上都存在优缺点，要推进人类法治文明的发展，相互之间的学习和借鉴是唯一的道路。两大法系的接近与融合已经是非常显著的事实，很多大陆法系国家已经非常重视判例的功能，例如德国、法国和日本都有很发达的判例经验；同样地，在英美法系国家，借重制定法的做法也越来越频繁，美国宪法就是以制定法为表现形态的。特别是就传统大陆法系的典型代表德国来说，判例是成文法国家不可或缺的法治资源，这已经是一种占据主流的观点。达维德在很早就曾提示法系的概念只是为了方便对比性的理解，而非一种真实存在的客体。另外，采纳判例抑或采用制定法，完全是依据具体个案的事实情况以及法官在具体个案中对正义的追求操作而定的。

对此，比较法学者埃尔曼专门指出了传统上对两大法系区别的误解，人们往往认为普通法系求证于先例，其主要是归纳式的，大陆法系必须适用法典和法规，故与演绎法相联系，而两者在制作判决方面的决定性区别正是由上述事实导致的。实际上，这明显忽略了一个事实，即如今在普通法系国家，必须根据成文法令、行政条例和类似的成文法来判决提交到法院的最重要的

---

❶ 转引自刘作翔：《"法源"的误用——关于法律渊源的理性思考》，载《法律科学（西北政法大学学报）》2019 年第 3 期，第 4 页。

争议，而在大陆法系国家，法官审理案件也必须经常留心以前的判决。❶

　　通过上述分析可以看出，将两大法系之间的区别严格化、固定化，并以此作为基础理论来反对指导性案例的正式法源化，这其实是对制定法主导地位的反动，有悖于大陆法系的法典化传统法律文化，不管从立论的正当性还是合理性来说，这种观点显然是值得商榷的。更为重要的是，既往学界对两大法系法文化特点的辨别，都是建立在三权分立的框架基础之上的，即以立法权、司法权和行政权的独立三分与制衡来证立观点。但必须认清的是，我国是具有中国特色的社会主义法治国家，不存在三权分立，也就是说，以此理由来反对将指导性案例提升为正式法源是缺乏制度基础的。

　　相反，在现实司法审判中，尤其是在当下案例指导制度的具体实践中，指导性案例的援引和参照是完全建立在保障制定法优先地位的基础之上的，只有当制定法存在法律漏洞、法条表达模糊、法律条文存在冲突以及对具体个案进行正义考量时，才会启动对指导性案例的参照适用。但值得明确的是，制定法优先并不意味着排斥其他的法源形式，它是一个整全性的原则；制定法与指导性案例、司法解释、一般法律原则、社会政策等规范融贯在一起，共同致力和汇集于中国特色社会主义法治建设。

　　而且从宏观层面来看，虽然我国的指导性案例更接近于欧洲大陆的判例，而非英美法系的判例，但其与两者仍然存在着很大的差异。当然，具有中国特色的案例指导制度的推进并不排斥对先进司法经验的借鉴与学习，恰恰相反，该制度立足于建设中国特色社会主义法治的国情，一方面注重对传统文化和实践经验的吸收和承继，另一方面也在不断学习和借鉴来自西方法治发达国家的先进做法，并且这样的一种以个案促进法治的循序渐进道路已经取得了成效。为了继续深化和夯实这一制度创新成果，最高人民法院相继在2017 年的《最高人民法院司法责任制实施意见（试行)》和 2019 年的《最高人民法院关于深化人民法院司法体制综合配套改革的意见——人民法院第

---

❶　［美］H. W. 埃尔曼：《比较法律文化》，贺卫方、高鸿钧译，清华大学出版社 2002 年版，第205 页。

五个五年改革纲要（2019—2023）》中，提出法官在处理案件时应对类案和关联案件进行检索，特别是对于类案进行检索并制作检索报告，使之发挥类案指导审判、统一裁判尺度的作用。❶ 从这一系列的举措可以看出，指导性案例正在逐步完善成长为中国的判例体系。

综上所述，将指导性案例提升为正式法源，不仅在现实制度层面具有一定的合理性，而且是当下推进社会主义法治建设实践的一种应然选择。

4.3.3　基于规则供给与法律职业共同体共识的司法实践需求

2011年，时任全国人大常委会委员长吴邦国同志正式宣布以宪法为统帅的具有中国特色社会主义法律体系已经形成。可以说，这意味着我国法律体系的发展已经进入完备阶段，法治建设也从根本上实现了从无法可依到有法可依的历史性突破，当然这并不意味着我国的立法就不需要被完善，社会主义法律体系本身就是一个与时俱进不断发展的制度体系，发展乃是其应有之义。不过，法律的生命在于司法实践之落实，由此从宏观立法层面转向微观司法层面就是下一步工作重心的必然选择。

众所周知，立法总是具有一定的滞后性，法律规划再详备也无法完全涵盖未来可能的社会生活，特别是我国正处于新时代的社会转型时期，即使拥有较完备的社会主义法律体系，也依然会面临很多新型案件或缺乏直接可以适用规则的疑难案件的挑战，单靠立法显然是无法及时合理地处置这些案件的，因此对法律的补充完善就落在了司法身上。换言之，立法层面的静态缺陷需要借力于动态司法的力量予以克服，而司法实践作为法律实施的基本主体，因其司法运作的特质，在这一方面具有一种先天性的制度优势。江必新教授认为，通过司法完善法律体系，不仅已经为过去的历史实践所证成，而且不管是从"经济性""风险性"还是"科学性"来说，司法不仅不可或缺，还在一定程度上具有相对于立法的比较优势。❷ 进而言之，通过司法运

---

❶ 高尚：《司法类案的判断标准及其运用》，载《法律科学（西北政法大学学报）》2020年第1期，第24页。

❷ 江必新：《司法对法律体系的完善》，载《法学研究》2012年第1期，第89页。

作来供给裁判规范、丰富和完善既有法律体系，是一条具有积极现实意义的
进路。❶

在刘树德法官看来，司法对规则的供给模式可以划分为"权力输出型"
与"权威输出型"两种分类，基于特定的历史和政治原因，特别是由于最高
人民法院和最高人民检察院的绝对主导与管控，当前我国的案例指导规则供
给模式乃是一种"权力输出型"，而非"权威生成型"。❷ 在吴英姿教授看来，
"权力输出型"的规则供给模式很容易陷入这样一种制度瓶颈，即"以不信
任为出发点、以驯化为落脚点设计的制度隐含了一种潜功能：目标置换，即
法官将揣摩上级意图的意义放在首位，反而将理解与适用法律置于第二
位"❸。因此，为了最大限度地激活和发挥案例指导制度的功效，笔者认为需
要一种范式转换，即在重构法解释体制的前提下，让案例指导制度由"权力
输出型"回归到"权威生成型"。也就是说，最高人民法院依凭良好的公共
理性和司法技艺作出被法官和社会公众广泛认同的判决，进而"内生自发
地""权威生成"判例，❹ 而非依靠司法行政之权力予以输出判例。

在笔者看来，要真正实现从司法规则供给的权力模式向权威模式的转化，
有一个基本环节必须予以突破，那就是指导性案例地位的提升，即将指导性
案例提升为正式法源。从当下指导性案例适用的实践反馈来看，由于指导性
案例被视为非正式法源，所以在以制定法为主导的司法场域中，很多法官在
对其援引时，往往抱有顾虑心态，对其参照适用往往采取隐性的操作，甚至

❶　当然，对于这一司法进路的规则供给模式，学界依然是存在争议的。有学者对这种进路表示了担
忧，认为在法制建设无法很好地为社会急剧转型带来的种种问题提供解决基准时，转向经由判例
来实现法律的发展并不明智。参见刘加良：《论委托调解的功能》，载《中外法学》2011 年第 5
期，第 107 页。也有学者表示了支持，认为处于转型阶段的中国，目前并未建立所有的正义规
则，法院在规则形成过程中仍然具有十分重要的功能；即使在法律体系比较完备之后，法院的这
种规则形成功能仍然只会受到约束，而不会也不应该丧失。参见蒋大兴：《法官言说：问题意识、
特殊知识与解释技艺》，载《法学研究》2011 年第 6 期，第 43 - 44 页。
❷　刘树德：《最高人民法院司法规则的供给模式：兼论案例指导制度的完善》，载《清华法学》
2015 年第 4 期，第 86 页。
❸　吴英姿：《谨防案例指导制度可能的"瓶颈"》，载《法学》2011 年第 9 期，第 49 页。
❹　刘树德：《最高人民法院司法规则的供给模式：兼论案例指导制度的完善》，载《清华法学》
2015 年第 4 期，第 92 - 93 页。

实践中出现了当事人援引得多而法官、检察官援引得少的情况，最终导致其援引率与制度设计的初衷相比并不理想，使得指导性案例的实践功效大打折扣。而之所以会产生这样一种尴尬局面，根本的原因就在于指导性案例本身的法源地位问题。因此，指导性案例的法源地位必须予以正面解决，这也是解决该问题的突破口。只有将指导性案例提升为正式法源，法官在司法裁判中才可以不必顾虑太多，对其予以自由地发现与明示适用。也只有如此，指导性案例才可以被充分地重视与利用，由此很好地担负起解释法律、弥补法律漏洞以及进行法律续造的规则供给任务。也就是说，在法律体系的完善期，指导性案例必将因其在阐释法意之精微、适应世事之变化方面的特性以及统一法律适用尺度、规范自由裁量权方面的功能，发挥更加重要的作用。❶ 同时，如果能够将指导性案例提升为正式法源，不仅可以极大地增强法官对指导性案例的参照引证，而且可以进一步强化以案例指导制度为主导的司法规则生成机制，通过有效的供给裁判规则，实现司法的统一与连贯。

徒法不足以自行，法律的实施需要依靠法官、检察官以及律师等法律职业共同体之手，可以说，法治中国的实现离不开法律职业共同体的共识与齐心协力。而法律职业共同体的共识，除了来自共同的法律职业教育体系的知识教授，还有一个更为根本的因素，那就是建立在司法统一、司法公平、司法正义基础上的法治共识。正是通过法律职业共同体共识的构建，一套体现现代法治精神的价值观才能践行。反过来讲，如果没有法治共识，那么法律职业共同体也只能是有名无实的空壳。是以，李红海教授认为，导致司法不统一、同案不同判的真正原因在于，作为司法者的法官没有分享一套共同的价值观，甚至没有形成一个职业共同体。❷ 同样，只有案件的裁判与处理得到了法律职业共同体的共同认同和遵从，司法统一、司法公平才有可能实现。

---

❶ 江必新：《司法对法律体系的完善》，载《法学研究》2012 年第 1 期，第 92 页。
❷ 陈兴良主编：《中国案例指导制度研究》，北京大学出版社 2014 年版，第 733 页。

　　司法实践中，涌现出来的各种意见分歧，促成了不同类型的疑难案件。❶
对疑难案件或新型案件的处理又是最容易引发争议和分歧的，同时这类案件
往往很难找到能够直接适用的制定法法条，但作为司法者，法官必须作出合
理裁判，并给出恰当的法律论证，以证成其裁判结果的正当性和可接受性，
借此实现裁判的实践合理性原则。

　　根据法律方法论，在司法场域中，辩护的品质决定了一个法律论点的可
接受性，法官为使其在裁决中所表达的论点被当事人、其他法官和整个法律
共同体所接受，就必须对此予以充分地说理。❷ 也就是说，一个裁判的正确
性依赖于法律共同体的共识与基本认同。一个特定的裁决被认为是真正公正
的裁决之前，必须要证明该裁决所赖以获得正当性的那个规则自身也是公正
的，并且要证明在既有的法律体系内引入该规则是有正当理由的。❸ 而在面
对疑难案件时，指导性案例的有效辩护与说理的规范性便有所体现。正是借
助于既往类似个案中所内含的经验智慧和规则，指导性案例通过其恰当的切
入适用，借助理性说理，有利于很好地弥补法律漏洞、解释法律，并证成法
律发现，融贯司法裁决，最终实现司法的连贯与公平。

　　在具体实践中，辩护一个法律裁决时，可能使用各种法律渊源，而这些
法律渊源的地位取决于法律体系和法律领域。然而，在我国当下的法律体系
中，指导性案例仅仅是一种非正式的法源，其自身的正当性地位必须借助其
他条件予以证成，由此一个非常现实的问题出现了，那就是如何在每一个具
体个案中证立指导性案例的法源地位。当下司法实践反馈的信息显示，仅仅
依靠指导性案例的事实上的拘束力理论无法满足这一要求，甚至会导致对指
导性案例消极援引或故意规避。

　　如何破解这一问题呢？笔者认为，赋予指导性案例以正式法源地位是一

---

❶ ［荷］伊芙琳·T. 菲特丽丝：《法律论辩导论——司法裁决辩护理论之概览》（原书第二版），武
　宏志、武晓蓓译，中国政法大学出版社 2018 年版，第 301 页。

❷ ［荷］伊芙琳·T. 菲特丽丝：《法律论辩导论——司法裁决辩护理论之概览》（原书第二版），武
　宏志、武晓蓓译，中国政法大学出版社 2018 年版，第 1 页。

❸ ［美］理查德·瓦瑟斯特罗姆：《法官如何裁判》，孙海波译，中国法制出版社 2016 年版，第
　256 页。

个恰当的突破口，一旦指导性案例作为正式法源走入法官的视野，此刻一个具有可接受性解释的有效法律规则便已存在。❶ 那么作为一种具有权威性的规范资源，通过对其援引来裁判疑难案件，在形式上是正确的，在实质方面也是可接受的，由此个案裁判的正当性就自然建立起来。

---

❶ ［荷］伊芙琳·T. 菲特丽丝：《法律论辩导论——司法裁决辩护理论之概览》（原书第二版），武宏志、武晓蓓译，中国政法大学出版社 2018 年版，第 33 页。

第 5 章
指导性案例正式法源化的
现实困境与实践突围

　　美国著名法学家卢埃林在论及司法正义时曾提到，正义要求确定一般规则并公平适用规则，正义意味着类似的人在类似情况下应被类似对待。❶当下我国正在逐步推广完善的以指导性案例为核心的案例指导制度，正是对这一实质正义目标不懈追求的集中体现。不过，就当下我国司法改革的实践来看，作为一种实践理性的体现，案例指导制度能否真正建构起来并获得可持续性的有序拓展，其中一个关键因素在于对指导性案例的法律效力如何进行准确定位。换言之，目前我国案例指导制度所面临的一个最大的挑战就是指导性案例的法源性问题。

　　如前文所述，将指导性案例界定为一种正式法源，承认其在司法裁判和论证之中的权威性法律拘束力，不仅具有理论层面的方法论意义，而且具有实践层面的制度性价值。当然必须予以澄清的是，指导性案例所具有的这种权威性法源地位，并不是对实证成文法的冲击与颠覆。其所谓的正式法

---

❶　［美］卢埃林：《荆棘丛：关于法律与法学院的经典演讲》，明辉译，北京大学出版社 2017 年版，第 52 页。

源地位，乃是展现了一种立足当下宪法秩序架构，以成文法为骨干的辅佐性和补充性的效力位阶。

5.1 指导性案例正式法源化的现实困境

围绕是否应该将指导性案例界定为一种具有权威性的正式法源这一问题，自案例指导制度建立以来，理论界与实务界始终有所争议。在雷磊教授看来，之所以存在如此多的争议，一个根本的症结是长期以来对法源概念理解所产生的混乱，尤其是既往研究往往将法源与个案裁判的具体规范有所混同。对此，可以尝试从以下三个认知层面对法源进行重构：第一，法源理论秉持的是一种司法中心主义的规范论视角，在该视角下，法源追问的是"应当"的问题；❶ 第二，法源理论其实是一种宏观理论，而非微观理论，法源并不等同于法律规范，法源所要关注的是要从哪些宏观的物理形式中去寻找司法裁判活动中作为案件裁判依据的法律规范；❷ 第三，法源任务具有一种内外结合的双重性，即从外部划定司法裁判之依据来源的范围，以及从内部确定不同法源（表现形式）的层级或适用顺序。❸ 如此，在雷教授看来，法源就是司法裁判过程中裁判依据的来源，在法律论证中发挥着权威理由的功能。❹

陈金钊教授则在对既往法源理论进行分类梳理的基础上，指出法源理论在当下中国的发展正呈现出从立法中心到司法中心的积极转化，不过要想真正认识法源理论全貌，人们依然需要回到法源拟制的逻辑起点来进行重新审视。❺ 立足功能论的视角，陈教授认为传统的法源理论，虽然借鉴了来自西方的法源论，但忽略了法源理论的拟制性，以至于在法治问题上产生了一系列的争讼。对此，陈教授指出，法源拟制乃是法律人面对制定法实施的困境

❶ 雷磊：《法的渊源理论：视角、性质与任务》，载《清华法学》2021 年第 4 期，第 32 页。
❷ 雷磊：《法的渊源理论：视角、性质与任务》，载《清华法学》2021 年第 4 期，第 34 页。
❸ 雷磊：《法的渊源理论：视角、性质与任务》，载《清华法学》2021 年第 4 期，第 39 页。
❹ 雷磊：《重构"法的渊源"范畴》，载《中国社会科学》2021 年第 6 期，第 167 页。
❺ 陈金钊：《法源的拟制性及其功能——以法之名的统合及整饬》，载《清华法学》2021 年第 1 期，第 64 页。

时，假法源之名拟制、确认法之范围，进而实现法之自主，其实质是运用再定义的方式确定司法之法。● 换言之，这种拟制的法源观，拒绝将法源仅仅视为一种规范体系，而是主张在尊重制定法的基础上，借助开放性和创造性的思维，指引司法过程，附条件地把其他社会规范视为法，并凭借这种指引思维，利用法源以发挥对其他社会规范的整合、整饬作用。●

尽管诸如雷磊、陈金钊等学者从理论层面进一步对传统的法源理论进行了一系列的修正，这些新的努力与积淀，通过不同视野的分析，更新和发展了法源理论，拓展了对法源的理解，但是就当下中国司法改革实践的现实来说，将指导性案例正式法源化，依然面临着不同层面上的挑战。下面从三个大的层面予以简要分析。

5.1.1　理论层面的挑战

应该正视的是，案例指导制度自构建与启动以来，始终没有摆脱来自理论界与实务界的质疑与挑战，有关案例指导制度与指导性案例的问题，人们总是聚讼不已。作为一项由最高人民法院推进的司法改革举措，案例指导制度自起步之日，就面临着一系列质疑：案例指导制度能否契合中国的法治进程？作为案例指导制度主体的指导性案例是不是法源？指导性案例的拘束力何在，又源自何处？案例指导制度与指导性案例的发展能否契合具有中国特色的社会主义法治，特别是能否适合具有源远流长的成文法历史、以中华法系文化而闻名的现代中国呢？

随着案例指导制度的逐步完善和推进，借助指导性案例的个案公平指导示范，指导性案例在当下中国的法治建设实践中发挥的作用也越来越大。在某种程度上，对于具有悠久成文法传统的现代中国来说，如果不能从理论和学理上予以正视和厘清，则很容易在指导性案例的认同方面出现分歧，并最终对案例指导制度的可持续发展形成挑战。尽管诸如此类的问题还有很多，

● 陈金钊：《法源的拟制性及其功能——以法之名的统合及整饬》，载《清华法学》2021 年第 1 期，第 46 页。

● 陈金钊：《法源的拟制性及其功能——以法之名的统合及整饬》，载《清华法学》2021 年第 1 期，第 52 页。

但总而言之，从与指导性案例正式法源化有关的基础理论与框架来看，最为突出的理论层面上的问题大致可以概括为两个：一是法系文化问题，即能否与大陆法系的法文化、法体系相协调或契合；二是法源的效力与实效的基础理论问题。对此，下面予以简要分析。

5.1.1.1 法系文化的影响和挑战

对于指导性案例能否作为正式法源，一个很大的学理上的阻力就是对法系文化的坚守。虽然法系作为一个基础概念，滥觞于比较法领域，但是其在中国法学理论方面的影响力是不可忽视的。其中，法国比较法学者达维德的观点对我国法学界可谓影响深远，在很长的一段时间里，达维德的法系理论在我国学术理论界被频繁引用。根据达维德的观点，当代世界法律体系呈现出一种多元化的发展状态，要对这些多元的法规范进行比较研究，这显然是一项复杂而困难的工作。

可以说，法国学者达维德的法系理论，在很长一段时间内，主宰了中国理论法学界。综观中国的法理学教科书，几乎每一版本都有关于法系文化的专门论述，而相关的理论基本上都是沿袭达维德的分类方法，其在法系概念方面的影响力和统治力可见一斑。对于坚守传统法系文化的学者来说，他们坚持认为，在法系归属方面，以形式分类为标准，我国应归属于社会主义法系，但从实质层面来看，我国历来倚重成文制定法，更接近于大陆法系，特别是在苏联解体之后。不仅如此，就大陆法系与普通法系来说，两者最为鲜明的区别就是法源的范围。其中，大陆法系以成文制定法为根本法源，普通法系则以判例法为根本法源，与普通法系截然不同的是，大陆法系通常不承认判例的正式法律效力地位。基于这样的法系思维模式，在判例的法源认识问题上，这样的观点积聚成形并逐渐在理论界占据了主导地位——判例在大陆法系根本就没有一席之地，只能作为一种学理认识上的非正式法源。❶ 不得不说，这样的观点其实是建立在将大陆法系与普通法系严格对立的基础之

---

❶ 例如，刘作翔教授的观点就非常具有代表性，他认为，在我们目前的框架下，判例是不能作为法源的，如果要赋予判例正式法源地位，可能要对宪法、宪政体制作出重新安排。详情参见刘作翔：《思想的碎片——刘作翔法学言论选》，中国法制出版社 2012 年版，第 381 页。

上的，其对两大法系的区分实质上是秉持了一种静态的严苛立场。正是基于
这样一种严苛立场，在理解和对待指导性案例正式法源化这一问题上，人们
往往很容易表现出排斥心理，从而在法源认识问题上，将大陆法系与普通法
系简单笼统地对立起来，这一点在一定程度上对指导性案例的正式法源化形
成了一种基础意识层面的挑战。

5.1.1.2　有关传统法源效力的一般基础理论

从传统法源效力的基础理论来看，指导性案例正式法源化主要涉及两个
方面的因素：一是法源效力的来源；二是法源效力的有效性与实效性问题。
就本书的主题来说，我们对指导性案例正式法源化的讨论与论证，基本上是
建立在法源效力理论的框架基础上的。当我们主张给指导性案例以正式的法
源地位时，实际上想要论证表达的是，指导性案例应该对于个案司法裁判具
有一种正式的法律拘束效力，或者说，指导性案例对于司法裁判而言，应当
具有一种权威性的论证和证成理由。进而言之，对于指导性案例正式法源化
这一问题，法源效力的基础理论是涉及整个论证的基本理论性前提。当然，
也正是基于传统法源基础理论的影响，在理论意识方面，指导性案例正式法
源化面临着一系列的批评与质疑。

尽管对于法源效力的基础理论，我国并没有形成普遍的一致性看法，但
在有的学者看来，我国法理学界的主流观点在很大程度上受到了美国法学家
博登海默的观点的影响。从国内主流的法学教科书和法源理论的相关研究成
果来看，博登海默的法源效力理论具有一种主导性的影响力。❶

博登海默以是否具有权威性的效力来源为划分标准，将法律渊源划分为
正式渊源和非正式渊源。其中，正式渊源是指能够在权威性法律文件的文本
形式中得到的渊源，非正式渊源是指尚未在正式法律文件中得到权威性或至
少是明文的阐述与体现的渊源。❷ 客观来讲，博登海默的法源效力理论，其
实是采取了一种非此即彼的二元论，即要么具有权威性效力，要么不具有权

---

❶　孙跃：《法源理论视角下的指导性案例研究》，山东大学 2020 年博士学位论文，第 52 页。

❷　［美］E. 博登海默：《法理学：法律哲学与法律方法》，邓正来译，中国政法大学出版社 2004 年
　　版，第 414–415 页。

威性。这种分类实质上就是以"法律效力之有无"作为单一的判断标准,而忽略了"法律影响之强弱、大小"的因素,因此在有的学者看来,这种法源效力理论只做有无判断,不进行强弱分析,所以存在理解僵硬、缺乏弹性的问题。❶

美国学者达尔在论及对社会学和政治学的问题进行分类时,曾指出可以被截然一分为二的事情是很少的,这种分类方法常将人们引入歧途。❷ 可以说,我国传统主流的法源效力观基本上沿袭了博登海默的分类方法,正是立足于这种截然对立的二元论,或者说,当学界把这种二元论贯彻到有关指导性案例的法源效力问题的研究上时,在面对指导性案例的正式法源化问题上,相当一部分的学者就很自然地对此提出了质疑与批判,特别是这类观点坚持强调非制定法不能具有正式的法律效力。

5.1.1.3 对法源的效力与实效的混淆与误解

在有关指导性案例正式法源化的问题上,实践中还有一部分质疑性阻力是在对法源的效力与法源的实效这两个概念的混淆、误解的基础上产生的。❸对于法律的效力与法律的实效这两个基本概念,纯粹法学派代表人凯尔森曾专门对其进行了辨析与厘清。不仅如此,现实生活之中,法律规范的效力与法律规范的实效往往在发生的时间上存在着差异,通常来说,法律规范的效力一般是在法律规范被适用和遵守之前便已经生效了。❹ 例如,对于民法典中的某一个法律规范来说,其效力是产生于它被具体个案遵循适用之前的。

就目前指导性案例的法源效力来说,最高人民法院颁布的《人民法院组织法》《案例指导规定》《案例指导规定实施细则》等权威性法律文件赋予和夯实了其"应当参照"的效力。虽然对其具体法律拘束力的理解依然存有争议,但可以说,这就是指导性案例作为法源的权威性效力来源。很明显,这

---

❶ 刘风景:《试析判例影响的强度》,载《中国社会科学院研究生院学报》2011年第1期,第66页。
❷ [美] 罗伯特·A. 达尔:《现代政治分析》,王沪宁、陈峰译,上海译林出版社1987年版,第33页。
❸ 孙跃:《法源理论视角下的指导性案例研究》,山东大学2020年博士学位论文,第51页。
❹ [奥] 汉斯·凯尔森:《纯粹法学说》(第二版),雷磊译,法律出版社2021年版,第37页。

是一种应然性的规制。然而，在现实社会中，却出现了这样一种看法，即以
指导性案例在当下整个司法实践中的效果不甚理想为由，批评和质疑指导性
案例的法律拘束力，并最终否定指导性案例的法源性。这样的看法，其实是
混淆了指导性案例法律拘束力的应然性和实然性。根据前面的分析，通过实
然性来推断指导性案例的应然法源效力的做法是存在问题的。然而，就当下
有关指导性案例正式法源化的理论讨论来看，以实然性来最终评定指导性案
例应然性的观点依然是有空间的，不得不说，这是指导性案例法源正式化所
必须面对的困难。

5.1.2　技术层面的挑战

法律并非一个完美无缺的规范体系。在姚辉等学者看来，自 19 世纪法典
化时代以来，随着社会的发展变迁，法典已经逐渐与生活产生隔阂和断裂，
由此大陆法系被迫以某种背离传统的方式转而对现实生活的变化作出回应，
但这是一种最为必要的回应。❶

类似的情况在我国也存在着，虽然社会主义法律体系已基本建立起来，
我国的法治建设已经步入现代化的进程，但当司法遇到变化无穷的疑难案件
时，当司法面对法律漏洞时，当司法不得不面对类似案件未能得到平等对待
的质疑时，尽管制定法作为唯一的权威法源，严格约束着法官，但对正义的
追求，使得司法不得不从非制定法资源或非正式法源中寻找裁判依据。正是
源于对这些情况的考虑，立足于以现行制定法为主导的法秩序框架，最高人
民法院锐意改革，推出了案例指导制度，以指导性案例作为制定法的有效补
充，以期统一法律适用，完善司法权的行使，增强司法公信力。

当前实践中，在指导性案例的实际指导效力方面，借助于最高人民法院
和最高人民检察院对案例指导制度的不断推广以及类案强制检索等配套制度
的辅助，指导性案例的实效的确在不断地强化，但在理论层面上，其并没有
获得突出的系统化发展。可以说，自案例指导制度实施以来，对于指导性案

---

❶　姚辉、段睿:《民法的法源与法学方法》，载《法学杂志》2012 年第 7 期，第 59 页。

例的效力类型与定位问题，学术界与实务界一直争论不休，而最高人民法院在这个问题上也是持一种比较模糊的态度。

不仅如此，在指导性案例正式法源化方面，还有一个更加尖锐和现实的问题需要解决，那就是指导性案例与司法解释的区分是什么，换言之，指导性案例与司法解释到底是不是一回事，如果不是，两者功能的区分是什么。这些基础理论问题已经对指导性案例本身形成了冲击与挑战。从目前所收集的理论界的相关研究成果来看，不管是主张指导性案例是一种法律适用，还是主张指导性案例是一种司法解释，这两种旗帜鲜明的观点都拥有很多的支持者，并形成鲜明的对立。❶

尽管在理论意识层面上，有关指导性案例与司法解释的认识存在诸多争议，但在实践层面，从机制运作情况来看，指导性案例与司法解释倒是存在诸多相似之处的。第一，狭义上，司法解释乃是最高人民法院和最高人民检察院依据宪法的授权，在制定法主导的法秩序框架下，针对现实司法审判和检察工作中所出现的法律具体运用问题，作出的一种具有普遍性效力的规范解释。在创制主体方面，司法解释与指导性案例存在一定的共性，那就是两者都是具有中国特色的社会主义法治的创新举措，都源于最高审判机关的司法改革。第二，就指导性案例和司法解释的效力界定和定位来说，虽然都没有直接的宪制层面的权力来源，但都有一定的法律依据。其中，司法解释的效力其实是来自《人民法院组织法》和《全国人民代表大会常务委员会关于加强法律解释工作的决议》这两部法律文件的赋权与确认的；而指导性案例的效力界定主要是来自《人民法院组织法》《案例指导规定》和《案例指导规定实施细则》等法律文件的确认，缺乏直接的效力授权权力来源。第三，从两者的功能作用来看，不管是指导性案例还是司法解释，都是在面对制定法之不完备的基础上的一种司法权的行使，其最终目的在于对个案涉及法律

---

❶ 在董皞、刘克毅、杨力等学者以及最高人民法院的刘铮法官等看来，适用指导性案例的目的是规范司法权的行使，对大量司法解释予以详细解读和运用，故其应该被视为一种法律解释机制；在张志铭、刘作翔等学者以及最高人民法院的胡云腾、于同志等法官看来，虽然指导性案例是以服从制定法和司法解释为前提的，但究其运行本质，其乃是一种有关法律适用的活动和制度。

和法规的具体适用作出指导性说明。

　　当然，必须清楚的是，实践中，司法解释在法律拘束力方面与指导性案例存在根本性的差异，那就是司法解释具有正式的法律效力，司法过程中可以直接援引司法解释予以裁判，相比之下，指导性案例"应当参照"的规制却缺乏这样正式明确的界定。正是基于司法解释的这一明确性效力的优点，当前很大一部分学者倾向于将指导性案例与司法解释同一化和融合化，即将指导性案例定性为司法解释的一种形式，借助司法解释的明确效力来类推，从而便捷地解决指导性案例的效力定位问题。这样的观点在理论界和实务界都具有很强的吸引力。例如，关于指导性案例的效力界定与证成，在部分学者看来，应该抛开纯粹理论化的视角而采取一种务实的态度，将指导性案例的法源问题与法律最终的运行目的结合起来考虑，而非执拗地泥守于某种法意识和法文化形态。在探讨如何赋予指导性案例正式拘束力的路径时，陆幸福法官提出了三种值得思考的路径和方案，即"修改宪法和立法法""修改《全国人民代表大会常务委员会关于加强法律解释工作的决议》"和"直接修改《最高人民法院关于司法解释工作的决定》"。❶ 考虑到权力配置、程序启动和经济效率等因素，第三种方案在整个成本控制中很显然是最为便利和直接有效的。也正因为如此，这一方案有着很强的吸引力。不过，第三种方案的选择必然意味着将指导性案例视为司法解释的表现形式之一，换言之，其实就是将两者混同起来，以司法解释的形式作为最终的表现形态。

　　将指导性案例界定为司法解释的表现形式这一论点，将势必对指导性案例正式法源化造成很大的挑战与压力。可以说，如何区分指导性案例与司法解释是本书所必须面临和解决的一个重要的具有技术性因素的问题。前文有关指导性案例的本体论研究环节中，笔者已经提出了自己的看法，那就是指导性案例的运行是一种具有中国特色的法律适用机制，它并不属于司法解释的范围，尽管指导性案例在很多时候是与司法解释的具体适用密切联系在一起的。之所以坚守这样的看法，是因为在笔者看来，指导性案例是一种立足

───────────────

❶　陆幸福：《最高人民法院指导性案例法律效力之证成》，载《法学》2014 年第 9 期，第 101 – 102 页。

于中国特色社会主义基本国情的法治创新，是与中国的司法实践和审判需求关联在一起的。也正因为如此，作为一种展现我国法治锐意改革的司法创新机制，指导性案例的正式法源化必须直面和回应上述观点的挑战和质疑，而非采取一种模糊的态度来回避这些问题。指导性案例与司法解释的技术性区分不仅在理论上关乎整个案例指导制度的发展，而且在实践中关乎指导性案例在司法实践中的具体适用，如果不能够很好地处理这一基本的技术性问题，必然会阻碍指导性案例的正式法源化的发展。

5.1.3　制度层面的挑战

应该清醒地看到，自新中国成立以来，我国的社会主义法治建设虽然历经拨乱反正，但依然取得了举世瞩目的成就。在这一历史发展进程中，我国的社会主义法治并没有排斥来自西方发达法治国家的先进经验，恰恰相反，社会主义法治建设正是在批判性地借鉴其他国家成功经验的基础上，才获得如此快速的发展。

纵观西方法治发展的历程，不难发现，西方法治的成就基本上是建立在三权分立的制度安排之上的。虽然英国学者洛克首倡分权理论，但是通过对英国宪政运作的观察，法国学者孟德斯鸠在其代表作《论法的精神》中，首先系统化地提出了三权分立理论，而现实中，美国则是该理论的第一个实践者。根据孟德斯鸠当时的看法，政府权力采取三种形式，即立法权（造法）、司法权（判决）和行政权（执行），并由立法机构、司法机构和行政机构独立行使上述权力。❶ 孟德斯鸠的三权分立理论对于西方法治的进程产生了极其深远的影响，但在孟德斯鸠的分权理论架构中，行使司法权的法官的职能就是在三段论式的法律涵摄逻辑中依据法律条文作出具体裁断，法官不得解释法律、不得立法。这种教条式的做法，使得法官最终沦为法条的附属。也就是说，传统的三权分立理论，主张严格的立法权与司法权的独立与分立，司法的运作过程更像一个自动贩卖机式的三段论结构的法律适用机制。

---

❶ ［澳］维拉曼特：《法律导引》，张智仁、周伟文译，上海人民出版社2003年版，第256页。

由于我国社会主义法治建设建立在对西方发达国家的法治经验的批判性吸收与借鉴的基础之上，是以，这种传统的三权分立观与司法不得造法的理念，也很自然地渗透和影响了我国理论界，并对司法权的理解与诠释产生了潜移默化的影响。如此就不难理解，不管是理论界还是实务界，都有很大一部分学者主张立法权与司法权的绝对隔离。从我国的法治运行情况来看，他们认为，我国的法治建设更接近于传统的大陆法系，因此司法审判的实质运作就是通过适用立法者所颁布的一般法律规范来处理个案。根据上述观点，所谓司法的功能，就是发现和宣告法律，而非制定新的法律。

从宪制的意义来讲，这种尊重权力分立和法官不得造法的理念，其实体现了一种民主主义的法治原则。此外，从法学方法的意义来看，对三段论式司法的尊崇，亦是对传统客观主义的法律方法论的坚守。当然，我们也可以将其称为实证法律科学化的一种努力。这样的一种观点，因其坚守权力严格分立和客观化、科学化的操作原则，所以对法治建设现代化的中国来说，具有非常强大的吸引力。

对本书所主张的指导性案例正式法源化问题来说，上述观点可谓是一种巨大的挑战，这意味着必须对传统观点甚至是主流观点进行直面的回应，而这一回应所面对的恰恰是对以客观性、法治和科学化为表征的传统主流观点的质疑和批评。针对传统观点，姚辉教授就曾有感而发："为什么我们一定要执着近乎顽固地守着既有的理论逻辑线路不放，而不从经验的角度出发，去关心现实世界亟待解决的那些诉求？"❶ 从这一点反射出来的情况来看，指导性案例正式法源化所面对的制度层面的压力，可谓是一个艰巨的挑战。

5.2 域外经验的观照与借鉴

他山之石，可以攻玉。一如比较法学派所倡导的，通过对他者的认识与了解，有助于促进我们对自己的理解。就指导性案例正式法源化的问题来说，

---

❶ 姚辉、段睿：《民法的法源与法学方法》，载《法学杂志》2012 年第 7 期，第 65 页。

在全球化发展的今天，仅仅限于对国内情况的研究是远远不够的。是以，以中国本土问题为重心，以其他国家有关的判例运行机制为现实参照，通过一种观照的视野进行分析，无疑会进一步促进对本书研究主题的理解。有鉴于此，笔者特意选择了以德国、法国和日本为代表的传统大陆法系国家的判例制度为观照对象，希望借助于比较性分析方法，通过一种由外向内的视域，来深入推进指导性案例正式法源化的问题研究。

5.2.1 德国的判例制度

众所周知，作为大陆法系的典型代表，德国创造性地承继了罗马法，而《德国民法典》更是奠定了成文制定法在德国的主导地位。尽管围绕判例制度，理论界和实务界都还存有一定的争论，但就德国司法的现实运作整体情况来看，德国司法实践中一贯坚守依法审判、平等对待、法律的可预期以及法的安定性等法治原则，对于判例的援引是非常频繁的，判例制度已经深深地嵌入德国以制定法为主导的法治实践中，欲研究与深入理解德国的司法运作，判例制度是一座绕不过的"资源库"。

在理论层面上，对于判例的含义与理解，学界依然存有不同的称谓和用法。关于判例的概念，法学家阿列克西和德莱尔将其界定为"经常被用来意指那些有可能与当前待决案件有关联的先前判决"❶。这个定义虽然强调了判例与案件之间的联系，但回避了判例的效力性质问题。在学者高尚看来，根据判例制度在德国的实践情况，人们往往是从以下三个层面来诠释其含义的：一是理论学界最为常见的理解，判例即先例，其是指那些对于法官后来的判决具有某种特殊影响力的指导性裁判；二是"法官法"，其是指法官在司法实践中创造的事实上的法，目的在于填补法律漏洞；三是"持续性判决"，其是指在实务中被遵循的最高人民法院长时间未变更的以前的一贯之见解。❷在高尚看来，最后一种观点最真实地反映了判例在德国法秩序中的作用与法源地位。

---

❶ ［德］罗伯特·阿列克西、拉尔夫·德莱尔：《德国法中的判例》，高尚译，载《中国应用法学》2018 年第 2 期，第 136 页。
❷ 高尚：《德国判例使用方法研究》，法律出版社 2019 年版，第 20－22 页。

而对于判例的性质与效力问题，在德国理论学界主要有五种代表性的见解。其中，第一种观点可以概括为事实上的拘束力论。在以民法学家拉伦茨为代表的学者看来，在德国，判例并非正式法源，而应理解为法律的认识渊源，判例所展现出的拘束力实际上属于"法社会学上有益的事实"，是一种具有预测性的"法习惯"。❶ 这种论调主张判例在司法中对法官并没有强制性的规范拘束力，其在法律生活和司法审判实践中，所发挥的只是一种事实上的拘束力而已。很显然，这是一种具有保守倾向的典型的大陆法系代表性观点。

第二种观点是推定的拘束力理论。以马汀·克黑勒（Martin Kriele）为代表的学者认为，可以通过判例对结果正当性进行验证，如果法官拒绝适用判例，则必须担负说理论证的义务，否则可以推定判例具有拘束力。❷

第三种观点可以总结为"优势性的""间接性的"效力论。以阿列克西和德莱尔为代表的学者认为，判例并不是一种独立于制定法的法源，判例之所以具有效力是因为它对一个特定的制定法进行了解释，这个解释最终的目的在于使制定法获得恰当的适用。从这个意义来讲，判例的效力来源于它们所解释的正式渊源的法，其效力更接近于一种表面性的拘束力，不过这种效力是可废止的、优势性的，如果有证据证明存在模糊、不稳定、相冲突的情况，那么判例的效力很有可能会被废止。❸ 不过，当判例可能被废止时，仅仅给出一个较好的理由是不够充分的，所给出的理由必须是属于绝对性优势的。

在综合上述三种观点的基础上，法学家弗朗茨·比德林斯基（Franz Bydlinski）提出了第四种观点。比德林斯基采取了一种中间路线的进路，主张判例的效力应该突破个案，在一定程度上，判例既具有事实上的效力，也具有规范上的效力。立足于阿列克西等学者的观点之上，在比德林斯基看

---

❶　高尚：《德国判例使用方法研究》，法律出版社 2019 年版，第 41 页。

❷　高尚：《德国判例使用方法研究》，法律出版社 2019 年版，第 42－43 页。

❸　［德］罗伯特·阿列克西、拉尔夫·德莱尔：《德国法中的判例》，高尚译，载《中国应用法学》2018 年第 2 期，第 141－143 页。

来，如果法官在处理案件时，找不到绝对优势性的理由，那么此时应尊重先例。❶ 很明显，和前面的观点相比，这一观点最大的特色在于，它实际上是在制定法主导法秩序的基础上，在一定程度上变相承认判例所具有的规范效力，尽管这种效力附有一定的生效条件。

第五种观点是以沃尔夫冈·费肯杰（Wolfgang Fikentscher）教授为代表的个案规范理论。费肯杰认为，个案规范是和一般法律规范相对立的，个案规范不只是一种规范命题，也是一种技术意义的法律命题。在费肯杰看来，类似案件类似裁判的正义要求是个案裁判规范拘束力产生的正当性原因。此外，在司法的目的与效果层面上，就公平、平等适用法律的视角来讲，个案规范可以为将来出现的类似案件提供相同的评价与论证，这也符合当事人对法律的平等性预期要求。有鉴于此，费肯杰总结道，从法律适用的机制来讲，可以说是个案规范构成了客观法，而非绝大多数法律的抽象规范。❷ 很显然，跟前面的几种观点相比，费肯杰并没有将判例单独予以研究和定性，而是将判例置于成文法秩序和法律方法的时代背景下，创造性地运用个案规范理论和法律方法类推原理将成文法与判例结合起来，由此个案规范应当为将来的类似案件提供规范指引。

从上述有关判例效力的代表性观点来看，这些观点尽管存有不可避免的争议，但在整体的理论发展趋势上，呈现出对判例规范性拘束力的逐步认可。连否认判例作为正式法源的拉伦茨教授也不得不承认，随着法院司法实践的习惯法化、平等原则在法律适用上的全面贯彻以及下级法院对上级法院的制度性信任等原则的逐步落实，随着法官在法律实践中对正义理念的不断落实，判例的拘束效力在实践中正在逐步被强化。❸

尽管围绕判例的法源性问题，理论界的讨论日趋白热化，但理论上的争议并没有映射到德国的司法实践中。相对来说，关于判例的拘束力问题，司

---

❶ ［奥］恩斯特·A. 克莱默：《法律方法论》，周万里译，法律出版社 2019 年版，第 256－257 页。

❷ ［奥］恩斯特·A. 克莱默：《法律方法论》，周万里译，法律出版社 2019 年版，第 257 页。

❸ 高尚：《德国判例使用方法研究》，法律出版社 2019 年版，第 39 页。

法实务界反而没有太多的分歧，对于判例的尊重基本上构成了司法实践中的一项基本共识。可以说，德国法学界理论上的表达与现实实践之间存在一定的背离。

众所周知，德国的法院系统是由宪法法院、普通法院、行政法院、劳动法院、社会法院、财税法院以及其他特殊法院组成的，其中普通法院主要管辖民商事和刑事案件，实行四级三审制，包括初审法院、州法院、州高等法院和联邦普通法院。根据法学家阿列克西和德莱尔对德国司法实践的观察，如果以纵向和横向作为分析进路的话，那么判例的纵向的正式约束力只存在于联邦宪法法院，高级法院的判例对于下级法院的拘束力并没有强制性的法律规制，而关于判例的横向的正式约束力并没有一般性的规定，法院没有义务遵循同审级其他法院的判决，同时法律没有规定法院必须遵循自己的先例。❶

具体而言，根据《德国基本法》第 100 条规定，德国联邦宪法法院的判例具有权威性的拘束效力，法院受到制定法和法律的双重约束，甚至在一些重大案件中，判例具有与制定法同等的拘束效力，而联邦宪法法院判决的正式约束力主要表现在，如果下级法院不遵循判例，则判决不合法并且会被推翻。❷ 也就是说，判例是正式的法源，在宪法法院这一领域，遵循先例是法官最为基本的一项义务。不过，对于普通法院系统来说，并没有类似的明确规定，即在普通法院的司法审判过程中，判例通常不具有正式的拘束效力。与此同时，与理论学界对判例拘束力的细致辨析、争论不同，德国的司法实务界在个案中并不对判例的事实上的拘束力与法律上的拘束力予以区分，他们往往基于经验和实用的考量，结合个案，从判例拘束效力的强弱方面着眼判断的。

---

❶ ［德］罗伯特·阿列克西、拉尔夫·德莱尔：《德国法中的判例》，高尚译，载《中国应用法学》2018 年第 2 期，第 145 – 146 页。

❷ ［德］罗伯特·阿列克西、拉尔夫·德莱尔：《德国法中的判例》，高尚译，载《中国应用法学》2018 年第 2 期，第 139 页。

不过，就德国普通法院的司法审判实践来看，判例在日常司法活动中扮演着越来越重要的角色。尽管判例不具备正式约束力，但是基于对司法的统一或一致性考虑，判例在德国是被严肃看待的。❶ 可以说，对于判例的尊重，已经成为德国司法实务界的一种职业习惯，偏离判例反而是一种例外：一方面，大量的判例从各部门法中产生，并在未来的类似案例中极有可能获得遵循；另一方面，如果要否定或偏离一个已经生成的判例，法官则负有论证的义务，即法官必须遵循程序性的规定，给出一个压倒性的说理理由。

5.2.2 法国的判例制度

与德国一样，同为大陆法系典型代表的法国在法源制度方面，长久以来也深受罗马法的影响和支配。自《法国民法典》颁布以来，法国逐步建立起了立法、行政与司法三权分立的宪制架构。不过，与其他大陆法系国家相比，自法国大革命时代起，法国建立的二元司法系统是比较独特的。

具体来说，法国司法审判系统是由两个相对独立的体系构成的，一个是司法法院系统，另一个是行政法院系统。司法法院往往被称为普通法院，主要负责民事和刑事案件的审理；行政法院则主要负责公民与政府机关之间的行政争议案件。❷ 司法法院和行政法院都有三个层级，但只有两个审级，❸ 这三级分别是一审法院、上诉法院和最高法院；其中，由五个民事法庭和一个刑事法庭组成最高法院，其是普通法院的最高审级，而行政法院系统则是由地方行政法院、上诉行政法院、最高行政法院构成的，其中最高行政法院是最高审级的行政法院。

在法国传统法文化视野中，判例的含义在不同的时代，往往有着来自不同视角的表述。盖斯旦认为，在罗马法统治时期，判例意味着出自法学家之手的"法的实践科学"，但随着历史发展，判例逐渐与司法审判联系到了

---

❶ ［德］罗伯特·阿列克西、拉尔夫·德莱尔：《德国法中的判例》，高尚译，载《中国应用法学》2018 年第 2 期，第 142 页。

❷ 黄必方：《法国司法体系的认识与启发》，载《民主与法制时报》2016 年 10 月 27 日，第 1 版。

❸ ［法］米歇尔·托贝、克里斯托夫·格里茨戈克：《法国判例制度》，余厚宏译，载《法律方法》2020 年第 3 期，第 4 页。

一起：广义上，判例是指法院就某一方面所作出的判决；狭义上，判例是指从所有司法判决（尤其是高等级法院判决）中所引申出的全部实体规则。❶托贝等学者则认为，判例往往是指在案件审理过程中（所参考的）过去的类似情况或类似案件。❷还有学者认为，判例在法国意味着"源自法院决定的一般性法则的全体"，或司法裁判"在理由中，所形成的一般性和抽象性法则"。❸从上述定义也可以看出，法国对判例的界定并没有直接与拘束力勾连起来，侧重的是判例在司法裁判中的功能角色，即仅仅从判决之中抽象出一般性的规范，对于其拘束效力，反而没有直接地涉及。可以说，判例的规范力并非通过重复性的适用来构建，甚至判例在行政法院系统具有很强的变动性。

　　不过，正如有的学者所指出的那样，通常来说，判例在法国并不是正式的法源，立法也并没有直接赋予其正式的拘束力。❹进而言之，在效力上，判例无法与宪法、法典、成文法相比，因为判例无约束力，判例的相对效力只能来自在判例中适用和解释的正式法律渊源。❺因此，自法国大革命以来，在法国官方的正式表达中，有很长一段时间都是坚持了这样一种司法原则：司法审判必须严格遵循法典和成文制定法，成文法以外的非正式规范不得予以援引。然而，现实生活中，疑难案件层出不穷，伴随着来自复杂社会生活的挑战，在司法审判领域中，判例在法律适用、法律解释、漏洞填补以及司法造法等方面不断渗透拓展，并发挥着越来越不可或缺的作用，以至于不管是司法法院系统还是行政法院系统都在大量频繁地援引判例来解决日常的司法裁判问题。对于判例的遵循，实际上已经成为一种事实上的义务。判例在法国司法过程中的生命力展现，已经成为一种卓然的司法现象。下面分别就

❶　［法］雅克·盖斯旦：《法国民法总论》，谢汉琪等译，法律出版社 2004 年版，第 369 页。
❷　［法］米歇尔·托贝、克里斯托夫·格里茨戈克：《法国判例制度》，余厚宏译，载《法律方法》2020 年第 3 期，第 9 页。
❸　王必芳：《判例在法国行政法上的地位》，载《中研院法学期刊》2009 年第 5 期，第 298－299 页。
❹　［法］米歇尔·托贝、克里斯托夫·格里茨戈克：《法国判例制度》，余厚宏译，载《法律方法》2021 年第 3 期，第 3 页。
❺　［法］米歇尔·托贝、克里斯托夫·格里茨戈克：《法国判例制度》，余厚宏译，载《法律方法》2021 年第 3 期，第 10 页。

普通法院和行政法院予以说明。

在司法法院系统，随着新《民事诉讼法》的颁布，自大革命时期所形成的法源理论获得了突破性的发展，法律日趋摆脱单一化的格局。所谓的法律，不仅有成文法，还包含由法院解释和适用的与判例相结合的法律，而且"法律规则"取代了"法律规定"，这意味着可以在通过判例创制法律规则。❶ 虽然最高法院没有遵循自己判例的义务，但在实践中往往会遵循，其中一个极其重要的原因就是，判例揭示了法律的"真正"意义、法律面前人人平等的原则，以及作为有效性的先决条件的一致性要求。❷ 尽管在法国，成文制定法的主导性不可动摇，但实践中遵循和参考判例已经成为一种持续性的司法常态。有鉴于此，包括学者、律师和法官在内的法律职业共同体开始认识到判例的法源性问题，并达成了一种基本的共识：判例的约束力是一个规范性约束力定义的意识问题，判例被视为法律渊源，它总是跟成文法相结合，这也是它最终效力的来源。❸

而在行政法院系统，相对于民刑领域来说，由于谨慎地的坚守权力分立原则，行政法领域的立法是比较缓慢的，大量的法律文本散落分布于行政法领域，法律冲突时时出现。直到 20 世纪末，政府才根据宪法授权，因应时代发展，总结经验，推进相关的行政法典化进程。也正因为如此，与普通法院系统相比，在行政司法系统，判例的影响力和支配力都明显要更活跃一些，判例展现出了强大的生命力。在法律沉默和法律漏洞出现的地方，由于判例能够灵活地将法治精神最佳地适用、融贯于具体个案之中，所以判例深受行政法法官青睐。当然，判例在适用的过程中，自然离不开法官富有智慧的创造性造法活动，行政法院系统能够保持很好的独立空间，恰恰是建立在对判例的恰当适用的基础之上的。可以说，法国行政法判例特征的维持，不仅是

---

❶ ［法］米歇尔·托贝、克里斯托夫·格里茨戈克：《法国判例制度》，余厚宏译，载《法律方法》2021 年第 3 期，第 14 页。

❷ ［法］米歇尔·托贝、克里斯托夫·格里茨戈克：《法国判例制度》，余厚宏译，载《法律方法》2021 年第 3 期，第 19 页。

❸ ［法］米歇尔·托贝、克里斯托夫·格里茨戈克：《法国判例制度》，余厚宏译，载《法律方法》2021 年第 3 期，第 15 页。

基于成文法的弱点，还取决于行政法官的权威和动能。❶ 判例与司法审判形成了一种良性的互动，是以，有的学者认为，在法国的行政法运作中，判例是行政法最丰富和最确实的来源。❷ 由此，可以说法国行政法的成功在很大程度上得益于判例的运作。这也是法国行政法的独特魅力所在，在一定意义上，判例构筑了行政法的一般理论基础。

独特的历史、社会和法文化语境，造就了法国行政法系统的判例化特征。判例凭借日积月累逐步显现出的影响力，使得法国的法律职业共同体不得不对其效力问题予以正面的回应。在一部分学者和实务界的人看来，既然判例在行政法领域被如此频繁地适用，并已经内化为一种司法惯例，那么将判例予以制度化未尝不是一种合理化的选择：将判例包含于法典之中，一方面可以缓解成文制定法的僵硬；另一方面，又可以弥补法律漏洞，明确法律解释。正是基于这样一种指导思想，在 2003—2004 年，法国政府为了简化和明晰行政法，便于民众接近，特意采取了吸纳整合判例的方式，将判例制度化，以期构建一种行政法"动态的法典化"。❸

当然，将判例通过成文法典予以正式法源化的做法，也遭到了一部分学者的批评与质疑。特别是在理论界，很多学者认为，提升判例的地位将会对成文法造成冲击，由于判例有时会被推翻，是以对判例的借重也很容易冲击到司法体系的权威性。而随着法典的逐步修订与精细化，判例的时代已经过去，行政法领域依然是由成文制定法主宰的。不过，来自司法实践的反馈，却动摇和推翻了这一比较乐观的看法。

不得不承认，法国行政法的判例特征乃是法国行政法的一种鲜明特色，即使在法典立法潮流的冲击之下，行政法院系统的运作基本上还是在法的灵活性与安定性之间达致了一种平衡状态。具体而言，一方面，在行政法院系统，判例虽然在理论上存有争议，但实践中并没有遭到与普通法院类似的抱

---

❶　王必芳：《判例在法国行政法上的地位》，载《中研院法学期刊》2009 年第 5 期，第 345 页。
❷　转引自王必芳：《判例在法国行政法上的地位》，载《中研院法学期刊》2009 年第 5 期，第 303 页。
❸　王必芳：《判例在法国行政法上的地位》，载《中研院法学期刊》2009 年第 5 期，第 341 页。

怨与质疑，甚至判例现象不可或缺的存在已经成为行政法之共识，"几乎没有人否认判例是一个名副其实的法源"❶。另一方面，虽然判例的法源性的确没有获得制度化的认可，但判例在具体个案裁判中拥有一种实质上的拘束力。正如有的学者所总结的那样，"在实务上，此判例的没落不论在量上或质上都未实现"❷。

5.2.3　日本的判例制度

从法系文化来讲，日本属于典型的大陆法系国家，根据日本宪法的规制，宪法和法律具有权威拘束力，而判例在日本并不属于正式法源。可以说，在很长的一段时间里，成文法主导着日本的法秩序。直到 20 世纪 20 年代，受到美国法律现实主义司法哲学的影响，在对德国的法学方法论反思的基础上，法学家末弘严太郎力排众议，秉持判例法主义，率先提出了法律研究应该从书面上的法转向实际在用的法律，是以要研究日本的"现有法律"，就必须注重对判例的研究。❸ 不仅如此，末弘严太郎进一步提出了"判例具有法源性"的主张，在其看来，法院的角色不仅是机械的法律适用者，还是"法的创造者"。❹

随着判例在具体个案裁判中的作用的逐步扩展，以及法学教育对判例分析的重视，判例在日本的法治实践中展现出越来越强的支配力，这一点已经成为理论界与司法实务界的基本共识。正如日本学者后藤武秀所总结的那样，虽然日本的法秩序是以成文法为主导架构的，但在社会的情势流转变迁中，特别是在日本法制近代化过程中，判例发挥了极其重要的作用。

对于判例概念的界定，日本也是在很长一段时间内存在着不同视角的理解，缺乏一种共识。有学者研究认为，法学家川岛武宜是第一个力图通过系统梳理来消除判例概念理解混乱的学者。面对各种不同的判例概念，川岛武宜以司法审判为中心，对判例的含义进行了界定，认为只有那种具有先例拘

---

❶　转引自王必芳：《判例在法国行政法上的地位》，载《中研院法学期刊》2009 年第 5 期，第 322 页。
❷　转引自王必芳：《判例在法国行政法上的地位》，载《中研院法学期刊》2009 年第 5 期，第 345 页。
❸　陈根发：《论日本法的精神》，北京大学出版社 2005 年版，第 142 页。
❹　陈根发：《论日本法的精神》，北京大学出版社 2005 年版，第 141 页。

束性的裁判例规范才有资格称为判例。❶ 后藤武秀也认为，所谓判例，就是指审判的判决且又构成先例，依据类似案件类似裁判的公平司法原则，由于类似的判决反复重复（当然其中也有只有一次的时候），事实上已形成具有约束力的判例法。❷ 在对判例的界定方面，将判例与对裁判的支配力或拘束力联系起来，已经形成一种基本共识。

尽管日本属于典型的大陆法系国家，但其并没有完全模仿德国和法国的先进做法，恰恰相反，日本突破两大法系之间的隔阂，又吸收和借鉴了很多来自英美法系（特别是美国）的理念和制度，较好地做到了兼容并蓄。正是基于这样一种进路，在对待判例制度的问题上，尽管存有一定的争议，但总体来说，对于判例的效力问题，日本展现出了一种开放和实用主义的态度。

就日本的司法实践情况来看，判例能够被认可，并且对日本的司法实践产生如此深远的影响，离不开理论界和司法实务界的共同努力。在理论层面上，自法学家末弘严太郎倡导认真对待判例之后，以东京大学法学部和京都大学法学部为代表的学界纷纷展开对判例制度的研究和评析，并逐渐形成了以"判民型""民商型"为典范的研究模式。其中，所谓的"判民型"研究是指，围绕具体个案的解决，将具有先例拘束性规范的抽取当作其首要目的，侧重对判例拘束力的规范性的研究；所谓的"民商型"研究是指，以对判决中的法律推论的批评作为其主要目的，侧重于对判例理论化的研究。❸

而在司法实务层面上，司法系统与民间学术共同体共同推进了对判例的汇集与编纂。在官方层面，以日本最高法院为代表的法院系统，成立了判例委员会，依据其司法实践裁判，纷纷推出判例集。其中，对判例构成进行了区分，"判例理由中的法律判断"通常归为"主论"，"附带意见"则归为"旁论"；一般来说，如果判例被司法采纳，判例的主论都具备拘束力，而旁

---

❶　转引自解亘：《日本的判例制度》，载《华东政法大学学报》2009 年第 1 期，第 94 页。
❷　［日］后藤武秀：《判例在日本法律近代化中的作用》，载《比较法研究》1997 年第 1 期，第 75 页。
❸　转引自解亘：《日本的判例制度》，载《华东政法大学学报》2009 年第 1 期，第 95 页。

论在一般情况下不具备拘束力。❶ 在民间，以《判例时报》等专业性期刊与有斐阁、岩波书店等法律专业图书出版社为平台，学者们密切关注判例之发展，将撰写的判例研究和评论文章汇总出版为判例评论集，并普及于法学教育之中。❷ 在这些共同努力的基础上，日本形成了较为发达的判例汇编体系和机制，❸ 判例制度的地位和影响力由此得以进一步巩固。

日本法学家平野龙一认为，其实在日本的司法实践中，就判例形成或创制法规则的功能而言，日本未必逊色于英美。❹ 虽然判例在民商事领域与刑法领域的拘束力稍微有所不同，但从法秩序的宏观层面来说，松尾浩也等学者认为，根据日本的宪法规定，判例在日本并不是正式意义上的法源，也就是说，判例对于法官的司法审判并没有直接的拘束力，而清宫四郎等学者则主张，判例应当被赋予正式的法源地位。❺ 不过，就最终所形成的基本共识来看，目前在日本，虽然判例并不是正式的法源，也没有法律上的拘束力，但在具体司法实践中，判例具有一种事实上的拘束力。换言之，判例在宪制层面上并不属于"制度上的法源"，却是一种"事实上的法源"。❻ 学者后藤武秀指出，尽管在立法层面上，判例的拘束力没有获得正式制度化，但在现实司法实践中，判例的变更是一件很复杂的事情，需要经过严格的程序：一方面，法院法规定，通常只有最高法院的 15 名法官组成的大法庭才有权限对判例进行更改；另一方面，如果缺乏正当性理由，判例没得到遵循，当事人可以此作为上诉之理由。❼ 由此可见，尽管判例在正式层面仅具有事实上的拘束力，法官并没有被禁止对判例予以变更或规避，但就日本的司法实务实

---

❶ 转引自孙跃：《日本司法判例援引技术初探及启示——基于民事判例的考察》，载《海峡法学》2018 年第 2 期，第 92 页。

❷ 解亘：《日本的判例制度》，载《华东政法大学学报》2009 年第 1 期，第 92–93 页。

❸ 孙跃：《日本司法判例援引技术初探及启示——基于民事判例的考察》，载《海峡法学》2018 年第 2 期，第 92 页。

❹ 转引自于佳佳：《日本判例的先例约束力》，载《华东政法大学学报》2013 年第 3 期，第 41 页。

❺ 于佳佳：《日本判例的先例约束力》，载《华东政法大学学报》2013 年第 3 期，第 42 页。

❻ 于佳佳：《日本判例的先例约束力》，载《华东政法大学学报》2013 年第 3 期，第 42 页。

❼ ［日］后藤武秀：《判例在日本法律近代化中的作用》，载《比较法研究》1997 年第 1 期，第 75 页。

践来看，对于判例的变更，法院系统展现了非常保守和谨慎的态度。可以说，判例作为一种司法惯习，已经对审判实践产生了一种具有支配性的影响。

随着判例在日本司法实践中的影响力的不断拓展，越来越多的学者开始直面思考判例的法源性问题。❶ 以中野次雄为代表的学者倾向于将判例的制度拘束力界定为一种"事实上的拘束力"，与之相对立，以佐藤幸治为代表的学者则主张，为避免判例的恣意流动，应当对判例的法源性予以明确的界定，有必要正视判例也构成"法源"的事实，也就是说，从正面赋予判例以"判例"的地位。❷ 面对上述观点的交锋，结合日本对英美法系判例制度的借鉴学习历史，田中成明在判例的法源性问题上，采取了与佐藤幸治相同的观点。

法学家田中成明认为，虽然日本是典型的成文法国家，但几乎在所有的法领域，没有判例就不可能讨论法，可以说确立的判例形成了一种不成文法的判例法，在众多案件中，判例发挥着应当予以正确评价的积极的法创造作用。❸ 对此，田中成明提出，在不违背以宪法为中心的实证法秩序的前提下，判例作为一种为审判权威正当化理由予以认可的一般法命题，根据法院系统的纠纷解决运作目标，承认判例作为妥当的补充法源，具有所谓法律上的拘束力，这也是实定法体系内在的正义要求。不过，赋予判例正式的法源地位，并不意味着判例作为补充法源具有与制定法同等强度的拘束力。具体而言，根据制度约束力不同，判例应当分为"强判例"和"弱判例"，即对其法源之力应该根据其强弱程度予以划分。❹ 就判例的法源正当性来说，若赋予判例正式的制度拘束力，法院则会结合每个具体案件，汲取社会各阶层的正义

---

❶ 根据田中成明的研究，自中野次雄的《判例及其阅读方法》起，高桥一修的《先例拘束性和宪法判例的变更》、田中成明的《审判的法的形成》、田中英夫的《判例的法形成》以及佐藤幸治的《现代国家与司法权》等都专门对判例的法源性展开了探讨与分析研究。
❷ 转引自［日］田中成明：《现代社会与审判——民事诉讼的地位和作用》，郝振江译，北京大学出版社 2016 年版，第 234 页。
❸ ［日］田中成明：《现代社会与审判：民事诉讼的地位和作用》，郝振江译，北京大学出版社 2016 年版，第 231－232 页。
❹ ［日］田中成明：《现代社会与审判：民事诉讼的地位和作用》，郝振江译，北京大学出版社 2016 年版，第 233 页。

或衡平感，并在一定范围内直接进行或者间接促进法创造性地继续形成，这是正当发挥审判固有的适用法解决纠纷功能所不可欠缺的固有权限，也是保证立法、行政和司法机关以相互抑制—均衡关系实现公正运转所必要的条件。❶ 有鉴于此，从法院的纠纷解决功能来说，欲保障纠纷解决的公平性，应该承认判例作为正式法源在制度层面的正统性，当然也正是立足于司法审判这一固有功能，判例的机能才可以获得更好的发挥和发展。❷ 从法源的理论界定视角来看，日本法学家田中成明的观点与瑞典法学家佩岑尼克的观点有着"殊途同归"的共识性。

德国、法国和日本不仅都是典型的大陆法系国家，而且是非常重视判例司法适用的国家，就当下我国案例指导制度的推进与深化来说，尽管上述国家的司法制度与我国存在一定的差异，但其成功经验是值得我国借鉴和思考的。例如，德国联邦宪法法院系统、法国行政法法院系统和日本法院系统对判例的重视与坚守都可以为我国指导性案例法源化问题提供一些颇有助益的识见。

就判例的法源化这一论题，从实践层面来说，判例在上述国家的司法审判过程之中，特别是在保障法律的统一性和公平性方面，均发挥着不可忽视的作用，判例与司法正义的实践已经紧密地联系在一起。尤其是在复杂多变的现实生活中，当出现法律漏洞时，当出现疑难案件时，如何正确找法、释法和适法，保障和实现司法正义，就成为摆在法官面前的一道难题。而在理论发展层面，鉴于对成文法典优先性的保障与遵循，与英美法系严格遵循判例拘束力有所不同，上述国家在对判例的正式法源化问题上都还存在着一定的理论争鸣。

通过上文分析可以看出，关于判例的法源化问题，在理论表达与实践现实之间，很显然存在着鲜明的背离：一方面，学说见解与实务见解缺乏同一

---

❶ ［日］田中成明：《现代社会与审判：民事诉讼的地位和作用》，郝振江译，北京大学出版社 2016 年版，第 240 页。

❷ ［日］田中成明：《现代社会与审判：民事诉讼的地位和作用》，郝振江译，北京大学出版社 2016 年版，第 242 – 243 页。

性共识；另一方面，不可否认的是，随着司法实践对正义的不懈追求，判例越来越展现出一种接近法律上的拘束力效果，判例的法律拘束力理论正在有机生成。事实上的拘束力与法律上的拘束力这种二元诠释框架，已经很难对此予以合理的诠释与涵盖。特别是判例的事实上的拘束力一说，在德国、法国和日本正面临着不断的质疑与挑战。尤其是在理论界，将判例界定为正式法源的观点，正汇集成一股强大的力量。

就德国、法国和日本的司法实践情况来看，判例的法源化问题已经成为一个不得不直视的现实问题。判例的法源化也就是判例的拘束力问题，其背后实质上主要涉及的是立法与司法的关系问题。对此，尽管德国、法国和日本都在不断通过注入新的理论，试图缓解这种理论与实践的背离局面，以便在两者之间维持基本的平衡，诸如德国的个案规范理论、法国的动态化法典理论以及日本的判例变更理论等，这些努力无一不是在既有法秩序框架下对判例的法源性进行的积极的、突破性的回应。

有鉴于此，越来越多的学者开始呼吁正视这一问题，将判例予以正式的法源化。不过，在这些学者看来，判例的法源化意味着判例的制度化拘束力，但这样的一种法源地位，一方面，是以保障成文法和正义的优先性为基本前提的，而非就某一个判例单独在个案中的优先性适用；❶ 另一方面，赋予判例正式的法源地位，恰恰是以正义的准则和法律的安定性为约束条件的。❷

另外，除了上述在学说理论和司法实践方面的借鉴意义之外，德国、法国和日本在判例实践的历史经验方面的积淀，也是值得我们批判性借鉴与学习的。就判例制度的历史发展来说，上述国家的历史经验展现了如下三个方面的实践理性。第一，从宏观历史跨度来看，判例制度之所以能够获得那么强大的生命力和影响力，是自发性演进的结果，而非某种宪制性构建设计得来的结果。尽管这一系列的发展过程，并不拒绝某些具体层面上的规划性设计。换言之，判例的规范性效力主要源于理论上的不断探索和司法实践过程

❶ 高尚：《德国判例使用方法研究》，法律出版社 2019 年版，第 227 页。
❷ 高尚：《德国判例使用方法研究》，法律出版社 2019 年版，第 238 页。

中持续性、习惯性的个案运作，确切地说，这是一种行动中的法的经验性成长过程，而非依据某一实证法的具体规制。第二，判例规范性效力的构建，离不开以法官、律师等为代表的法律职业共同体的基本共识与遵循支持。尽管在官方立法层面，判例的规范性效力并没有获得正式的制度化，但司法实践中，判例由于获得了法律职业共同体的共同认可并得到不断的援引，从而在一定程度上取得了尊重，展现出其支配性的影响力。从某种意义上来说，判例规范性效力地位的取得得益于法律职业共同体的坚守协作。第三，除去外部的保障性因素，判例自身内在的制度完善对于其影响力的发挥也是非常重要的。德国、法国和日本的相关经验说明，在个案裁判中，判例能够得到频繁的援引和适用的原因在于，判例本身论证说理的合理性、正当性和有效性是其权威性建立的内在保障。这种内在的保障机制对于判例的正式法源化来说，特别是对判例自身的权威性、合理性构建而言，是不可或缺的。

总而言之，通过对德国、法国和日本判例制度的比较法视野的梳理，可以看出，判例制度并非普通法系所独有，对于成文法法系国家来说，判例制度背后的类比推理方法具有巨大的理论意义和实践意义。❶ 随着判例司法适用影响力的拓展以及现代诉讼与审判制度对"法适用（判决作成）过程的创造性"的肯认，在"成文法主义"与"判例法主义"的争鸣论辩中，坚守成文法而不予认可判例的观点正在丧失说服力，相比之下，认为应当承认判例法源性、法律上拘束力的观点正在逐渐变得有影响力。❷

5.3　指导性案例正式法源化的实践突围

我国一直是一个典型的成文法国家，但由于法律自身所具有的滞后性，在面对复杂多变的社会发展时，立法往往显得有所不逮。面对法律漏洞与法

---

❶ 高尚：《德国判例使用方法研究》，法律出版社 2019 年版，第 243 页。

❷ ［日］田中成明：《现代社会与审判：民事诉讼的地位和作用》，郝振江译，北京大学出版社 2016 年版，第 228－229 页。

外空间，通过案例指导制度的构建，将指导性案例恰当地运用到个案的具体裁判过程之中，在维持法律安定性和客观性的法制框架下，让公民感受到社会公平、公正的真实存在，这也是中国特色社会主义法治的应有之义。有鉴于此，陈兴良教授认为，这一举措乃是"改变中国法治格局"的一项值得期待的重大变革。❶

尽管随着类案强制检索等配套制度的完善，指导性案例在具体个案适用中的规范效力正逐渐凸显出来，其法律效果和社会效果也相应地为理论界、实务界所认可，可以说，一种谨慎乐观的发展态势已经显现出来。但是，目前从司法实践的整体情况来看，指导性案例的制度性潜能依然没有完全发挥和释放出来，特别是其核心功能的发挥并没有达到制度设计的初衷。一系列的追踪调查和相关统计数据显示，一方面，指导性案例制度的实际运行状况与制度功能的预期效果之间，显然还有一段很长的距离；❷ 另一方面，指导性案例的指导功能，从"单一个体"转向"普适特质"，❸ 仍存有进一步努力和亟须提升的空间。案例指导制度要想健康发展就必须直面自身的不足，敢于迎接来自理论界与实务界的现实挑战。指导性案例的正式法源化是一项综合的系统工程，由此笔者认为，可以尝试从以下诸方面予以突破。

5.3.1　凝聚法律共同体对指导性案例的法源共识

实现指导性案例正式法源化，首先就要促使法律共同体对指导性案例的法源属性达成共识。德沃金曾经对一个社会的"政治美德"进行归纳总结，认为"公平""正义""正当程序"以及类似案件类似处理是法律帝国整全性的四项基本法律原则。❹ 特别是类似案件类似处理原则体现了一个法治国家最为基本的价值理念。尽管我国的案例指导制度与英美法系的判例制度有

---

❶　陈兴良主编：《中国案例指导制度研究》，北京大学出版社 2014 年版，第 1 页。

❷　方乐：《指导性案例司法适用的困境及其破解》，载《四川大学学报（哲学社会科学版）》2020 年第 2 期，第 154 页。

❸　詹亮、张庆庆：《刑事案例指导制度的困境反思与突围之道——基于最高人民法院公布十批九个刑事指导案例的实证分析》，载《尊重司法规律与刑事法律适用研究——全国法院第 27 届学术讨论会获奖论文集》，人民法院出版社 2016 年版，第 396 页。

❹　［美］德沃金：《法律帝国》，李冠宜译，时英出版社 2002 年版，第 172－173 页。

着本质的区别，但作为中国特色社会主义法治司法改革的制度创新，在追求司法正义与社会公平方面，案例指导制度与判例制度的作用是殊途同归的。而从理论认知的层面来讲，指导性案例正式法源化是整个案例指导制度解决深入落实问题的一个基本的逻辑大前提。如果缺乏这一基本前提，势必将影响整个制度架构践行正义之功能的发挥，如此一来，依法治国的政治美德也将受到损害。对此，笔者认为必须有一个高度清晰的理念性认知，而法律共同体对指导性案例具有法源属性的共识就是这种理性认知的体现。

从制度构建的宏观视角来看，案例指导制度立足于我国独特的政治架构、立法制度、法律传统和现实国情，力求统一法律适用，维护司法公正，提高司法效率，树立法律权威，实现司法实践与理论研究的良性互动。❶ 指导性案例的出台，便是对这一历史目标的实践回应。可以说，指导性案例是人民法院在总结既往司法实践经验基础上所推出的一项突破性的举措。这一创新举措推出的背后，反映了我国司法审判不断因应时代发展变迁，从自发走向自觉的历史演进过程。就当下中国特色社会主义法治建设进程来说，追求个案公平正义的时代需求，特别是力求让每个人在个案中感受到司法正义的法治目标，意味着以指导性案例为重心的案例指导制度的健康发展关系着转型社会的公义保障与供给。进而言之，指导性案例的司法适用已不再是一个理论层面上是否能够做的认识问题，而是必须做以及如何做得更好的实践性问题。❷ 因应社会转型发展的时代需求，以法官、检察官、律师和法学学者等为代表的法律职业共同体需要对此给予理性回应。立足中国司法的现实语境，针对指导性案例的制度完善和准确定位，在实践与沟通之中，理论界与实务界借助交往理性达成一个基本的共识，诠释和拓展指导性案例的实践理性理念，从而为指导性案例的正式法源化构建一种合理的正当性。

从制度实践的微观论证层面来看，一方面，案例指导制度是我国司法改

---

❶ 胡云腾、于同志：《案例指导制度若干重大疑难争议问题研究》，载《法学研究》2008 年第 6 期，第 5–6 页。

❷ 胡云腾、于同志：《案例指导制度若干重大疑难争议问题研究》，载《法学研究》2008 年第 6 期，第 4 页。

革进程中所推出的一项具有划时代意义的举措。就其发展历程来说，作为一项由法院系统积极回应社会变迁所推动的制度创新，其本身就意味着一定程度的突破与革新，但就这一点来说，对于指导性案例正式法源化的正当性根据，仅仅从传统法源实践与既往立法去发掘显然是不够的。因此，为了应对社会转型带来的纠纷复杂化、多样化的挑战，对传统法源观相关理念的开放性修正与发展也是极其必要的。另一方面，从现实国情来说，既然案例指导制度作为一项事关社会正义的特色制度，其推进是顺应时代发展不可逆转的客观需求，那么要想其保持健康有序之发展，不再对指导性案例的法源性闪烁其词，就应该正视指导性案例的效力规范，明确其效力界定，正式赋予其制度性法源地位，这也是一种契合理性的抉择。

就我国司法改革实践经验来说，法律职业共同体的共识始终是制度拓展和完善的一个非常重要的内在因素。正所谓纲举目张，这一点对于案例指导制度也不例外。其实，自发布首批指导性案例以来，缺乏法律职业共同体之共识就一直困扰着案例指导制度的推进工作。围绕指导性案例的效力问题，理论界与实务界各说各话，表达与实践背离，❶ 缺乏一种共向性的沟通交流，导致理论与实践之间缺乏有效的互动，未能形成一种有效的良性循环。指导性案例规范拘束力问题之所以处于一种比较尴尬的局面，一个重要的原因就在于，法律职业共同体共识不足，内在说服力缺乏有效支撑，未能在理论上形成推动力量。

相较而言，联系到德国、法国和日本的实践，可以看出，尽管上述国家中判例的拘束力也没有获得正式的立法界定，但就其法律职业共同体的行动这一层面来说，在判例的拘束力界定问题上，这些国家基本上已经形成了一种公认的规范性共识：对于判例的拘束力，除非有充足的不予适用的理由，否则就要予以遵循。这一点从德国的判例偏离报告制度、法国的判例动态法典化以及日本的违反判例上诉制度，就可以看出这些国家对判例效力的尊重。

---

❶ 王彬：《指导性案例的效力困境及其解决》，载《河南大学学报（社会科学版）》2017 年第 4 期，第 66 页。

在我国，与实务界保持联动一致的是，对判例的讨论与研究已经成为理论界法律研究的必要内容。有关判例的具体司法适用梳理与汇编的很多成果正是出自法学研究者的不懈努力。同样，对于以法官为代表的司法者群体来说，他们对于理论界的相关研究成果也是非常重视的，甚至有一些典范学说见解就是法官与学者沟通交流与互动的成果。

凭借这种基本共识的凝聚，法律职业共同体通过持续性努力，借助司法实践推动了判例拘束力权威化的演进。对此，英国法学家麦考密克也持有类似的看法，认为先例的效力不仅取决于先例本身所被赋予的性质，而且取决于共同体对先例的理解、接受、认可（沟通）。❶ 对此，张骐教授主张，鉴于人们在法律问题上服从理性是需要共识的，是以除了外部的相关程序保障之外，还应该通过实现共识来保证指导性案例的效力，❷ 其法源性地位也需要通过一种理性的共识来逐步构建权威性的诠释。法律职业共同体集思广益，融贯法学专业理论，对判例进行评析、梳理和纠错，提升了其说服力和适用力，从而进一步保障了判例的有机健康成长。同时，经过实践的不断锤炼，判例效力的权威性也逐渐凸显出来。这种实践模式已经在德国、日本以及意大利等国被有效地运用和证实，对于我国指导性案例的正式法源化问题来说，这种经验纠错式的进路值得去尝试和探索。从另一个层面来讲，一个新生制度的发展同样离不开社会认同，否则很容易沦为无源之水。正是凭借法律职业共同体的共识和在此基础上所推动的沟通交流，有关指导性案例拘束力的相关理论与知识也由此得以传播和扎根于社会生活之中；而社会公众通过对具体个案的感知和了解，又进一步增强了对案例指导制度的认识，从而在整个社会中形成一种无形但有力的集体认同感；通过社会大众的累积式宣传，这种认同感不断增强和凝聚，达到一定程度后，又可以反过来推动指导性案例正式法源化的进程。

---

❶ 转引自张骐：《再论指导性案例效力的性质与保证》，载《法制与社会发展》2013年第1期，第98页。

❷ 张骐：《再论指导性案例效力的性质与保证》，载《法制与社会发展》2013年第1期，第98页。

5.3.2　增强指导性案例的能动性

在实现指导性案例正式法源化的过程中，充分发挥指导性案例的能动性是不可或缺的环节。在官方正式表达层面，指导性案例的制度设计目标主要集中于统一法律适用、指导司法审判和丰富发展法学理论，但从实践的反馈情况来看，指导性案例的制度运作主要出现了如下问题：功能定位有些泛化，缺乏精准目标，在具体运作方面，往往以对制定法的解释为主要演绎过程。在这些反映出来的问题中，最为突出的便是指导性案例与司法解释之间的本质区别问题。在一些学者看来，两者存在制度模糊性，特别是在发布程序、主体与功能方面，指导性案例与司法解释存在部分重合，指导性案例的能动性没有发挥出来。

有学者认为，指导性案例仅仅是司法解释的一种特殊表现形式，而非一种独立的法律适用方式。[1] 法律解释一般是指在具体个案的司法裁判中与法律适用相联系的一种活动，亦即我们所说的具体法律解释。[2] 对于这种典型的个案解释理论，笔者将其称为法官释法说。由于法官释法说坚守制定法的统治地位，回避了法官造法的质疑，同时更符合当下中国的司法体制现状，在制度理念层面也不容易造成冲击，所以相较而言，法官释法说拥有很大的市场。正是基于这样的逻辑推理，很多学者都顺其自然地倾向于认同这样一种主张：指导性案例无须被额外地予以正式法源化，其效力问题已经解决，甚至法源化本身就是一个存在矛盾的命题。

在笔者看来，虽然指导性案例在很多个案中是以法律解释的形式出现的，但指导性案例与司法解释并非一回事。指导性案例在个案中的援引适用，实质上是体现了周旺生教授的司法作为法源的理论内涵，即司法作为法源通常包括两个层面：一是可以产生法的作用或等于法的典型判例和法律解释之类；

---

[1]　江勇、马良骥、夏祖银：《案例指导制度的理论与实践探索》，中国法制出版社 2013 年版，第227 页。

[2]　郎贵梅：《中国案例指导制度的若干基本理论问题研究》，载《上海交通大学学报（哲学社会科学版）》2009 年第 2 期，第 28 页。

二是产生的司法经验、判决、法律解释之类，可以融入法和法律制度之中。❶
尽管两者在实践中存有一定的交集，但究其本质，指导性案例并不是司法解
释。首先，司法解释往往采取文本解释的方式，其针对的对象通常为抽象的
一般性规则，即使经过解释也留有一定的自由裁量空间；而指导性案例往往
是针对司法个案中的具体语境所作出的实证裁定，其针对的对象非常明确，
作出的判断准确性较高，相较而言，留给法官自由裁量的空间并不大。其次，
司法解释通常是在既往裁判经验基础上的一种总结，是对过去疑难案件的一
种诠释，其视角侧重于往后看；而指导性案例通常是针对新形势、新案情和新
情况的一种直接的及时性反应，其视角侧重于往前看。最后，从制度设计初衷
来看，指导性案例的出台就是为了弥补法条和司法解释的不足，填补法律漏洞，
达致统一司法适用，以此与司法解释相辅相成，共同致力于具有中国特色的社
会主义法治实践。如果将指导性案例与司法解释混同，重新回到司法解释的老
路，那么这种所谓的制度改革就失去了创新的意义，更进一步而言，法院系统
的司法改革努力实际上沦为一种制度重复。

指导性案例与司法解释混为一体的法官释法论之所以受到欢迎，在笔者
看来，大致受两个方面因素的影响。第一，受制于思想上的谨慎与保守和对
制定法的完美构建的过度自信，这种观点固守制定法主导思维，认为凭借科
学理性的立法和解释，完全可以应对社会发展的急速变迁。其实，当今世界
伴随着全球化的推进，两大法系互相借鉴、不断走向融合的趋势就已经证明，
没有哪一种单一的法制形式可以应对不断变化的社会生活。正如法学家胡克
所指出的那样，法律的创制已经不再是一个从民主立法到司法适用的单向度
过程，法律和社会复杂性的显著加剧已经使得这一图式成为陈词滥调，法官
作用的加强，必须得以正当化以使传统的理论适应于现实的发展。❷ 是以，
判例不仅在普通法系国家具有灵活性的功用，在大陆法系国家照样也可以配
合制定法发挥其优势作用。判例与制定法并非非黑即白的绝对分立，现代司

---

❶ 周旺生：《重新研究法的渊源》，载《比较法研究》2005 年第 4 期，第 5 页。

❷ ［比］马克·范·胡克：《法律的沟通之维》，孙国东译，法律出版社 2008 年版，第 17 页。

法实践已经证明，两者完全可以互相支持、相互配合，通过优势互补来促进法治社会司法正义的实现。

第二，立足三权分立，将立法与司法完全对立起来。这种观点往往坚守立法中心主义立场，没有注意到书面上的法与行动中的法在实践中的区分，僵化地理解权力分立理论，忽略了社会发展的复杂性和法官司法的主观能动性，从而将法官的角色界定为机械地适用法律，认为法官只能适用法律，而不能主动发现法律。而来自德国、法国、日本等国家的司法实践已经证明，面对制定法的不足与沉默，为了实现个案正义，法官完全可以通过造法的方式，运用判例来实现法的续造，这已经成为司法实践中的普遍现象。甚至在理论界，法官造法已经成为法律方法论的一项重要研究内容。对此，就连纯粹法学派的代表人物凯尔森都承认在立法与司法之间划出绝对界限是根本不可能的，实践中法律的创造与适用是无法严格割裂开来的，两者只有一种相对的性质，在大多数情况下，国家的大多数行为兼具创造法律和适用法律的属性，将法律的创造分给一个机关而法律的适用（执行）又分给另一机关，这恐怕也是不可能的。❶ 德国学者莱赛尔则从法社会学的视角对立法与司法进行了辨析，他认为，在法律的运作过程中，立法者拥有的是一种优先权地位，而最终的话语权和决策权是掌握在法官手中的。❷ 就法治正义的目标来说，司法造法是一种不可避免的现象。

针对指导性案例法源化问题所面临的困难与挑战，笔者主张从以下两个方面推进指导性案例的正式法源化。一方面，必须解放思想，以全球化的开放视野和动态发展的理念来看待这一问题。对此，要求我们在实践中放弃单一的成文法主导法制的思想，积极顺应时代发展，因应全球化潮流下两大法系的融合趋势，视野上从立法中心主义向司法中心主义转换，树立起多元法源观，以发展和现实的理念来看待指导性案例的正式法源化。另一方面，需要对指导性案例的功能进行精确定位，在加强完善的基础上，凸显实践价值。

---

❶ ［奥］凯尔森：《法与国家的一般理论》，沈宗灵译，商务印书馆 2014 年版，第 386 页。
❷ ［德］托马斯·莱赛尔：《法社会学基本问题》，王亚飞译，法律出版社 2014 年版，第 252 页。

就当下我国社会主义法治建设进程来看，结合我国基本国情和司法实践积淀可知，案例指导制度显然已经成为一种定制。要想案例指导制度获得持续健康的发展，我们必须对该制度进行精确定位。相对于司法解释和司法批复来说，案例指导制度可以从以下两个层面予以建设和努力：一是摆脱对指导性案例拘束力遮遮掩掩的模糊定位，通过持续不断的司法实践来构建指导性案例的正统性地位，推进从事实上拘束力到规范拘束力制度化地转变，从而为法律职业共同体和大众援引及用好指导性案例扫除观念障碍；二是继续加强对指导性案例自身的完善与内在建设。具体来说，就是提升指导性案例的创造性，增强其对个案指导的能动性。当下指导性案例正式法源化的一个现实性阻碍就是指导性案例因应社会发展变化的能动性不足，很多指导性案例往往成为法条或司法解释的重复性演绎，缺乏亮点、创造性和精确性，导致指导性案例并没有展现出自身独特的机制优势。对此，笔者认为需要在实践积淀中构造出具有典范性、创新性、高效率和能够及时反映群众司法需求的指导性案例群，通过对疑难个案正义的实现，充分发挥其制度优势，从而彰显指导性案例的指导意义和实践价值，为其正式法源化打好现实基础。

5.3.3 构建规模化指导性案例数据库

在大数据时代实现指导性案例正式法源化，还需构建规模化指导性案例数据库，为复杂的司法实践提供鲜活典型的指导性案例。随着案例指导制度的进一步拓展与完善，指导性案例的数量也在逐步增多，截至 2021 年 7 月，最高人民法院发布了 28 批指导性案例，共计 162 例；截至 2021 年 9 月，最高人民检察院发布了 29 批指导性案例，共计 115 例。不过，从现实司法实践和相关调研反馈的情况来看，指导性案例的供给依然未能满足司法实践的总体需求。根据郭叶、孙妹基于北大法宝司法案例库运用大数据对指导性案例援引情况的持续性追踪与调查研究，可以看出，一方面，法官和律师等职业群体开始重视和研究指导性案例的效能，对指导性案例的需求与日俱增；另一方面，现实中能够被援引和恰当适用的指导性案例并不充分。正如《最高人民法院指导性案例 2019 年度司法应用报告》所指出的那样，虽然 2019 年指导性案例的发布和应用案例都达到历史最高值，但相比千万级的裁判文书总量确实是非常之少。❶ 除此之外，由于遴选技术等方面的原因，导致指导性案例覆盖的案由较少，影响了其指引作用的发挥。

指导性案例的真正生命力体现于其具体的司法实践运用。在一部分学者看来，由于实践中指导性案例存在着不够用、不能用和不好用等一系列的问题，使得指导性案例的司法运用及其功效发挥处于一种瓶颈状态。目前就这一点来看，笔者认为这种瓶颈主要体现在两个方面：一是指导性案例的供给数量不足，未能形成规模效应；二是指导性案例本身的质量问题，未能发挥精确的指引示范作用。也正因为如此，面对上述问题，一部分学者产生了对指导性案例正式法源化的质疑，认为面对社会转型带来的诉讼量增长，受制于数量和质量等因素，指导性案例的实践价值空间并不大，没有必要也缺乏必要的权威基础将其通过正式制度化赋予法源地位。

笔者认为，用指导性案例的数量和质量问题及其引发的瓶颈问题来否定从正面赋予指导性案例法源地位的看法是值得商榷的。首先，案例指导制度本身就是社会转型发展时期的一项司法改革创新举措，既然是制度创新，就意味着这是一项新生事物，而新生事物的成长需要一定的时间、实践和积淀。很显然，那种毕其功于一役的想法是不切实际的。从这一点来讲，不管是指导性案例的发布数量问题，还是案例质量本身的指导性问题，都是一个新型制度走向成熟完善所必须付出的成长代价。其次，从逻辑角度来分析，指导性案例目前所存在的困难与指导性案例是否应该被赋予正式法源地位完全是两个不同的问题，以一项新型制度发展中的不完善来否定其正式的权威性地位，在逻辑上是存在问题的。最后，对于当下指导性案例在质量和数量方面存在的问题，完全可以通过针对性的努力予以克服。

对此，针对实践中指导性案例的供给不足问题，首先需要改进的就是加快指导性案例生成和遴选机制的完善工作，优化案例遴选，积极推进指导性

---

❶ 郭叶、孙妹：《最高人民法院指导性案例 2019 年度司法应用报告》，载《中国应用法学》2020 年第 3 期，第 113 页。

案例的选编，以此打造能够契合司法实践需求和符合时代发展需要且在数量上形成规模的指导性案例库。案例指导制度要获得有序发展，规模化的指导性案例库是一个最为基础的条件。指导性案例指导功能的发挥与实现，必然离不开数量充足、内容涵盖丰富的多元化案例库，这对幅员辽阔、发展不均衡和多民族聚居的具有多元文化的中国来说，更是如此。多元化和多样化的基本国情，决定了司法实践对指导性案例的需求必然是多层次、多样化和大规模的。

另外，目前指导性案例的遴选，基本上是由基层人民法院和中级人民法院自下而上地推荐至高级人民法院备选，再由高级人民法院推荐至最高人民法院案例指导工作办公室审查筛选和确定发布的。这种层级遴选机制具有很强的行政化色彩，容易造成地方性的重复，反而不利于典型、优秀案例的选出。对此，笔者认为，在整体架构运作层面，应该弱化遴选机制的行政化色彩，同时考虑到案例指导制度统一司法适用的战略目标，遴选案件还应当体现指导性、普适性和一般性，特别是尽量减少地方性色彩，相较而言，法院审级越高，受地方性因素的干扰就越少。关于这一点，笔者更认同吴英姿教授的建议，即应该立足审级制度，从遴选主体入手把好质量关，指导性案例的遴选主体应当限定为上诉审法院——以法律审为"主业"的高级人民法院和最高人民法院。❶ 通过这样的一种审慎遴选机制架构，尽量排除地方性因素的影响，增强指导的普适性和同一性，提升质量标准，从而为多变复杂的司法实践提供充裕的参照样本和规则供给。值得庆幸的是，这一改善进路已经在最高人民法院印发的《关于完善四级法院审级职能定位改革试点的实施办法》中获得了审级制度支持、规范支撑和实践上的思想保障。❷ 当然，必

---

❶ 吴英姿：《谨防案例指导制度可能的"瓶颈"》，载《法学》2011 年第 9 期，第 52 页。

❷ 为贯彻落实《全国人民代表大会常务委员会关于授权最高人民法院组织开展四级法院审级职能定位改革试点工作的决定》，实现法律正确统一适用，2021 年 9 月 27 日最高人民法院印发了《关于完善四级法院审级职能定位改革试点的实施办法》，其中明确规定四级法院审级职能的定位是：基层人民法院重在准确查明事实、实质化解纠纷；中级人民法院重在二审有效终审、精准定纷止争；高级人民法院重在再审依法纠错、统一裁判尺度；最高人民法院监督指导全国审判工作、确保法律正确统一适用。

须保持清醒的是，对于指导性案例质量和数量这些问题的改善，笔者认为必须保持一种循序渐进的耐心和毅力，不管遴选机制如何改进，再好的机制要完全发挥功效，也需要时间和实践的积累。

另外，对于指导性案例库的建设，既需要立足司法实践，深入发掘，尽力实现从点到面、从群到库的规模化运作，也需要与时俱进地引入先进的科学技术和手段，特别是随着人工智能技术和大数据的普及与发展，指导性案例库的电子化和数据化也应该提上日程，早日实现网络数据库化。尽管最高人民法院和最高人民检察院已经开始在其官方主页网站发布指导性案例，但距离构建诸如裁判文书网这样的大型网络数据库的目标还有很长的路要走，需要进一步改进。可以说，通过借助互联网、搜索引擎和计算机数据处理技术，力求打造一个多元性、多层次和立体化的电子数据案例库，乃是指导性案例库今后所必须走的道路。如此一来，不仅可以融聚成为更大规模的案例群，而且可以极大地方便法律职业共同体和普通公众进行查询和使用，让指导性案例更加契合社会需求，进一步发挥其指导性功效。目前一个积极乐观的动态就是，由最高人民法院推出的类案强制检索制度已经展现了这样的一种发展趋势，当然，这也从另一个层面展现了最高人民法院推动指导性案例信息化的决心。

总而言之，运用现代信息化技术，建立全国统一、权威的指导性案例数据库，使得指导性案例在具体个案中真正实现灵活性和公平性的运作，从而更加有利于促进司法统一。

5.3.4　实现指导性案例法源的合法性

实现指导性案例正式法源化，最关键的问题是要解决指导性案例法源的合法性。顺应法律全球化和两大法系互相融合的浪潮，面对中国社会转型时期对公平正义的追求，因应社会主义法治建设需求，最高人民法院立足历史实践经验，率先推出了案例指导制度，希望将指导性案例有机整合于中国特色社会主义司法改革事业之中。要给予正视的是，自案例指导制度推出以来，指导性案例便承受着种种质疑与挑战，特别是在有关指导性案例运作的正当性问题上，由于最高人民法院的这项自我改革举措缺乏明确的宪制授权，导致其不得不面对一个重要的尖锐论题，那就是其正当性存有疑虑，而这一疑虑使得指导性案例的效力处于一个比较尴尬的地位，从而对指导性案例的正式法源化形成了巨大的挑战。

如何应对和回应这一挑战呢？笔者认为，正当性是一个非常宽泛的概念，对于正当性的界定需要有一个立足于具体语境的整全性理解。就本研究来讲，对正当性的来源可以分为两个层面：一是经验层面，正当性来源于社会的公认或制度的权威认可；二是道德层面，正当性来源于其本身所具有的合理性。是以，就文本研究主题来讲，正当性的意蕴在于符合社会生活中现行规范和政策的要求，满足社会发展的客观需要和人民的利益，并整合了一定的道德的正当性和合法性。❶ 而就当下指导性案例的运行反馈实践来看，最受质疑的就是其合法性问题。相较而言，对指导性案例的合理性构建，不管是从案例指导制度同案同判的公平目标，还是当下转型社会的司法现实需求以及司法运行规律来说，基本上都获得了广泛的认可。指导性案例有助于实现法律平等原则，强化法律的客观性、可预期性，促进法官对公平正义司法伦理的关注，这一切所体现出的实践价值和人文关怀，都充分展现出其合理性的面向，因此更容易被社会认同和接受。

可以说，指导性案例的合法性问题才是其正当性建构的最为困难和严峻的环节。如何理解和应对指导性案例所面对的合法性困境呢？笔者认为，虽然发布指导性案例是最高人民法院的司法改革举措之一，但从制度内涵、制度架构和制度运作层面来看，指导性案例的运作不仅没有违背具有中国特色的社会主义法治内涵，反而其具体实践恰恰符合了我国当下的宪制理念，符合我国社会转型发展对公平正义的时代需求。从我国宪制的制度内涵来看，指导性案例的适用很好地践行了《宪法》第 5 条关于维护社会主义法制的统一以及第 33 条公民在法律面前一律平等的宪制原则和精神。从制度架构来看，认为指导性案例是司法造法的体现，是对三权分立架构的背反，这样的

---

❶ 吕世伦、文正邦：《法哲学论》，中国人民大学出版社 1999 年版，第 295 页。

一种观点是缺乏现实基础的。我国是社会主义法治国家，三权分立的架构在我国是不予承认的，立法、司法之间的关系并不是一种绝对的权力分立，而是一种公权力职能上的分工合作，更确切地讲，司法乃是一种"司法职能"，而非独立的"司法权"。❶ 而司法职能的具体落实，必然会涉及法律解释以及在解决纠纷的必要条件下所进行的法律续造等法的创制活动。进一步来讲，即使是在倡导三权分立的西方，司法造法也是广泛存在且已经是一种被广为接受的行为。从制度的具体运作层面来看，指导性案例的司法适用完全是根据《人民法院组织法》《二五纲要》和《案例指导规定》予以贯彻落实的，指导性案例在个案中的援引适用更多地体现了一种行动中的法的具体运作过程，其实践是完全符合我国社会主义公平公正的法治内涵的，因此在合法性方面，尽管存在些许形式瑕疵，但整体来说，指导性案例是经得起考验的。进言之，作为一项新的制度创新和实践探索，至少在宪制的原则层面，指导性案例的推出是完全符合中国特色社会主义法治内涵的。

对于指导性案例正式法源化所面临的宪制合法性挑战，笔者认为，这一问题的解决不仅是一个宪制层面的问题，而且是一个具体实践层面的落实问题。就下一步的努力方向来说，需要加快行动的是，在遵守宪法规定的基础上，加快宪制原则在具体个案实践中的细化与落实。通过个案正义实践的累积与积淀，不断增强指导性案例的制度正当性。同时，笔者认为，还需要继续坚持司法改革，保持锐意进取，特别是在指导性案例的效力来源问题上，需要拿出决心，做出更进一步的制度完善。具体来说，实践中有很大一部分观点主张将指导性案例视为司法解释的一种特殊形式，以此来证成其效力的正当性。笔者认为，这样的一种处理方式不仅无助于提升指导性案例的权威性，甚至会导致司法解释与指导性案例的混同与重复，降低指导性案例的独特性、存在意义和价值，从而进一步背离建设具有中国特色的案例指导制度的改革初衷，走一条"南辕北辙"的道路。

---

❶ ［法］米歇尔·托贝：《法律哲学：一种现实主义的理论》，张平、崔文倩译，中国政法大学出版社 2012 年版，第 140－142 页。

与主张将指导性案例司法解释化的观点不同，笔者认为，欲确保指导性案例正式法源化的推进与实现，同时考虑到尽量降低改革成本，避免对当下立法体制与司法体制的现实冲击，又因地制宜地利用好既有机制资源，完全无须为此通过专门的单独立法的方式来解决指导性案例正式法源化的问题。单独立法的启动必将带来一系列的问题，增加改革成本，对此笔者认为，应该立足于指导性案例的运作实践，从深化制度完善予以切入，从指导性案例的遴选到最终的选定发布，涉及的一系列环节中重点需要改进的是，指导性案例的发布主体地位的提升。确切地讲，指导性案例经由最高人民法院、最高人民检察院选定后，应提交上报全国人大常委会，由全国人大常委会予以正式发布。如此一来，不仅可以避免很多理论上的冲突，尽可能降低对既有制度的冲击，而且能借助全国人大常委会的权威，顺理成章地提升指导性案例的正式法源地位，可谓一举两得。

总之，必须清醒地认识到，指导性案例的正式法源化，是对制定法的补充与辅助，而非一种针对制定法的超越性法源，确切地讲，指导性案例是一种补充性的法源。指导性案例作为正式法源的制度化，是在保障成文法和正义的优先性的基础上，❶ 对既有法秩序的一种坚持与完善。指导性案例通过个案的司法适用有机地将司法正义与宪制原则、司法伦理以及法律方法哲学紧密联系起来，将制定法与司法判例贯通为一个整体。从某种程度上来说，这是一项复杂和系统化的工程，其运作牵涉很多因素，不仅需要外部制度的配套与保障，还需要加强自身的制度建设与完善；不仅需要凝聚法律职业共同体的共识，还需要整个社会的支持与认同；不仅需要法律教育、法律方法的改进，还需要司法哲学理念的提升。可以说，这既是一个理论问题，也是一个现实实践问题；既涉及司法制度与技术问题，也涉及宪法宪制层面的落实；往长远看，它不仅是一个法律问题，还是一个政治问题。因此，期待毕其功于一役是不现实的，其需要持续性地实践探索与总结，需要经历一个坚持不懈的努力过程。目前，就世界司法的发展趋势来看，

---

❶ 高尚：《德国判例使用方法研究》，法律出版社 2019 年版，第 227 页。

越来越多的国家开始重视判例的正式法源化问题，其中瑞士已经率先在其民法典中肯认了司法判例的法源性。经由判例实现法律的客观性、可预期性，最终实现司法统一，可谓是当今世界司法发展的主流趋势，德国、法国以及日本等国的实践也已经印证了这一点，对此笔者认为我国应该保持一个富有远见的大局观视野。

结　论

本书一直在努力回答这样一个问题：在中国当下的法律体系和司法实践中，指导性案例是否应当被视为一种正式的法源？

围绕这一论题，笔者沿着从理论到实践的分析进路，先后对案例指导制度、指导性案例、法源制度相关理论构建和实践现状进行了梳理与检视，并以法源的理论界定为切入点，在对传统主流立法中心主义的法源观进行审视的基础上进行了反思与探索。笔者认为，既有的主流法源理论采取的是一种侧重立法的建构性立场，强调一种完整和圆融的体系形式，忽视了法源的司法经验立场。法律的生命显然在于司法实践，特别是当社会主义法律体系基本形成之后，法治中国的重心已经从立法场域转向司法场域，如何实现同案同判，让每一个群众在个案中感受到公平正义的司法需求，对既有的主流法源理论和司法实践提出了新的挑战。具有中国特色的案例指导制度能否因应社会转型发展，发挥制度潜力，为司法公平保驾护航，指导性案例的效力问题便成为一个关键性的因素。由此，指导性案例是否应该被制度化为一种正式的法源，就成为当下司法实践所必须正视的问题。

笔者认为，以一种司法中心主义的视野来重新看待和认识法源理论，进而思考指导性案例作为正式法源的地位问题，由此对传统主流的法源观予以修正甚至做出些许突破，而突破的方向就是立足于一种法律方法论的法律适用视野，将法源理解为法官据以证成法律裁断或法律决定的权威形式理由，这种理由的目的在于为司法三段论的大前提提供一种融贯的外部论证。❶ 正是在这一法律适用的司法语境下，法源被诠释为一种根系法律论证的权威性理由。法源是多元的，法源并不仅仅局限于成文制定法这种形式；法源是动态的，法源并不是一劳永逸的成品，恰恰相反，在人类社会的司法实践历史中，法源始终是一个具有开放性和拓展性的有待证成的论题。除了与立法直接关联外，法源还通过法律方法与司法紧密地结合起来。

笔者认为，具有中国特色的案例指导制度是否能够发挥制度潜力，指导性案例的法律拘束力问题或者说指导性案例的正式法源化问题是一个全盘性的核心因素。对此，首先需要解决的问题就是，应该如何证成和规范指导性案例的正式法源化，即如何证成指导性案例的实践理性。对此，笔者分别对指导性案例作为正式法源的合理性、合法性和现实性进行了理论证成分析。

不管是从理论构建层面还是现实实践层面来看，指导性案例都具有一种成为正式法源的合理性、合法性和现实性。当然，必须强调的是，指导性案例作为正式法源乃是建立在以成文制定法和个案正义为优先主导的法秩序之上的，是对既有法秩序的支持与完善。从法律适用层面来说，这一切意味着指导性案例并不是一种超越制定法的法源，恰恰相反，指导性案例是一种对成文制定法有所细化、补充和辅佐的正式法源。具体来说，当法官裁判案件时，首先必须运用制定法及其他条例作为权威性理由；❷ 其次，为了实现个案正义，维护司法统一，除了成文制定法之外，法官还应当恰当地援引适用指导性案例以作为法律论证的权威性理由。

根据研究分析可知，案例指导制度的推进无疑已经成为一种客观必要的

---

❶ 舒国滢、王夏昊、雷磊：《法学方法论》，中国政法大学出版社 2018 年版，第 289 - 294 页。

❷ ［瑞典］亚历山大·佩策尼克：《论法律与理性》，陈曦等译，中国政法大学出版社 2015 年版，第 304 页。

司法需求，既然指导性案例的正式法源化关涉整个案例指导制度的深化与拓展，那么该如何推动指导性案例作为正式法源的制度化进程呢？笔者认为，首先应该从法治中国建设的当下国情和现实司法实践出发，分别从理论层面、技术层面和制度层面入手，对指导性案例正式法源化所面临的困境和挑战进行梳理与把握；同时，需要立足于一种法律全球化的开阔视野，对于域外法治发达国家的类似先进经验进行观照与借鉴，通过对德国、法国和日本判例制度运作的批判性考察，借鉴吸收其值得我国学习的经验与智慧。通过对内外两个层面的总结，可知指导性案例的正式法源化乃是一项整全性的系统工程，需要予以持续性的努力与坚持，对此可以尝试从以下四个方面切入以解决问题：一是澄清理论认知，凝聚法律职业共同体共识，提升社会认同；二是精准制度目标定位，开放思想，加强指导性案例自身建设；三是优化案例选编，推进供给侧改革，借助大数据构建规模化指导性案例数据库；四是立足宪法，在拓展正当性的基础上，继续深化指导性案例遴选制度改革，将指导性案例的发布主体提升为全国人大常委会。

指导性案例的正式法源化，任重而道远，但随着具有中国特色的案例指导制度的逐步完善，指导性案例将与制定法、司法解释有机结合在一起，以实现个案公平公正为目标，更加有效地服务于具有中国特色的社会主义法治建设实践。

主要参考文献

▲ 中文译著

［1］［德］古斯塔夫·拉德布鲁赫. 法哲学 ［M］. 王朴，译. 北京：法律出版社，2013.

［2］［美］理查德·A. 波斯纳. 法理学问题 ［M］. 苏力，译. 北京：中国政法大学出版社，2002.

［3］［奥］汉斯·凯尔森. 法与国家的一般理论 ［M］. 沈宗灵，译. 北京：中国大百科全书出版社，1996.

［4］［奥］恩斯特·A. 克莱默. 法律方法论 ［M］. 周万里，译. 北京：法律出版社，2019.

［5］［德］魏德士. 法理学 ［M］. 丁晓春，吴越，译. 北京：法律出版社，2005.

［6］［德］罗伯特·阿列克西. 法概念与法效力 ［M］. 王鹏翔，译. 北京：商务印书馆，2015.

［7］［德］K. 茨威格特，H. 克茨. 比较法总论 ［M］. 潘汉典，米健，高鸿钧，等译. 北京：法律出版社，2003.

［8］［德］卡尔·恩吉施. 法律思维导论 ［M］. 郑永流，译. 北京：法律出版社，2004.

［9］［德］乌尔里希·克卢格. 法律逻辑 ［M］. 雷磊，译. 北京：法律出版社，2016.

［10］［德］卡尔·拉伦茨. 法学方法论 ［M］. 6 版. 黄

家镇，译．北京：商务印书馆，2019.

［11］［德］鲁道夫·冯·耶林．为权利而斗争［M］．郑永流，译．北京：法律出版社，2007.

［12］［德］英格博格·普珀．法学思维小课堂：法律人的6堂思维训练课［M］．蔡圣伟，译．北京：北京大学出版社，2011.

［13］［德］齐佩利乌斯．法学方法论［M］．金振豹，译．北京：法律出版社，2009.

［14］［德］萨维尼，格林．萨维尼法学方法论讲义与格林笔记［M］．修订译本．杨代雄，译．北京：法律出版社，2014.

［15］［加拿大］罗杰·塞勒．法律制度与法律渊源［M］．项焱，译．武汉：武汉大学出版社，2010.

［16］［美］E. 博登海默．法理学：法律哲学与法律方法［M］．邓正来，译．北京：中国政法大学出版社，2004.

［17］［美］E. 阿伦·法恩兹沃思．美国法律制度概论［M］．马清文，译．北京：群众出版社，1986.

［18］［美］H. W. 埃尔曼．比较法律文化［M］．贺卫方，高鸿钧，译．北京：清华大学出版社，2002.

［19］［美］R. M. 昂格尔．现代社会中的法律［M］．吴玉章，周汉华，译．南京：译林出版社，2008.

［20］［美］理查德·A. 波斯纳．法官如何思考［M］．苏力，译．北京：北京大学出版社，2009.

［21］［美］史蒂文·J. 伯顿．法律和法律推理导论［M］．张志铭，解兴权，译．北京：中国政法大学出版社，1998.

［22］［美］富勒．法律的道德性［M］．郑戈，译．北京：商务印书馆，2005.

［23］［美］格伦顿，戈登，奥萨魁．比较法律传统［M］．米健，贺卫方，高鸿均，译．北京：中国政法大学出版社，1993.

［24］［美］霍菲尔德．基本法律概念［M］．张书友，编译．北京：中

国法制出版社，2009.

［25］［美］艾德华·H. 列维. 法律推理引论［M］. 庄重，译. 北京：中国政法大学出版社，2002.

［26］［美］德沃金. 认真对待权利［M］. 信春鹰，吴玉章，译. 北京：中国大百科全书出版社，1998.

［27］［美］罗斯科·庞德. 法理学：第三卷［M］. 廖德宇，译. 北京：法律出版社，2007.

［28］［英］丹尼斯·劳埃德. 法理学［M］. 许章润，译. 北京：法律出版社，2007.

［29］［美］安东尼·斯卡利亚. 联邦法院如何解释法律［M］. 蒋惠岭，黄斌，译. 北京：中国法制出版社，2017.

［30］［美］理查德·瓦瑟斯特罗姆. 法官如何裁判［M］. 孙海波，译. 北京：中国法制出版社，2016.

［31］［美］弗里德里克·肖尔. 像法律人那样思考：法律推理新论［M］. 雷磊，译. 北京：中国法制出版社，2016.

［32］［美］约翰·莫纳什，劳伦斯·沃克. 法律中的社会科学［M］. 6 版. 何美欢，等译. 北京：法律出版社，2007.

［33］［美］约翰·亨利·梅利曼. 大陆法系［M］. 2 版. 顾培东，禄正平，译. 北京：法律出版社，2004.

［34］［美］约翰·奇普曼·格雷. 法律的性质与渊源［M］. 马驰，译. 北京：中国政法大学出版社，2012.

［35］［日］望月礼二郎. 英美法［M］. 郭建，王仲涛，译. 北京：商务印书馆，2005.

［36］［瑞典］亚历山大·佩岑尼克. 法律科学：作为法律知识和法律渊源的法律学说［M］. 贵晓伟，译. 武汉大学出版社，2009.

［37］［英］哈特. 惩罚与责任［M］. 王勇，等译. 北京：华夏出版社，1989.

［38］［英］彼得·斯坦，约翰·香德. 西方社会的法律价值［M］. 王

献平，译．北京：中国法制出版社，2004．

[39]［英］哈特．法律的概念［M］．张文显，等译．北京：中国大百科全书出版社，1996．

[40]［英］威廉·布莱克斯通．英国法释义：第1卷［M］．游云庭，缪苗，译．上海：上海人民出版社，2006．

[41]［英］约瑟夫·拉兹．法律的权威：法律与道德论文集［M］．朱峰，译．北京：法律出版社，2005．

[42]［美］奥利弗·温德尔·霍姆斯．法律的道路［M］．李俊晔，译．北京：中国法制出版社，2018．

[43]［美］马丁·P.戈尔丁．法律哲学［M］．齐海滨，译．北京：生活·读书·新知三联书店，1987．

[44]［美］约翰·罗尔斯．正义论［M］．何怀宏，等译．北京：中国社会科学出版社，1988．

[45]［美］本杰明·N.卡多佐．法律的成长［M］．董炯，彭冰，译．北京：中国法制出版社，2002．

[46]［美］李·爱泼斯坦，威廉·M.兰德斯，理查德·A.波斯纳．法官如何行为：理性选择的理论和经验研究［M］．黄韬，译．北京：法律出版社，2017．

[47]［英］弗里德利希·冯·哈耶克．法律、立法与自由：第1卷［M］．邓正来，等译．北京：中国大百科全书出版社，2000．

[48]［德］韦伯．法律社会学［M］．康乐，简惠美，译．桂林：广西师范大学出版社，2005．

[49]［德］阿图尔·考夫曼．法律获取的程序：一种理性分析［M］．雷磊，译．北京：中国政法大学出版社，2015．

[50]［日］西原春夫．日本刑事法的形成与特色：日本法学家伦日本刑事法［M］．李海东，等译．北京：法律出版社，1997．

[51]［法］米歇尔·托贝．法律哲学：一种现实主义的理论［M］．张平，崔文倩，译．北京：中国政法大学出版社，2012．

▲ 中文著作

［1］蔡定剑．历史与变革——新中国法制建设的历程［M］．北京：中国政法大学出版社，1999．

［2］陈金钊，焦宝乾，等．中国法律方法论研究报告［M］．北京：北京大学出版社，2012．

［3］陈金钊．法律解释学——权利（权力）的张扬与方法的制约［M］．北京：中国人民大学出版社，2010．

［4］陈金钊．法治与法律方法［M］．济南：山东人民出版社，2003．

［5］陈景辉．实践理由与法律推理［M］．北京：北京大学出版社，2012．

［6］陈树森．我国案例指导制度研究［M］．上海：上海人民出版社，2016．

［7］程春华．裁判思维和证明方法［M］．北京：法律出版社，2016．

［8］邓矜婷．指导性案例的比较与实证［M］．北京：中国人民大学出版社，2015．

［9］董皞．司法解释论［M］．北京：中国政法大学出版社，2007．

［10］高尚．德国判例使用方法研究［M］．北京：法律出版社，2019．

［11］葛洪义．法与实践理性［M］．北京：中国政法大学出版社，2002．

［12］顾祝轩．制造"拉伦茨神话"：德国法学方法论史［M］．北京：法律出版社，2011．

［13］国家法官学院，德国国际合作机构．法律适用方法：刑法案例分析［M］．北京：中国法制出版社，2012．

［14］何家弘．外国司法判例制度［M］．北京：中国法制出版社，2014．

［15］胡云腾．中国案例指导［M］．北京：法律出版社，2015．

［16］黄卉．法学通说与法学方法：基于法条主义的立场［M］．北京：中国法制出版社，2015．

［17］黄卉，等．中国案例指导制度：理论·实践——判例研读沙龙Ⅱ

［M］. 上海：上海三联书店，2019.

　　［18］黄茂荣. 法学方法与现代民法［M］. 北京：法律出版社，2007.

　　［19］黄祥青. 类案裁判方法精要［M］. 北京：人民法院出版社，2020.

　　［20］季卫东. 法治秩序的建构［M］. 增补版. 北京：商务印书馆，2014.

　　［21］江勇，马良骥，夏祖银. 案例指导制度的理论与实践探索［M］. 北京：中国法制出版社，2013.

　　［22］焦宝乾. 法律论证：思维与方法［M］. 北京：北京大学出版社，2010.

　　［23］雷鸿. 民事指导性案例研究：一个方法论的视角［M］. 北京：法律出版社，2013.

　　［24］雷磊. 法律体系、法律方法与法治［M］. 北京：中国政法大学出版社，2016.

　　［25］李林. 中国的法治道路［M］. 北京：中国社会科学出版社，2016.

　　［26］梁慧星. 裁判的方法［M］. 北京：法律出版社，2012.

　　［27］林立. 法学方法论与德沃金［M］. 北京：中国政法大学出版社，2003.

　　［28］刘笃才，祖伟. 民间规约与中国古代法律秩序［M］. 北京：社会科学文献出版社，2014.

　　［29］刘星. 法律是什么：二十世纪英美法理学批判阅读［M］. 北京：中国法制出版社，2015.

　　［30］刘杨. 法律正当性观念的转变：以近代西方两大法学派为中心的研究［M］. 北京：北京大学出版社，2010.

　　［31］潘维大，刘文琦. 英美法导读［M］. 北京：法律出版社，2000.

　　［32］钱卫清. 法官决策论：影响司法过程的力量［M］. 北京：北京大学出版社，2008.

　　［33］彭中礼. 当代中国法律渊源理论研究重述［M］//陈金钊，谢晖. 法律方法：第11卷. 济南：山东人民出版社，2011.

　　［34］沈宗灵. 法理学［M］. 2版. 北京：高等教育出版社，2009.

［35］沈宗灵．现代西方法理学［M］．北京：北京大学出版社，1992．

［36］舒国滢，王夏昊，雷磊．法学方法论前沿问题研究［M］．北京：中国政法大学出版社，2020．

［37］舒国滢．法哲学：立场与方法［M］．北京：北京大学出版社，2010．

［38］苏泽林．中国案例指导制度的构建和应用［M］．北京：法律出版社，2012．

［39］孙海波．疑难案件与司法推理［M］．北京：北京大学出版社，2020．

［40］汪世荣．中国古代判例研究［M］．北京：中国政法大学出版社，1997．

［41］王彬．法律解释的本体与方法［M］．北京：人民出版社，2011．

［42］王洪．制定法推理与判例法推理［M］．北京：中国政法大学出版社，2013．

［43］王利明．法律解释学导论：以民法为视角［M］．北京：法律出版社，2009．

［44］王利明．法学方法论［M］．北京：中国人民大学出版社，2011．

［45］王纳新．法官的思维——司法认知的基本规律［M］．北京：法律出版社，2005．

［46］王泽鉴．民法思维：请求权基础理论体系［M］．北京：北京大学出版社，2009．

［47］吴英姿．法官角色与司法行为［M］．北京：中国大百科全书出版社，2008．

［48］武飞．法律解释：服从抑或创造［M］．北京：北京大学出版社，2010．

［49］谢晖．法律意义的追问——诠释学视野中的法哲学［M］．北京：商务印书馆，2003．

［50］杨建军．裁判的经验和与方法［M］．济南：山东人民出版

社，2010.

[51] 杨立新. 民事裁判方法 [M]. 北京：法律出版社，2008.

[52] 杨仁寿. 法学方法论 [M]. 北京：中国政法大学出版社，1999.

[53] 姚辉. 民法学方法论研究 [M]. 北京：中国人民大学出版社，2020.

[54] 尹伊君. 社会变迁的法律解释 [M]. 北京：商务印书馆，2003.

[55] 于同志. 案例指导研究：理论与应用 [M]. 北京：法律出版社，2018.

[56] 于同志. 刑法案例指导：理论·制度·实践 [M]. 北京：中国人民公安大学出版社，2011.

[57] 张恒山. 法理要论 [M]. 3 版. 北京：北京大学出版社，2009.

[58] 张煌辉. 实践中的私法：法律方法、裁判技术与正义追求 [M]. 北京：法律出版社，2020.

[59] 张琪，等. 中国司法先例与案例指导制度研究 [M]. 北京：北京大学出版社，2016.

[60] 张文显. 司法的实践理性 [M]. 北京：法律出版社，2016.

[61] 张志铭. 法律解释学 [M]. 北京：中国人民大学出版社，2015.

[62] 赵玉增. 法律发现研究 [M]. 北京：人民出版社，2015.

[63] 郑永流. 法律方法阶梯 [M]. 北京：法律出版社，2008.

[64] 周旺生. 立法学 [M]. 2 版. 北京：法律出版社，2009.

[65] 左卫民，陈明国. 中国特色案例指导制度研究 [M]. 北京：北京大学出版社，2015.

[66] 黄宗智. 清代的法律、社会与文化：民法的表达与实践 [M]. 上海：上海书店出版社，2007.

▲ 中文期刊

[1] [日] 后藤武秀. 判例在日本法律近代化中的作用 [J]. 比较法研

究，1997（1）．

［2］白建军．案例是法治的细胞［J］．法治论丛，2002（5）．

［3］北京市高级人民法院课题组．关于完善案例指导制度的调研报告［J］．人民司法，2007（19）．

［4］蔡琳．案例指导制度之"指导"三论［J］．南京大学学报（哲学·人文科学·社会科学），2012（4）．

［5］陈灿平．案例指导制度中操作性难点问题探讨［J］．法学研究，2006（3）．

［6］陈金钊．论法律渊源［J］．法律科学（西北政法大学学报），1991（4）．

［7］陈金钊．法律渊源：司法视角的定位［J］．甘肃政法学院学报，2005（5）．

［8］陈明国．我国案例指导制度建立的若干问题［J］．法律适用，2008（11）．

［9］陈树森，龙淼．案例指导制度运行的问题、原因解析与机制重构［J］．上海政法学院学报（法治论丛），2014（6）．

［10］陈兴良．案例指导制度的法理考察［J］．法制与社会发展，2012（3）．

［11］陈兴良．案例指导制度的规范考察［J］．法学评论，2012（3）．

［12］邓矜婷．确定先例规则的理论及其对适用指导性案例的启示［J］．法商研究，2015（3）．

［13］董皞，贺晓翊．指导性案例在统一法律适用中的技术探讨［J］．法学，2008（11）．

［14］董皞．论判例与法律统一适用［J］．岭南学刊，2007（2）．

［15］董皞．迈出案例通向判例的困惑之门——我国实现法律统一适用合法有效之路径［J］．法律适用，2007（1）．

［16］房文翠，丁海湖．论指导性案例适用推理的形式性与实质性——兼论指导性案例适用推理机制的完善［J］．学术研究，2014（11）．

［17］郜永昌，刘克毅．论案例指导制度的法律定位［J］．法律科学（西北政法大学学报），2008（4）.

［18］郭叶，孙妹．最高人民法院指导性案例司法应用年度比较分析报告：以2011～2016年应用案例为研究对象［J］．中国案例法评论，2017（1）.

［19］郭忠．法律渊源含义辨析［J］．法治论丛，2007（3）.

［20］何家弘．完善司法判例制度是法治国家建设的需要［J］．法制与社会发展，2015（1）.

［21］何然．司法判例制度论要［J］．中外法学，2014（1）.

［22］侯国祥．论民法法系中的判例——兼与普通法法系中判例的比较［J］．前沿，2007（5）.

［23］胡云腾，于同志．案例指导制度若干重大疑难争议问题研究［J］．法学研究，2008（6）.

［24］胡云腾．案例指导制度的构建意义深远［J］．法制资讯，2013（10）.

［25］胡云腾，等．《关于案例指导工作的规定》的理解与适用［J］．人民司法，2011（3）.

［26］蒋惠岭．建立案例指导制度的几个具体问题［J］．法律适用2004（5）.

［27］蒋集跃，杨永华．司法解释的缺陷及其补救——兼谈中国式判例制度的建构［J］．法学，2003（10）.

［28］解亘．日本的判例制度［J］．华东政法大学学报，2009（1）.

［29］郎贵梅．论指导性案例的编写［N］．人民法院报，2009（5）.

［30］郎贵梅．中国案例指导制度的若干基本理论问题研究［J］．上海交通大学学报（哲学社会科学版），2009（2）.

［31］雷磊．指导性案例的法源地位再反思［J］．中国法学，2015（1）.

［32］雷磊．法的渊源理论：视角、性质与任务［J］．清华法学，2021（4）.

［33］李仕春. 案例指导制度的另一条思路——司法能动主义在中国的有限适用［J］. 法学，2009（6）.

［34］李学成. 公、私法性指导性案例的区分及其法源思考［J］. 河北法学，2015（1）.

［35］李学成. 我国案例指导制度功能之反思［J］. 理论月刊，2015（4）.

［36］李学成. 指导性案例的法源意义与确认路径——以最高人民法院公布的私法性指导性案例为研究对象［J］. 北方法学，2014（6）.

［37］林维. 刑事案例指导制度：价值、困境与完善［J］. 中外法学，2013（3）.

［38］林喜芬. 美国法院遵循先例的运行机制及启示［J］. 比较法研究，2015（2）.

［39］刘辰. 案例指导制度的价值定位与时代使命［J］. 人民检察，2019（15）.

［40］刘传稿，王烁. 中国台湾地区刑事判例制度与大陆案例指导制度之比较［J］. 北京社会科学，2014（11）.

［41］刘笃才. 中国古代判例考论［J］. 中国社会科学，2007（4）.

［42］刘克毅. 论指导性案例的效力及其体系化［J］. 法治现代化研究，2017（5）.

［43］刘占勇. 检察案例指导制度：实践现状与发展完善［J］. 中国检察官，2020（11）.

［44］刘作翔，徐景和. 案例指导制度的理论基础［J］. 法学研究，2006（3）.

［45］刘作翔. 案例指导制度："人民群众"都关心些什么？——关于指导性案例的问与答［J］. 法学评论，2017（2）.

［46］刘作翔. 案例指导制度的定位及相关问题［J］. 苏州大学学报（哲学社会科学版），2011（4）.

［47］刘作翔．我国为什么要实行案例指导制度［J］．法律适用，2006（8）．

［48］刘作翔．中国案例指导制度的最新进展及其问题［J］．东方法学，2015（3）．

［49］马燕．论我国一元多层级案例指导制度的构建——基于指导性案例司法应用困境的反思［J］．法学，2019（1）．

［50］泮伟江．论指导性案例的效力［J］．清华法学，2016（1）．

［51］秦宗文．案例指导制度的特色、难题与前景［J］．法制与社会发展，2012（1）．

［52］孙长宁．反思指导性案例的援引方式［J］．法制与社会发展，2016（4）．

［53］孙光宁．法律推理在司法中的融贯运作——以最高人民法院发布的"指导案例6号"为分析对象［J］．法商研究，2013（6）．

［54］孙光宁．指导性案例的技术性缺陷及其改进［J］．法治研究，2014（7）．

［55］孙国祥．从柔性参考到刚性参照的嬗变——以"两高"指导性案例拘束力的规定为视角［J］．南京大学学报（哲学·人文科学·社会科学版），2012（3）．

［56］孙海波．类似案件应类似审判吗？［J］．法制与社会发展，2019（3）．

［57］孙谦．建立刑事司法案例指导制度的探讨［J］．法制与社会发展，2010（5）．

［58］孙万怀，闻志强．刑事指导性案例审视与评价——从最高人民法院发布的14批指导性案例切入［J］．中国案例法评论，2016（2）．

［59］王利明．我国案例指导制度若干问题研究［J］．法学家，2012（1）．

［60］王玧．判例在联邦德国法律制度中的作用［J］．人民司法，1998（7）．

［61］王玓．英美法系的判例法［J］．人民司法，1998（6）．

［62］王志强．中国法律史叙事中的"判例"［J］．中国社会科学，2010（5）．

［63］吴建斌．指导性案例裁判要点不能背离原案事实——对最高人民法院指导案例67号的评论与展望［J］．政治与法律，2017（5）．

［64］武树臣．中国的"混合法"——兼及中国法系在世界的地位［J］．政治与法律，1993（2）．

［65］武树臣．铸造灰色之法——再谈在我国发展判例制度的重要性［J］．法学研究，2000（1）．

［66］夏锦文，莫良元．社会转型中案例指导制度的性质定位与价值维度［J］．法学，2009（11）．

［67］向力．从鲜见参照到常规参照——基于指导性案例参照情况的实证分析［J］．法商研究，2016（5）．

［68］谢晖．"应当参照"否议［J］．现代法学，2014（2）．

［69］杨洪逵．案例指导：从功利走向成熟——对在中国确立案例指导制度的几点看法［J］．法律适用，2004（5）．

［70］杨力．中国案例指导运作研究［J］．法律科学（西北政法大学学报），2008（6）．

［71］姚辉．民事指导性案例的方法论功能［J］．国家检察官学院学报，2010（1）．

［72］于晓青．法律渊源概念的回顾研究［J］．法律方法，2012（1）．

［73］张杰，苏金基．检察指导案例的实践效果［J］．国家检察官学院学报，2018（4）．

［74］张美慧．论判例法在中国的适用前景［J］．法制与社会，2009（5）．

［75］张骐．判例法的比较研究［J］．比较法研究，2002（4）．

［76］张琪．论类似案件的判断［J］．中外法学，2014（2）．

［77］张琪．论类似案件应当类似审判［J］．环球法律评论，2014（3）．

[78] 张志铭. 我国法院案例指导制度的全新定位 [N]. 光明日报, 2011 - 06 - 29 (14).

[79] 张志铭. 中国法院案例指导制度价值功能之认知 [J]. 学习与探索, 2012 (3).

[80] 章程. 论指导性案例的法源地位与参照方式——从司法权核心功能与法系方法的融合出发 [J]. 交大法学, 2018.

[81] 赵瑞罡, 耿协阳. 指导性案例"适用难"的实证性研究——以216份裁判文书为分析样本 [J]. 法学杂志, 2016 (6).

[82] 赵晓海, 郭叶. 最高人民法院民商事指导性案例的司法应用研究 [J]. 法律适用, 2017 (1).

[83] 郑智航. 中国指导性案例生成的行政化逻辑 [J]. 当代法学, 2015 (4).

[84] 周道鸾. 中国案例制度的历史发展 [J]. 法律适用, 2004 (5).

[85] 周光权. 判决充分说理与刑事案例指导制度 [J]. 法律适用, 2014 (6).

[86] 周旺生. 法的渊源的价值实现 [J]. 法学家, 2005 (4).

[87] 周旺生. 法的渊源的意识的觉醒 [J]. 现代法学, 2005 (4).

[88] 周旺生. 法的渊源与法的形式界分 [J]. 法制与社会发展, 2005 (4).

[89] 周旺生. 重新研究法的渊源 [J]. 比较法研究, 2005 (4).

[90] 朱建敏. 构建案例指导制度的几个具体问题 [J]. 法治研究, 2008 (7).

[91] 邹海林. 指导性案例的规范性研究——以涉商事指导性案例为例 [J]. 清华法学, 2017 (6).

▲ 学位论文

[1] 丁海湖. 案例指导制度研究 [D]. 重庆: 西南政法大学, 2008.

〔2〕梁宇菲. 案例指导制度研究〔D〕. 长春：吉林大学，2017.

〔3〕彭中礼. 法律渊源论〔D〕. 济南：山东大学，2012.

〔4〕孙跃. 法源理论视角下的指导性案例研究〔D〕. 济南：山东大学，2020.

〔5〕谢绍静. 最高人民法院指导性案例制度研究〔D〕. 武汉：武汉大学，2015.

▲ 英文文献

〔1〕AARNIO A. The Rational as Reasonable：A Treatise on Legal Justification〔M〕. D. Reidel Publishing Company，1986.

〔2〕JIA M. Chinese Common Law? Guiding Cases and Judicial Reform〔J〕. Harvard Law Review，2018（8）.

〔3〕AUSTIN J. Lectures on Jurisprudence〔M〕. John Murray，1885.

〔4〕FULLER L L. Anatomy of the Law〔M〕. Frederick. A. Praeger，1968.

〔5〕PECZENIK A. On Law and Reason〔M〕. Kluwer Academic Publishers，1989.

〔6〕HOLLAND T E. The Elements of Jurisprudence〔M〕. Oxford University Press，1917.

〔7〕CLARK E C. Practical Jurisprudence：A Comment on Austin〔M〕. Cambridge University Press，1883.

后　记

　　人生天地之间，若白驹过隙，忽然而已。在临近完稿之际，我思绪万千，曾经的场景画面不断闪过。回想起我初入校时，曾经憧憬过毕业时的种种情景。光阴似箭，转眼间自己已然身临其境。博士阶段的学习是我人生中的一段重要经历，唯有亲身体会，方知其中的五味杂陈。一路走来，要感谢的人太多。

　　感谢王秀哲教授对本书的指导。王秀哲教授对育人的执着和对学术的严谨深深感动着我，写作期间面对我的多次叨扰，王秀哲教授始终耐心为我解答，让我倍感受益。

　　感谢刘杨教授在写作过程中对我观点的启发。刘杨教授治学严谨，待人亲切，多次语重心长地对本书提出修改意见，在学术上、为人上都是值得我认真学习的榜样。

　　感谢祖伟教授对本书的点拨。祖伟教授对我的关心和爱护给予了我很大的帮助，在本书修改过程中，祖伟教授的专业指导意见总能让我拨开云雾见天日、获益良多。

　　感谢我的导师张锐智教授。从踏进师门的那一刻起，张锐智教授的高风亮节、睿智深邃、思维严谨无不令我动容，从本书的选题、写作、修改，张锐智教授亲自指导，带领我畅游在学术的海洋中，为我答疑解惑，使我逻辑思路变得更加清晰。张锐智教授不仅是我学术上的领路人，更是我工作和生活中的标杆。

　　感谢沈阳师范大学法学院霍存福教授、姚建宗教授，两位大师多次指导我的写作，为本书成稿提出了宝贵的修改意见。感谢沈阳师范大学法学院王旭伟教授、武航宇教授、杨彬教授，他们在日常繁忙的工作之余与我交流，为我提供了写作思路和修改建议，使我的学术视野更加开阔。

　　博士在读期间，我的家人是我身后坚强的靠山，每当我迷茫时，想到父母、爱人、孩子，就感到身上承担着作为一个儿子、丈夫、父亲的责任，心中便有用不完的力量。

　　临近深夜，再一次捡起记忆的碎片，眼角不禁湿润。在我博士就读期间，辽宁大学的老师们为我提供了无私的帮助，难以一一致谢，谨祝各位老师今后工作顺利，桃李满天下。

　　临颖神驰，书不成字，纸短情长，就此收笔。

郝　鑫